마음이 건강한 엄마, 행복한 가족을 위한

문은희 박사의
여자 마음 상담소

마음이 건강한 엄마, 행복한 가족을 위한

문은희 박사의
여자 마음 상담소

한국 알트루사 여성상담소 소장 **문은희** 지음

> 머리말

일상 모두를 살리는 니들의 심리학

　열일곱 해 전 북아현동 다락방에 여성 상담소를 차리면서 "마음이 건강한 여성들이 만드는 착한 사회"를 간절한 '외침'으로 삼았습니다. 마음의 건강이 중요한 한 축을 이루어 우리가 함께 사는 세상을 삭막하지 않은 살 만한 곳으로 만들겠다고 욕심 먹었습니다. 그러고도 또 여섯 해가 지난 2005년에 계동에서 《니》를 철 따라 내기 시작했습니다. 한 번도 거르지 않고 매해 네 번, 온 마음 쏟아 우리 니들이 계간지 펴내기를 강산도 변한다는 10년을 넘겼습니다. 이제 43호를 내고 니들은 아직도 탈진을 모르고 기뻐 감격합니다. 우리 하늘을 떠받들고 있는 사람들의 반인 니들의 마음이 튼튼해지면 가정과 이웃이 모두 튼튼해진다는 것을 믿고 있기 때문입니다.

　"먹고살 만하니까" 하는 짓이라고 여기는 분들이 많다는 것도 압니다. "배운 사람들끼리 모여 하는 배부른 노름이라"고도 합니다. 오죽하면 이 땅에서 '정신건강 사회운동' 하는 곳은 한국 알트루사 우리밖에 없습니다. 의식주의 필요를 부정하는 것이 아닙니다. 보이는 물질에만 몰두하고 사는 것이 사람답게 건강하게 사는 것인지를 질문합니다.

조금 덜 먹고, 조금 허술하게 입고, 조금 초라한 곳에서 살더라도 마음과 영혼의 풍성함을 잃지 말자고 서로 격려하면서 "같이 살자!"는 것입니다.

"먹고살기에 정신없었다"는 한 어머니가 귀하게 길러 모두 버젓하게 취직하고 자동차도 굴리며 사는 세 자녀의 성취를 보면서 뿌듯해했습니다. 그런데 느닷없이 그 가운데 한 아이가 자살을 했습니다. 그러고 나서 누군가의 권유로 그 어머니가 저를 찾아왔습니다. 먹고살기의 기준을 조금 낮추어 자동차를 사주지는 못하더라도 아이들에게 엄마의 마음을 전하고 아이의 마음을 알아주는 노력을 했더라면 어땠을까 이제 생각합니다.

너무 바빠서 시간이 없다고요? 묵묵히 밥만 먹어 배만 불리지 말고, 밥상에서 밥도 먹으며 마음 이야기도 나눈다면 따로 시간을 내지 않아도 될 겁니다. 몸의 건강만을 살피는 것이 아니라 마음의 건강도 살피는 것이 누구에게나 필요합니다.

일상에서 느끼며, 생각하고, 행동하며 살아가는 것이 일상의 심리학입니다. 이를 아이들이 가정에서 체험하며 익히는 것이 그들의 평생의 삶을 가름합니다. 안정된 가족 관계를 경험하면서 자라면 정서가 안정된 사람으로 평생을 평화롭게 살 수 있습니다. 삶의 느낌이 없다고 생각해보십시오. 얼마나 막막할까요?

 인터넷을 뒤지면 모든 답을 찾을 수 있다고요? 그러나 자신만의 맛과 결이 없는 사람들은 거기서 곧 길을 잃습니다. 한 번밖에 못 사는 삶인데 무얼 믿고, 누구의 어떤 정보를 따르려 합니까? 스스로 느끼고, 생각하고, 행동하며 살면서 다른 사람의 느낌을 알고, 생각을 나누며, 함께 사는 것이 참으로 살맛을 느끼게 해줍니다. 같이 그렇게 하자고 여러분을 초대합니다.

 이제까지 《니》에 쓴 제 글을 모아 책을 내주신다 해서 고맙게 내놓았습니다. 1년에 석 달씩 나누어 써온 글을 한 책으로 묶었으니 읽으시기 숨차실까 걱정입니다. 제 글을 읽으면서 자기 이야기를 쓴 제 동지들, 우리 모람(회원)들의 더 생생한 글이 궁금하면 알트루사로 연락 주십시오. 맛보기로 우리 모람들의 글을 책의 뒤쪽에 몇 가락 같이 올립니다.

    관심을 가지고 책으로 묶어주신 출판사에 감사하고, 《니》를 위해 애쓰는 우리 니들에 고마운 마음은 말하지 않아도 잘 알지요?

ㅁㅇㅎ

'니'는 어머니, 언니, 할머니, 아주머니, 비구니 등 여성을 가리키는 이름씨의 끝말로, 여성을 뜻합니다.

차례

머리말 일상 모두를 살리는 니들의 심리학 ········· 4

프롤로그 우리는 정말로 건강한가 ········· 10

1장 그 니들이 상담소를 찾은 이유

자격지심에 움츠려 사는 여자들 ········· 20
식구들에게 문제가 있어요 ········· 26
엄마 때문에… ········· 33
나는 왜 늘 아이와 남편에게 화를 낼까 ········· 39
가족은 돈으로 산다? ········· 45
남편의 배신 ········· 51
실수하면 큰일 나 ········· 59
이래도 걱정 저래도 걱정, 나는 걱정이 많아요 ········· 65
엄마, 나도 사랑받고 싶어요 ········· 69
치열한 질투의 기억 ········· 75
아무도 믿지 못하는 여자 ········· 81
연애하지 않는 딸, 관계 맺기에 서툰 엄마 ········· 88
아이보다 더 답답한 어른의 자폐 ········· 94

| **변화의 1단계** | 혼자 부둥켜안지 말고 혼자 고집부리지 말기 ········· 100

2장 내 마음에 눈뜨다

한국 여자들이 우울증에 빠질 수밖에 없는 이유 ········· 106
나도 모르게 포함 관계로 얽혀 살아서 ········· 114
우리 사랑 평균치로 ········· 120
내 아이를 남의 아이로 만드는 매뉴얼 육아 ········· 125
주변 사람에게 무관심한 결과 ········· 131
남 이야기 말고 당신 이야기를 하세요 ········· 139

우리는 왜 어설프게 짐작하고 끊임없이 오해할까 ·········· 144
남에게 잘 맞추는 사람 ································· 150
맞으면 아프다 마음이 더 아프다 ······················· 156
나이 불문, 재미를 모르는 사람들 ······················· 162
삶을 엉뚱하게 낭비하는 소소한 중독들 ················· 169
느낌이 없다는 것 ···································· 176

| **변화의 2단계** | 내 마음에 눈뜨고 남의 마음 알아보기 ······ 182

3장 삶을 바꾸는 훈련

가장 먼저, 나는 나를 믿는다 ························· 188
경쟁보다 소중한 나로 사는 길 ························ 193
남편은 도와주는 사람이 아니라 함께 사는 사람 ········ 199
혼자 잘 사는 여자, 혼자 잘 서는 여자 ················· 205
상처 주고 상처받는 굴레에서 벗어나는 법 ············· 214
나를 자유롭게 고집에서 풀어주기 ····················· 221
아버지 역할은 남편에게 ······························ 227
가족 모두를 위한 삼시 세끼 교육 ····················· 233
남의 마음도 알아줍시다 ······························ 239
갈등 연습장 ··· 245
누구에게나 언니가 필요하다 ·························· 256
자기 자신으로 사는 모험 ····························· 261
가족의 울타리 넘어 자유를… ························· 268

| **변화의 3단계** | 더 넓게 더 깊게 생각하기 ··············· 274

에필로그 마음 상담으로 바뀐 것들 ······················· 278
꼬 리 말 알트루사 5인의 마음건강 회복기 ················ 285

우리는 정말로 건강한가

　상담실 안에서 오가는 말들, 사연은 모두 비밀에 붙여집니다. 그래서 비화입니다. 상담실을 찾는 이들은 세상 어느 누구도 자기가 겪은 일같이 기막힌 일을 겪지 않았을 거라고 생각합니다. 억장이 무너지는 이 아픔을 누가 이해할까요! 자기만 겪은 일이니 아무도 알아줄 리 없다고 여기니까 혼자 가슴에 묻어두려 합니다. 그래서 또 비화입니다. 남들에게 무슨 자랑이라고 떠벌리느냐 하니 또 비화입니다. 그래서 한결같이 아무에게도 말하지 말아달라 합니다. 비밀을 지켜달라고 합니다. 물론 비밀을 지켜드린다 하고, 그 약속을 꼭 지킵니다. 나와 가장 가까운 이가 남편입니다. 그 남편이 잘 아는 이가 상담을 다녀갔어도 남편은 다녀갔다는 사실조차 전혀 모릅니다. 그러니 무슨 말이 오갔는지는 더더욱 알 리 없습니다. "무덤까지 가지고 간다"는 말이 있던가요! 그래서 비화입니다.

　그런데 여러 사람들을 만나면서 우리네 여성들이 비슷한 문제들을 겪고 있다는 것을 알게 됩니다. 그것은 같은 문화 속에서 비슷하게 자라고, 비슷하게 대응하고 해결하려고 하기 때문일 것입니다. 이제 이

책을 읽으면 많은 너들이 "내 이야기를 썼구나!" 할 것입니다. 그게 아니라 "우리 이야기"일 뿐입니다. 그리고 상담소에 오기 주저하는 너들에게도 "나 같은 삶의 아픔을 지닌 사람이 나 말고도 또 있구나!" 하게 될 것입니다.

언젠가 상담을 받으러 온 사람에게 들은 이야기가 있습니다. 이 나이 되도록 꽤 오래 상담해오면서 얻은 평판 때문이리라 여기지만, 어렵게 잡힌 상담 약속이었음에도 내가 상담하는 방식에 대한 정보를 듣고 나서는 오기를 주저했다고 합니다. "선생님은 들어주고 위로해주지만 않고 지적하시는 분"이라는 까닭으로요. 당연히 지적받고 싶지 않은 마음이었을 테니 주저하는 것이 당연합니다.

상담을 원하는 너들이 줄지어 기다리니 내담자를 자주 볼 수 없습니다. 그런 처지라 상담을 원하는 사람 누구나 매주 만나 장기전으로 상담할 수 없어서, 위로하고 추스르고 스스로 터득하기를 마냥 기다릴 수 없어서 생긴 일이라고 변명 아닌 변명을 해야겠습니다. 자신의 문제를 제대로 알려 하는 자세가 처음부터 갖추어져 상담실을 찾는 이는 별로 없으니 그런 평판은 어쩔 수 없이 감수하기로 합니다.

그럼에도 상담실을 찾을 수밖에 없을 정도로 간절한 사람들이 상담을 받고 겪는 과정을 보면 대체로 두 유형으로 나눌 수 있습니다. 상담자의 상담 방식의 문제이기보다 자기 자신의 문제를 어떻게 보아왔는지에 따라 달라집니다.

먼저, 자기 자신을 들여다보는 습관이 되어 있지 않은 경우에는 바깥의 변화만을 요구하는 마음이라, 스스로 바뀌야 문제를 해결할 수 있음을 생각조차 하지 못하고 상담실을 떠나게 됩니다. 자기 처지를 "선생님이 바꿔주세요" 하고 요구하면서 상담이 전혀 효과 없다고 생각하곤 합니다. 남편과 아이들에게 사랑받게 해달라고 하거나 시댁과 편안한 관계가 되기를 바라면서도 자신은 그냥 그대로 남아 있기를 고집합니다. 남편과 아이들, 그리고 시댁 식구들을 상담하는 게 아니라고 누구이 말해도 다른 사람이 바뀌기를 기대하고 있으니 효험이 없습니다.

그러나 또 다른 유형, 곧 자기 자신을 성찰하는 태도를 갖춘 사람들은 상담자의 지적에 반응을 합니다. 그 지적을 이 사람들은 이제까지 '혼자' 생각에 멈추어 다람쥐 쳇바퀴 돌리듯 하면서 문제를 풀지 못하고 제자리걸음해온 것에 대해 스스로에게 질문할 기회로 삼습니다.

상담받으러 오는 사람들 대부분은 자신이 평범한 가정에서 잘 자라 공부도 잘했고, 좋은 사람과 결혼도 하고 아이들도 건강하다고 생각하는데 왜 우울하고 기운을 차릴 수 없었는지 풀리지 않아 아파하고 있었습니다. 심리학책도 읽어보고, 온갖 치유 프로그램에 참여해보고, 수도하는 곳도 찾아다니면서 애를 많이 써보았습니다. 가르침을 받아 반짝 효과를 보기도 했지만 문제가 되는 근본 뿌리를 건드리지 않아 곧 도루묵이 되어 힘들어하는 중입니다.

그런데 상담실에서 평범한 가정에서 잘 자랐다는 신화를 깰 만큼 눈을 뜨는 경험을 하면서 변하기 시작합니다. 남아 선호 사상이 뿌리 깊은 가정에서 딸로 태어나 어떤 눈길을 받고 자랐는지 깨닫고, 먹고살기 바쁜 부모님과 같이 있으면서 그들의 안중에도 없이 자라왔음도 알게 됩니다. 아이들 마음의 숨소리를 들을 만큼 한가롭지 않았다고 강

변하는 어른들의 삶에서 배제되어 외롭게 자랐음을 틀림없이 보게 됩니다. 어른들 역정의 대상이 되지 않기 위해 애쓰고 살아온 자신의 슬픈 어린 시절 모습도 성냥팔이 소녀의 조명으로 보고 눈물을 흘립니다. 공부를 잘해야 알아주고, 심부름을 척척 해내야 그나마 수모를 당하지 않았음도 알게 됩니다.

 공부-돈벌이-출세의 고리를 꿈길에서도 머리 깊이 새기며 자라온 니들은 스스로 그 길을 가기도 하지만 그 길에 적합한 남편을 고르려고도 합니다. 그리고 아이들도 같은 틀로 재단하고 바느질해서 원하는 '작품'으로 만들려고 합니다. 이런 조건에 맞추어 자라고 살아온 니들이 이런 조건에 맞는 남자를 선택하고, 아이들과도 이런 조건에 맞추기를 요구하는 관계만을 맺으려니 삶이 삭막해집니다. 아무 조건 없이 있는 그대로의 남편과 아이들과 사랑의 '참관계'를 체험한 적이 없으니 마음의 갈증이 극심해집니다. 조건이 붙은 '거래'와 '도구'의 관계를 유지하는 것은 너무나 힘듭니다. 인조인간이 아니니까요. 그리고 자기가 처한 입장에 따라 조건을 따지면서 다른 사람의 입장을 보기보다 자신을 정당화하고 다른 사람을 매도하게 됩니다.

이혼을 들먹이고, 온갖 것을 다 트집 잡을 수밖에 없게 됩니다. 그런데 그 모든 문제의 이유가 남편에게 있는 것이 아니라 자기 생각의 틀 때문이라니! 놀랄 수밖에 없습니다. 그런 이들은 상담을 받고 나서 녹초가 됩니다. 골치가 아파집니다. 어떤 니는 집에 겨우 가서 녹아 떨어져 밥도 못 먹고 꼬박 다음 날까지 잠을 잤다고 합니다. 어떤 니는 상담소를 나서며 줄줄 흐르는 눈물을 그치지 못했다고 합니다. 그리고 속으로 상담자가 원망스러워 마구 욕했다고 합니다. 창피스러워 얼굴을 피하고 싶어 하는 니도 있습니다.

상담해서 속이 풀렸다는 니도 있지만 참자극을 받은 니는 머리가 아프고 마음이 복잡해지는 것이 당연한 결과입니다. 마음이 건강해지기를 바라면 골치 아픈 것을 견뎌야 합니다.

상담자는 내담자의 손을 놓지 않는다는 확신만을 심어줄 뿐, 모두 알아서 (의사처럼) 간단히 처방하고 처치해주지 않습니다. 상담자가 바꾸어주는 것이 아니라 니 자신이 아픈 과정을 피하지 않고 스스로 바꾸어야 합니다. 상담자가 내담자를 자라게 하는 것이 아닙니다. 어려운 지적을 자극으로 받아들여 소화시켜 영양소로 흡수시킨 사람만이 자라고 영글 수 있게 됩니다. 그러나 그 과정은 단숨에 이루어지지 않습니다.

우선 눈뜨고 귀 열고 마음의 느낌을 생생하게 만들어야 합니다. 그러고 나서 삶의 현장에서 새 길을 개척해내야 합니다. 그러면 전과 다른 눈으로 세상을 보면서 새롭게 관계를 맺고 즐길 수 있습니다. 이혼을 생각했던 남편과도 새 마음으로 느낌을 공유하면서 전과 다른 제2의 신혼을 맞게 됩니다. 아이들과의 관계도 흥미진진해집니다. 동무들, 이웃들과도 생생하게 산체험을 합니다. 하늘나라가 아닌 이 땅에서 험하고 몹쓸 일을 보게 되어도 쉽게 단념하거나 주저앉지 않고 나름 헤쳐나갈 힘을 갖추게 됩니다. 혼자가 아니라 협력할 이웃이 있다는 것을 이미 알기 때문에 살맛을 잃지 않게 됩니다.

아무런 갈등 없이 평온하게 살 수 있다는 말이 아닙니다. 풀어가야 할 문제는 언제나 있고, 거쳐야 할 어려움은 언제고 기다리고 있습니다. 단지 한 가지 틀에 고집스럽게 매어 있지 않아도 되어 유연하게 묻고 함께 대답을 찾아갈 수 있다는 믿음을 가질 수 있게 됩니다.

잠 못 이루는 밤도 있을 것이고, 눈물 흘릴 일도 있을 터이지만, 삶이 늘 웃을 일만 있는 것이 아님을, 고뇌할 만큼 값어치 있음을 알게 됩니다. 쓰러지면 부축해줄 이웃이 있고, 이웃이 힘들어하면 알아주는 마음을 자기도 갖추어 따스하게 함께 풀어가며 사는 길이 있음을 알고 솔선하게 됩니다. 자기 마음의 문제를 풀려고 상담실을 찾았는데 자신의 정신건강뿐 아니라 이웃의 건강을 함께 위하는 데 마음을 두게 됩니다.

동화의 마지막 말같이 "공주는 왕자를 만나 그 뒤로 쭉 행복하게 살았습니다"라는 결말을 기대하는 것이 아니라, 죽는 날까지 삶의 문제를 풀어가는 건강한 마음으로 함께 살아갈 수 있게 됩니다. 그 믿음이 있어 희망을 잃지 않고 서로를 품는 마음을 가진다면 우리 니들이 이 세상을 살 만하게 만들 수 있지 않을까요! 그렇게 믿으므로 희망이 있습니다.

왜 나만 답답할까?

왜 나만 우울할까?

왜 나만 화가 날까?

왜 나만 제자리일까?

1장

그 녀들이
상담소를 찾은 이유

자격지심에
움츠려 사는 여자들

상담소를 찾는 사람들 누구나 자기 나름의 문제의식을 가지고 찾아옵니다. 그런데 그 문제에 대한 판단이 실제로 맞지 않는 경우가 태반입니다. 일부러 거짓말하는 것은 아니지만 스스로 속고, 속이고 있으니 거짓말이긴 합니다. 그런 거짓말은 많은 경우 자격지심에서 나옵니다. 자신을 지나치게 비하하고 움츠리니 변명에 급급해집니다.

자기보다 훌륭하다고 여기는 '중요한 사람'(부모, 남편, 전문인, 점술가까지)의 의견이나 판단에서 벗어나지 못하고 주눅 들어 있는 경우에 그렇습니다. 자기가 못났다고 여기는 것을 다른 사람의 잘못이라고 (의식하지 못한 채) 덮어씌우며 사는 경우도 그렇지요.

그런데 이들이 자격지심 때문에 스스로 억울한 사람으로 만들어 살았다는 것을 알게 되든지 다른 사람을 억울하게 만들며 살아왔다는 것을 알고 나면, 자신을 현실대로 받아들이며 공평하게 살게 됩니다. 그러면서 다른 사람도 있는 그대로, 잘못을 덮어씌우지 않고 현실로 바르게 대하게 됩니다. 이제까지의 공연한 오해와 곡해에서 벗어나 진짜로 '만남'이 이루어지게 됩니다. 그제야 관계를 제대로 맺으면서 사는 셈입니다. 그리고 곡해하며 사느라 에너지 소모를 하지 않아도 되어서 마음이 편해집니다. 그리고 자기만 편해지는 것이 아니라 그 곡해의 대상이었던 사람들도 숨통이 트입니다.

아마도 이 예를 접한 사람들 가운데 자기 이야기라고 하는 사람들이 꽤 있을 것입니다. 자격지심이 그만큼 공통의 문제임을 보여주는 꼴입니다. 집안 사정이 있고 어머니가 바쁘셔서 어려서부터 어른의 보살핌을 남들처럼 받지 못한 니의 경우가 그렇습니다. 아예 부모가 일찍 세상 뜨신 경우도 비슷한 자격지심을 가집니다.

따스한 이웃이 있어 이해해주고 돌봐주었다면 문제가 깊어지지 않았겠지만, 우리 니들은 그렇게 운이 따르지 않았던 것 같습니다. 어머니가 계시지 않은 아이라고 손가락질하는 잔인한 사람들을 겪었던 것입니다. "저 아이와 섞여 놀지 말라"는 뒷말이 귀에 들어오기도 합니다. 그러면 아이는 다른 사람이 가진 것(이 경우에는 어머니)을 자기는 가지지 못했다는 환경이 자격지심의 조건이 되어 다른 사람과 자기를 구별하기 시작합니다.

  그 조건 때문에 다른 사람이 자기를 따돌리고 구별하여 냉대한다고 가슴에 새기게 됩니다. 도장 새기듯이 깊이 뚜렷하게 가슴에 새깁니다. 그러고는 다른 일로 누가 서운하게 하면 그 조건 때문이라고 여기고 도장을 꽉 찍고는, 이해하고 풀려 하지 않습니다. 과민해서 오해하여 서운한 일이 많아지고, 대수롭지 않게 쉬이 표현할 수 없으니 서운함을 못 풀고 차곡차곡 켜켜이 쌓아갑니다. 괴로우니 그런 일을 만들지 않으려 피하기 시작합니다. 대인기피증이 생기고 이사를 자주 하게 됩니다. 직장 다니는 사람이면 직장에 오래 머물 수 없게 되어 자꾸 옮겨 다니게 됩니다.

  그러면 언제나 피해자가 되어 살고, 다른 사람과 관계 맺기가 어렵습니다. 왜냐하면 자격지심의 조건이 하나에서 멈추지 않고 자꾸 불어나기 때문입니다. 나이를 먹으며 다양한 사람을 만나지만, 목에 걸린 가시처럼 자격지심의 조건에서 놓여나지 못한 채 다른 사람과 만나 벌어지는 일을 있는 그대로 소화할 수 없게 됩니다.

  어린 시절에는 '어머니의 부재'가 자격지심의 조건이었는데 이제는 엄마와 관계없는 상황에서 일이 일어나니 '다른 것'도 자격지심이 될 판입니다. 가방끈 길이가 문제라고 생각하기도 하고, 자기의 학벌이나 경제 배경이 문제라고 치부하기도 합니다. 외모나 인상 때문에 손해 본다고도 생각합니다.

외부 사람은 어느 정도 멀리하고 지내도 된다고 칩시다. 아무리 가까운 사이라도 갈등이 생기는 것이 당연한데, 목에 걸린 가시 탓에 쉽게 말을 꺼내지도 못하고 끙끙 앓기 일쑤이니 괴롭기 그지없습니다.

제일 간편하기는 자기 문제에서 줄행랑치는 방법이 있습니다. 상담소도 멀리하면 됩니다. 그러고 나면 만만한 건 아이들과 남편입니다. '할 소리 못할 소리' 곱지 않은 목소리로 다 뱉어내고 '내가 왜 그랬을까?' 합니다. '이렇게 하고 싶지 않은데 왜 멈추지 못할까?' 답답해집니다. 황당해하고 두려워하는 아이들의 얼굴을 보면서, 선량한 남편의 어이없어하는 표정을 보면서 도망가기만 해서 될 일이 아님을 깨닫습니다. 어린 시절에 걸린 가시 때문에 자기 틀에 갇혀 다른 사람의 의도를 언제나 비비 꼬아서 받아들였음을 알 뿐 아니라 사랑하는 아이들까지 걸고넘어졌다는 기막힌 사실을 절실히 깨닫게 됩니다.

<mark>혼자 풀 수 있는 일이 아닙니다.</mark> 자기 마음의 골골을 비춰볼 거울 될 사람, 믿을 만한 이웃이 될 상담자와 만나야 하고 그 상담자에게 털어놔야 합니다. 자기 분석을 열심히 하고 입 밖에 내고 거울 된 이들의 반응을 보아야 합니다. 다시 성찰하고 자기를 찾아 나서야 합니다.

살림을 잘해야 한다는 강박에 사로잡힌 니도 있습니다. 말끔히 건강해야 한다는 니도 있습니다. 외모, 학력, 경제 조건을 다 갖추어야 한다고 생각하는 니도 있습니다. 왜 그래야만 하는가에 대한 깊은 질문이 있어야 합니다.

집 안에 먼지가 좀 떠다녀도 행복하게 살 수 있다고 해도, 몸의 어느 한 장기가 조금 손상돼도 사는 데 지장 없다고 말해도, 클레오파트라나 양귀비 같지 않아도 되고, 상위 0.5퍼센트 학습 능력을 갖추지 않아도 된다고 해도, 밥 굶지 않고 살만 하면 된다고 해도, 막무가내로 통 믿지 않고 마음에 걸려 하니 문제입니다. 그 모든 걸 웬만히 다 갖추고 있다고 하는데도 웃음이 없는 얼굴입니다.

갖추고 있는 조건들이 아무리 좋다고 해도, 조건을 갖추어야 한다는 압박 때문에 자격지심은 없어지지 않습니다. 모든 것을 다 가진 듯해 보이는 사람에게 "당신 같으면 불만이 없을 거"라고 해보십시오. "아니다!" 도리질할 것입니다. 갖추어야 한다는 그 조건들이 마음에 꽉 막힌 어두운 굴을 만듭니다.

있는 그대로의 자신을 인정하고, 사랑하고 사랑받는다는 것을 상담실에서 느끼면서 시간을 두고 차츰 (알트루사에서 모람들과) 같이 살아가면, 자격지심 때문에 소모하던 꽈배기 마음이 풀리고 얼굴에 화기가 돌게 됩니다. 꽉 막힌 내장이 풀립니다. 비비 꼬는 데 소모하던 에너지가 확 풀려 삶으로 들어가면서 더 열심히 활발하게 살게 됩니다. 그러면 이전보다 피곤하지 않고 재미있게 살 수 있게 됩니다. 활발하게 사는 사람들을 보면서 싸늘하게 비꼬던 버릇도 사라지고 순수한 마음으로 박수를 보낼 수 있게 됩니다. 그리고 기쁘게 함께 살게 됩니다.

돈 자랑 듣는 것 같아 불편하던 마음이 사라지고, 좋은 걸 보내주시는 시댁 어른들의 마음을 선선히 감사히 받을 수 있게 됩니다. 전에는 칭찬을 받을 때마다 "아니에요!" 하며 몸을 비틀었지만 이제는 칭찬을 기쁘게 받고 좋아할 수 있게 됩니다. 자기 문제를 지적한다고 "날 미워하시나 봐!" 하며 삐쳤었지만, 선선히 "알겠어요!" 하고 고맙게 여겨 그 마음을 받아들이게도 됩니다. 서로 용납되고 용납하는 것이 느껴지니 관계가 풍성해집니다.

자격지심은 백해무익한 것인데 왜 그리 꼭 부둥켜안고 놓지 않으려 할까요!

식구들에게
문제가 있어요

상담실을 찾는 이들 대부분이 남편이든, 시댁 식구든, 아니면 자기 아이든, 남에게 문제가 있다고 말합니다. 자기가 우울증에 걸려서 왔다는 사람들까지도 다른 사람 때문에 문제가 생겼다고 합니다.

물론 사람은 어느 누구고 혼자 사는 것이 아니기에 서로의 문제에 얽혀 있기 마련입니다. 남편, 시댁 가족들, 그리고 아이들에게 분명 문제가 있다는 것은 이야기를 듣다 보면 곧 인정할 수 있습니다.

그러나 자기에게는 문제가 없을까요? 아니면 문제 있는 다른 사람들에게 잘 대응하지 못하는 자기의 문제는 무엇인가요? 이런 질문을 스스로도 할 수 있게 되면 상담은 희망이 보입니다. (끝까지 이런 질문을 하지 못하는 사람도 있습니다. 그러면 상담이 앞으로 나가지 않습니다. 물론, 끝까지 포기하지 않고 더 이야기를 들어주어야 하지만….)

그렇다고 모든 문제가 여성들이 해결할 문제라거나, 여성들에게 다른 사람들의 문제를 다 해결해줄 책임이 있다는 이야기는 아닙니다. 다른 사람들은 또 나름대로 자기 문제를 스스로 해결해야 할 몫이 있습니다. 그 다른 사람들이 상담소를 찾았다면 또 그들대로 자신의 문제를 보는 새로운 안목을 터득하도록 도와주었을 것입니다. 그러나 나를 찾아온 내담자를 만나는 것이니 그 내담자의 문제에만 초점을 맞추게 될 뿐입니다.

상담 과정에서 자신의 문제를 제대로 볼 줄 알게 되고, 그 문제를 해결할 힘이 자기에게 있다는 것을 체험하기 시작하면, 다른 사람 보는 눈, 세상을 보는 눈이 바뀌게 됩니다. 자신과 미래와 세상을 부정석으로 보고 비관하여 희망을 잃게 되고 무기력해지는 것이 바로 우울증입니다. 그런 안목이 바뀌어 적극적이고 낙관적으로 보고, 느끼고, 생각하게 되는 것이 바로 치유입니다.

자기의 제한된 생각의 틀과 고정된 시각으로만 자신을 해석하고 살면서 얼마나 오래 오해인 줄도 모르고 지내왔는지 상담 과정에서 알게 됩니다. 상담자가 똑같은 문제 상황에서 자기와 다르게 풀이하고 생각해볼 수 있지 않을까 하고 조심스레 제시하면 "어머, 내 남편이 바로 그렇게 말했어요", "그렇게도 생각해볼 수 있군요"라고 합니다. 같은 이야기를 남편이 할 때는 남편 생각의 틀을 이해하려 하지 않고, 듣지 않았던 것입니다. 돼먹지 않은 변명이라 생각하고 남편을 믿으려 하지 않았던 것입니다. 자기도 완벽하지 않듯이 남편도 완벽한 사람이 아니라는 것을 인정하려 하지 않았습니다. "남편은 이래야 하는 것 아니냐"며 남편의 도리를 자기 생각만으로 주장해온 것입니다.

남편의 생각에는 귀 기울이지 않고 자기가 생각하는 남편의 도리만을 완강하게 요구했던 것입니다. 시댁 식구에게도 마찬가지이고, 아이들에게도 그랬습니다. 자기의 판단에 따라 한 자기 행동이 다른 사람에게는 달리 해석되고, 달리 이해되고, 달리 받아들여진다는 것을 모르고 있기 때문입니다.

많은 현모양처들이 오해해왔습니다. 바깥에서 일하느라 피곤한 남편을 편히 쉬게 하려는, 자기 나름으로는 좋은 마음으로, 아이들이 남편을 방해하지 않게 자기가 아이들을 거느리고 독차지하고 있었습니다. 자기는 아주 잘한 일이라고, 희생적으로 살아왔다고 여겼습니다.

또 다른 경우에는 남편이 일을 벌여놓고 나자빠지면 아내가 온갖 뒤처리를 다 해주었다고 합니다. 이들은 남편보다 자기가 시댁 식구들과 더 잘 지낸다고 합니다. 능력 있는 아내이자 엄마이고, 며느리 역할까지 나무랄 데 없이 잘했다고 자부합니다. 시댁 식구나 남들이 다 자기를 남편보다 더 인정해준다고 합니다. 남편보다 자기가 더 빈틈없이 일처리 잘한다며 칭찬 듣는다고 합니다. 그런데 정작 남편이 바깥으로 나돌거나, 부인을 꼼짝 못하게 하고 의심한다고 "못 살겠다"고 합니다. (겉으로 보기에는) 자기에게는 아무 문제가 없고, 남편만이 죄인인데 말입니다. "내가 이렇게 희생했는데 당신이 감히 그럴 수 있어!"라면서 화를 냅니다. 억울하다고 합니다. 같이 산 오랜 기간이 억울하기 그지없어집니다.

상담실 안에서 그 긴 역사를 들어주고, 받아주고 이해해줍니다. 충분히 이야기 듣고 나서, 자기 느낌이 이해되는 만큼 그 처지에 있었던 남편은 어떠했을까 생각해보았는가 물으면 대답이 궁해집니다. 생각해본 적도 없다고 합니다. 그냥 자기편 이야기만 합니다. 그러면서 천천히 두 사람의 배경이 전혀 다르다는 것, 남편이 자기 생각과 전혀 다른 사람이라는 것을 생각해볼 기회를 그제야 가져봅니다.

남편의 입장을 알아주고 느낌과 생각을 들어준 일이 있는가 하면 그런 일이 없었다고 합니다. 아예 남편과 대화가 되지 않는다고 고개를 설레설레, 손사래를 칩니다. 남편에게도 반드시 하고 싶은 말이 있을 텐데 알고 있느냐 하면 모르고 있는 경우가 태반입니다. 이제까지 남편이 하고 싶은 말이 무엇인지 궁금해본 적도 없었다 합니다.

왜 그렇게 되었을까요? 분명 연애하고 사랑해서 결혼했는데 말입니다. 먹고살기 바쁘고, 집 장만 해야 하고, 아이들 학원 보내고, 학교 보내는 뒷바라지하는 것이 여성들 삶의 전부라고 생각해온 것이 아닌가요.

연애 시절에 무슨 대화를 나누었는지 이젠 까마득해진 것입니다. 결혼하고 나서는 대화할 생각을 않고 살아온 것입니다. 자기를 귀하게 여겼다면, 자신의 느낌을 존중했다면 자기 느낌과 생각을 남편에게 표현했어야 합니다. 그러면 남편도 자기의 느낌을 말하지 않았을까요?

그렇다면 여성들이 왜 자기 느낌을 무시하고 덮어두고 살아왔을까요? 살림하고, 아이 기르고, 직장 생활 하는 일을 남들과 비슷하게라도, 아니면 더 잘해야 한다고 알아왔다고 합니다.

자기의 느낌에 관심 가져준 이가 아무도 없었다는 것을 상담 과정에서 비로소 깨닫고, 새삼스레 알게 됩니다. 어려서부터 공부 잘하고, 어머니 말씀 잘 듣고, 학교에 가서 말썽부리지 않고 자라기를 기대받았습니다. 그런 것을 너무나 당연하게 여겨서 의심해본 적도 없었습니다. 어머니와 다른 느낌을 가지고, 다른 생각을 할 수 있다고 감히 생각해본 적이 없었다니요!

그러니 자기 느낌을 자기도 모른 채 묵묵히 일하는 황소같이 살아온 것입니다. 말할 줄 모르는 소와 달리 사람은 분명 서로 말을 할 수 있고 들을 수 있는데 말입니다. 누구에게나 표현하지는 못했더라도 느낌이 없었을 리 없으니 얼마나 답답했을까요! 그래서 사람들은 엉뚱한 짓을 합니다. 술을 퍼마시거나, 종교 활동에 빠지거나, 아이들 교육에 매달려 아이들을 괴롭히거나, 물건을 사재기하거나, 뭣이건 공짜로 준다면 한추위에도 몇 시간이고 줄을 서서 필요 없는 것이라도 받으려

들고, 연속방송극에 중독이 되기도 합니다.

열심히 반복해 연습하고, 무대 위에서 몇 차례 공연하듯이 삶의 기회는 여러 번 주어지지 않습니다. 두 번 다시 살 수 없는 단 한 번의 소중한 삶을 자기 뜻대로 살지 못한 것입니다. 그러고는 애매하게도 그 핑계를 남편과 아이와 시댁으로 돌리는 꼴이 되고 만 것입니다.

상담소를 찾아 자기 느낌을 확인하는 맛을 본 사람은 집에 돌아가 당장 남편과 변화를 함께 누립니다. 월차를 내서 딱 한 번 상담받으러 온 여성과 두 번째 만났을 때 "남편이 매일 상담소 가라"고 했다 해서 우리 둘이 같이 웃었습니다. 그 여성은 자기를 아낄 줄 아는 슬기로운 사람이어서 빨리 통찰력을 가진 것입니다.

그렇게 또 비화 한 편을 쓰게 되어 기쁘고 그럴 때마다 마음 깊이 감사합니다. 천사가 날개를 달게 될 때 울린나는 종소리를 듣듯이 나는 감격합니다. 그 여성이 자기 날개를 달게 된 것이기 때문입니다. 그 여성이 자기만의 느낌과 생각을 찾아 건강해지면 그 여성 주변의 많은 사람들이 또 그들만의 소중한 느낌과 생각을 회복하는 데 한몫을 하게 됩니다. 느낌 회복이 바이러스처럼 퍼지게 되는 것입니다.

오해하지 마십시오! 바람피운 남편이 잘했다는 것이 아닙니다. 남자가 겉도는 모든 책임이 여성에게 있다는 것은 더더욱 아닙니다. 전혀 아닙니다. 남성에게 책임이 있음을 덮어두자는 말이 아닙니다. 마찬가지로 며느리를 구박한 시댁 식구들에게 문제가 없다는 말도 아닙니다. 서로 다른 배경에서 살아온 사람들이 서로 다른 느낌과 생각을 가질 수 있음을 이해하면 사랑으로 해결하게 된다는 말일 뿐입니다.

우리 모두 허술한 면이 있는 사람이라는 것을 알고, 서로 느낌을 나누고 아픔과 기쁨을 함께하면서 보듬어 주고받는 일을 실천한다면 마음이 풀리고 사랑이 자랍니다. 그러면 함께하는 삶이 기뻐지고, 감사하게 되고, 늘 앞장서서 즐겁게 서로를 위해 애쓰게 됩니다. 서로 억울해할 일도 없습니다.

엄마 때문에…

여성상담소를 찾는 모든 니들이 '주부'와 관련이 있는 사연을 가지고 옵니다. 자신이 주부인 경우도 많지만 주부가 아닐지라도 주부와 영향을 주고받으며 살아온 존재들이기 때문입니다. 그러기에 풀고 싶어 상담소로 가지고 온 문제도 늘 이와 관련이 깊습니다.

딸로 크면서 어머니 입속의 혀같이 입맛을 맞추고 기분을 함께 나누며 살아왔고, 결혼해서도 늘 어머니에게 힘이 되어드렸다고 믿어 의심치 않는 니를 만났습니다. 그런데 그 니는 뒤늦게 알았습니다. 그 어머니가 아들을 위해 온 마음을 쏟고, 이제까지 줄창 그렇게 살아오신 것을요. 어머니가 그 니에게 필요하다 했던 돈도 모두 아들 뒷바라지에

쓰러던 것임을 알게 되고, 얼마간의 재산도 모두 아들에게 물려주려던 것을 알았을 때 배신감에 몸을 떨었다고 합니다.

돈만 문제가 아니었습니다. 늘 마음 깊이 기도하는 자세로 아들을 염려하는 어머니의 모습이 불쑥 드러나 놀랐던 첫 기억을 잊지 못합니다.

딸은 어머니에게 조정당하며 살아왔다고 억울해했습니다. 어머니에게 도구 구실을 하면서도 모르고 있었던 자신이 처량하고 허무함을 느꼈습니다. 장남이었던 아버지도 어머니와 같은 생각이었다고 합니다. 그래서 자기는 '절대로' 장남과는 결혼하지 않겠다고 결심했습니다. 그리고 딸만 낳아서 어머니와 다르게 아이를 절대로 억울하게 키우지 않겠다고 다짐했습니다.

계획대로 결혼하고 딸을 낳아 가정을 이루고 엄마가 되었습니다. 물론 더 귀히 여겨야 할 아들이 없으니 어머니의 문제 행동을 반복하지는 않습니다. 그러나 딸들에게 자기 마음대로 하려 했습니다. 자기 어머니와 전혀 다르지 않은 '엄마 짓'을 하고 있었습니다. 어머니가 자기를 마음대로 대한 것에 분노하면서도 자신도 딸들에게 마음대로 하려 했습니다. 그런 자신의 요구에 가족들(딸들)이 고분고분 응해주지 않으면 화를 참을 수 없다고 합니다.

엄마 때문에 억울한 이야기를 풀어내려고 상담소에 찾아왔다가 자신에게 같은 문제가 있음을 알고 간 경우입니다. 남아 선호 사상에서 자유로운 공평한 엄마라서 딸들을 억울하지 않게 키운다고 믿었던 믿음이 깨지고 자신을 돌아보는 기회를 갖게 되었습니다.

상담실에서 주부들이 힘들어하는 많은 경우, 주부가 희생하며 산다고 억울해합니다. 우리나라 어머니들은 스스로 희생을 강조하여 살아갑니다. 우리나라 어머니들이 희생의 아이콘임은 자타가 인정하는 바입니다. 많은 소설, 시, 그리고 노래가 어머니의 희생을 아름답게 표현합니다. 그렇지 못한 경우에는 배은망덕으로 취급합니다.

그런데 이 문제는 아버지들이 가정에서 필요한 역할을 잘 하려 하지 않는 사실과 연관이 있습니다. 남성들에게 문제가 없다는 것이 아닙니다. 상담실에서 만난 바로 그 여성이 어떤 남성을 택했고, 함께 살면서 서로 협력할 것을 얼마나 요구하고 있는지를 들여다볼 필요가 있습니다.

남성들뿐 아니라 여성들조차 처음부터 가정사가 중요함을 심각하게 생각하지 않았던 것은 아닐까요? 바깥 활동 중심으로 생각하고 돈벌이가 중요하다 여겼지, 집안일도 바깥일만큼 중요해서 남녀가 함께 해야 한다고 생각하지 않았던 것은 아닐까요? 여성들이 돈 버는 바깥 활동이 더 중요하다는 남성과 같은 생각을 품고 결혼했고, 또 집안일은 여성의 몫이라는 고정관념을 바꿀 생각 없이 결혼 생활을 시작했던 것은 아닐까요? 그렇다면 주부의 몫이 커질 수밖에 없습니다.

그렇게 결혼 생활을 시작한 경우, 일하는 주부나 전업주부의 구분

없이 주부들의 노고는 부당하게 쌓이게 됩니다. 자기 어머니의 노고에 혜택을 입으며 편안한 생활을 누리는 것에 이미 익숙한 남편들은 아내의 노고를 당연하게 받아들입니다.

문제는 주부들조차 자기가 힘들게 해내고 있는 역할을 당연하게 여기고 바꾸려는 생각조차 못하는 것입니다. 똑같이 바깥에서 일하고 온 맞벌이 주부도 남편이 신문을 읽고 텔레비전을 보고 있어도 혼자 바삐 아이들 돌보고 온갖 밀린 집안일을 하면서 당연하게 임무를 받아들입니다. 기껏 남편에게 '도움'을 청하지, 남편과 '함께 한다'는 생각을 못합니다. 아이들과 부대끼며 하루 종일 집에서 쉬지 못하고 지냈지만 아무것도 안 한 듯이 퇴근한 남편에게 쉴 시간을 주려고 애쓰기만 합니다. 어떤 가정에서는 아빠가 돌아오기 전 아이들을 다 재운다고 합니다.

아이들과 놀아주는 아빠는 그나마 준수한 편입니다. (그러나 깍쟁이 임을 알아둡시다.) 아빠는 아이들과 재미있게 시간을 보내면서 아이들에게 인기를 얻으니 일석이조입니다. 그동안 주부는 재미없는 일을 처리해야 합니다. 아이가 아프거나 집안에 문제가 있거나 온갖 궂은일이 생기면 역시 주부가 돌보고 해결해야 합니다. 아이들에게 '아빠는 우리와 잘 놀아준 분'이라는 좋은 기억이 남게 되고, 엄마(주부)는 늘 작업복 차림에 땀 흘리며 "힘들어" 짜증내고 야단치고 잔소리하는 존재로 기억되지 않을까요? 좋은 일 궂은일 부모가 다 오롯하게 함께 해야 하는 것이 아닐까요?

　전업주부나 직장 가진 주부가 상담실에 찾아와 남편이 협조하지 않는 처사에 대해 불평할 때면, 결혼 전에 그런 줄 알아냈어야 한다고 말합니다. 그리고 그렇게 살게 된 것은 주부 자신이 주부 역할을 대수롭지 않게 여긴 까닭이라고도 말합니다. 사람답게 활동할 인품을 길러내는 일이 가정 안에서 이루어져야 한다는 사실을 무시했음을 반성해야 합니다. 바깥에서 성취하는 것만이 중요한 것이 아니라 어떤 품격을 지닌 사람이 되어 다른 사람을 이해하고, 서로 사랑하는 사람이 된다는 것이 얼마나 중요한지 모르고 덜컥 주부가 된 것이 문제였다고 말해야 합니다.

　요즘 말로 스펙을 높이 쌓은 사람보다 어떤 품성을 지닌 사람인지를 알아보는 눈을 지닌 여성이었나면 주부가 되어 이런 불평을 늘어놓지 않을 것입니다. 아니, 그런 삶의 소중함을 모른 채 자라왔음을 뒤늦게 알게 되면 그때부터 달라질 것입니다. 눈에 보이는 조건과 성취만으로 사람답게 살 수 있는 것이 아님을 몰랐기 때문입니다. 돈과 힘만 있으면 다 되는 줄 알았던 것이 문제였습니다. 보이지 않는 마음을 모르고 제대로 살고 있는 줄 알았던 것입니다.

　협조하지 않는 남편에게 불만이었던 것이 주부 자신의 결핍 때문이라는 것을 깨닫게 됩니다. 아무리 일 때문에 바쁘더라도 우선 가족의 마음을 살펴야 함을 알고 실천하게 됩니다. 배우자와 느낌을 공유하기 시작하면 다른 가족들을 위한 일을 함께 하게 됩니다. 집안을 위한 일이 '힘들기만' 한 일이 아니라 '달가운' 일이 됩니다. 사랑의 책임을 이행하는 사랑의 기쁨을 함께 누릴 수 있게 됩니다. 드디어 어머니에게 당했던 억울함을 대물림하지 않게 됩니다.

언제까지 "엄마 때문에…"를 되풀이할 수는 없지 않겠습니까!

나는 왜 늘
아이와 남편에게 화를 낼까

상담소를 찾아온 많은 니들이 풀지 못한 자기 문제를 절실하게 털어놓습니다. 혼자 풀 수 없으니 해결하고 싶은 문제를 상담실로 가지고 옵니다. 여러 가지 문제가 있지만 걷잡을 수 없이 '화를 내게 되는 문제'가 꽤 많은 편입니다. 아이를 사랑하고 남편을 사랑하는데 아이나 남편에게 화내는 것을 스스로 조절할 수 없어 힘들다고 합니다.

육아서를 읽고, 평화스러운 대화법을 배우고, 부부 교실도 다녀보고, 상담도 받아보았다고 합니다. 자기 수양이 부족한가 싶어 사찰과 교회에서 명상을 배우기도 했다고 합니다. 우아하게 감정 조절을 하고 싶은데 잘 되지 않아 답답한 것입니다.

누구보다 자기 아이를 사랑하는데 아이에게 화내고는, 잠든 아이 얼굴을 보면서 미안하다고 사과도 하지만 그러고 또다시 반복해 화내고 또 미안해합니다. 미안하다는 말도 한두 번이지 하도 자주 하게 되니 아이에게 면목이 없다고 합니다. 아이다운 행동이고 실수라고 머리로는 알고 생각하는데, 어느새 또다시 벌써 가늠 수 없이 열 오른 마음이 급하게 불쑥 올라와 소리를 높이게 된다고 합니다. 남편에게도 다를 바 없습니다.

화내게 되는 경우를 물으면 예외 없이 사소한 일이라고 합니다. 구체적인 사실을 이야기하면 아이가 엄마 원하는 대로 하지 않거나 못하는 경우들입니다. 남편이 자기가 기대했던 것과 다른 반응을 보여도 화가 납니다. 아이가 엄마와 다른 존재라는 것, 남편이 자기와 다른 사람이라는 것을 잊고, 아이를 엄마 마음대로 할 수 있다거나, 남편이 자기와 같을 것을 기대했다가 안 되면 참을 수 없게 됩니다.

아이나 남편에게 이해받지 못했다고 생각하고 무시당했다고 여기며 화내는 것입니다. 아이와 남편을 자기가 (엄마로, 아내로) 이해하지 못했다는 생각은 하지 않습니다. 어디까지나 자기 생각만 하고 자기가 옳다고 생각하는 데서 나오는 반응이 '화내기'입니다.

함께 산 지 오래된 경우에 부부가 서로를 향해 잘 하는 말이 있습니다. 남편의 이해를 받지 못한다고 생각하는 아내가 답답하다며 하는 말입니다. "보면 몰라요?" 적극으로 이해받으려고 자기표현을 하고 남편의 생각을 성의 있게 들어 소통하고 두 사람 사이의 차이점을 절충하려 하지 않고, 보기만 해도 저절로 알아줄 것을 기대해서 나온 말입니다.

늦게 집에 온 남편에게 화를 내기 전에 "몹시 기다렸다", "같이 있고 싶었다", "왜 늦나 궁금했다", "보고 싶었다" 등 자기 마음을 표현할 여러 가지 말이 있는데 말하지 않고는 "보면 몰라요?" 합니다.

왜 우리네 부부들은 서로 호기심을 가지고 궁금해하지 않으면서 답답하게 살까? 깊이 생각해볼 문제입니다. 분명히 다른 사람인데 자기 마음과 같다고 여기니 다 알고 있을 것이라고 잘못 치부하는 데 문제가 있습니다. 아무리 50년 이상 같이 살아도 서로 다른 마음을 가지고 있다는 것을 모른다면 그 다른 마음을 알고 싶다는 호기심이 생길 리 없습니다. 그러니 호기심을 풀려는 동기도 생길 수 없습니다. 그런데 그렇게 된 데에는 그럼직한 배경이 있다는 걸 상담실에서 발견합니다. 자기만 알고 자기주장만 하는 (이기심을 가진) 나쁜 사람이라서가 아니라 그럴 수밖에 없었던 배경이 있음을 알게 됩니다.

상담 초에는 대부분 평범한 가정에서 부족함 없이 살았다고들 합니다. 물질로는 부족함이 없었고, 다른 아이들마냥 별 탈 없이 학교 다녔고, 대학도 가고 취직해서 사회 경험도 하고, 남들만큼 갖추어 결혼도 했다고 생각하기 때문입니다. 그런데 어떤 부모와, 어려서부터 얼마나 서로 마음을 알아주면서 이해-협력 관계를 맺고 자랐나를 이야기하다 보면 평범하지 않았음을 알아차리고 인정하게 됩니다. 물질로 부족하지 않았지만 마음의 결핍을 볼 수 있게 되기 때문입니다.

내가 만난 한 니의 이야기입니다. 그 니의 아버지는 조실부모하고 고아같이 자라서 자수성가하셨고, 어머니는 5살에 부모를 잃고 친척집, 이곳저곳에서 눈치 보며 자랐습니다. 그런데 부모님은 늘 싸우셨다고 합니다. 아버지의 사업이 잘되어 수입은 많았으나 아버지는 노름판에 빠져 계셨고, 어머니가 살림을 꾸려가셔야 했습니다. 한집에 살았어도 각자 따로따로 산 것이지 부부가 서로 마음을 알아주고 협력해서 살지는 않았습니다. 그 틈에서 아이는 마음을 서로 알아주면서 같이 사는 것을 익힐 틈이 없었던 것입니다. 부모님이 고아여서 부부가 같이 살아가는 방법을 익힐 기회가 전혀 없었을 것이니 그리 살아온 것이 이해는 됩니다.

이렇게 어려운 처지에 놓여 있었던 경우가 아니라도 각양각색의 이유로, 자기중심의 욕심으로 인해 이기성이 생기고 강조되어 키워지는 것을 볼 수 있습니다. 전문직으로 꽤 성공해서 사는 부모 밑에서 자란 니들도 만연한 우리 사회의 경제주의 때문에 물질 중심의 가치에서 벗어나지 못하고 삽니다. 자신의 성공 정도를 다른 사람들과 쉬지 않고 비교하며, 끊임없이 경쟁하게 됩니다. 그러다 보니 늘 자기보다 앞서는 이웃을 보면 선선히 축하할 마음이 생기기보다 마음이 불편해지고, 불만으로 인해 행복할 수 없게 됩니다.

우리 사회에서 빼놓을 수 없는 또 다른 요인으로 학력에 대한 집착이 있습니다. 이런 현실은 자신뿐 아니라 자녀들에게도 심한 부담을 안겨줍니다. 이는 우리나라가 OECD 국가들 가운데 '아이들이 제일 행복하지 않은 나라'가 되는 것에 단단히 일조합니다. 사회에서 어떤 지위를 점하는가 하는 출세의 척도 역시 한 요인이 되어 이기성을 부추기고 있습니다. 각기 다른 모양새로 태어난 것을 인정하고 만족할 수 없게 하는 외모 선호에 관한 일률의 기준도 한몫을 합니다.

모든 사람이 각자 다른 특성을 지니고 있음을 이해하며, 그 다름을 서로 알아주고 기뻐해주는 마음을 가지고 그 다른 점이 잘 살아나게 함께 협력하면서 산다면 문제가 사라질 일입니다. 그걸 못해서 생긴 것이 이기심입니다.

서로 다른 마음자리, 마음결을 알아보고 그 마음을 서로 좋아할 수 있다면, 각기 따로따로 비참할 정도로 어렵게 이기심을 고수하지 않아도 됩니다. 그러기에 상담실에서는 우선 가까운 가족, 이웃과 마음 알아주기를 하자고 강하게 권합니다.

"남편의 마음을 궁금해하자!"
(상담 후 남편에게 가서 실행했더니 남편의 입꼬리가 올라가더라 합니다.)

"아이의 마음을 궁금해하자!"

(엄마가 달라졌다고 합니다.)

그러고 나서 "내 마음을 말하자!"
(귓등으로도 안 듣고, 잔소리라며 싫어하던 남편도 아이도 아내와 엄마의 말을 열심히 듣더라 합니다.)

그리고 "온 세계인들 마음을 궁금해하자!"
(세상을 위해 할 일이 보이는 시민이 됩니다.)

이것이 이기성 벗어버리기의 큰 한 발자국 떼기입니다.

가족은
돈으로 산다?

젊은이들이 연애 문제나 상래 문제를 늘고 찾아오는 데 비해서 결혼한 여성들은 주로 남편과의 문제를 안고 상담실을 찾습니다.

중매로 혼인을 한 경우도 있지만 친정의 반대를 무릅쓰고 연애결혼을 했다는 사람도 있습니다. 거의 예외 없이 여성들이 어렵사리 경제 사정을 극복하고, 집안을 일으키고, 알뜰하게 살림하고, 아이들을 잘 길러냈다고 합니다. 그런데 남편에게 다른 여자가 생겼다거나 생긴 것 같다고 합니다. 연애 시절에 자상하고 재미있게 해주었던 남편이었는데 결혼하고 어려움을 겪으면서 무능함이 두드러지고 일을 저지르기만 했다고 합니다. 의논이라도 좀 했으면 좋으련만 일이 벌어진 다음 궁금해서 물으면 통 대꾸를 제대로 하지 않는다고 합니다. "잘못했다"고 하거나 "고생시켜 미안하다"는 말도 없다고 "어떻게 그럴 수 있느냐?"고 합니다. 도대체 이해할 수 없다고 합니다. 마음 같아서는 당장 갈라서고 싶은데 아이들이 아빠를 좋아하고(아이들은 아직 아빠가 바람피우는 건 모른다고 했습니다) 아이들에게 손해가 될까 걱정이라 이혼할 수도 없다고 합니다.

그런데 이들 가운데 신앙생활을 아주 열심히 하는 사람들이 종종 있습니다. 물질의 풍부함보다 사랑과 평화가 있는 영혼의 삶이 더 중요하다고 믿는다고 말하는 사람들입니다. 기독교인, 불교도, 가톨릭교도들입니다. 세상의 물질보다 영혼을 살찌울 진리의 말씀이 더욱 중요함을 믿는다고 입으로는 말하는 사람들입니다. 그런데 속마음은 전혀 다른 모양입니다. 정작 가장 소중한 자신과 남편 그리고 아이들과의 삶에서 돈보다 소중한 것이 있음을 생각하지도 않고 사는 것 같아 보입니다. 그리고 그것을 지적하면 "현실은 그렇지 않아요" 합니다.

그의 신앙은 돈이라는 현실 앞에서 힘을 잃고 맙니다. 아니, 진리를 추구하는 신앙은 깡그리 무시되고 있습니다. 그래서 정색을 하고 "정말 하나님을 믿기는 하는 것이냐?" 물으면 입을 열지 못합니다. "결국 돈을 믿은 것이 아니냐?" 그리고 "그 돈의 위력에 짓눌려 살면서, 실제로 돈의 주인인 사람의 자리를 잃은 것 아니냐?" 하면 머리를 한 대 맞은 것 같다고 합니다. 그런 생각을 해본 적도 없다고 합니다.

이들 가운데는 정말로 먹고살기가 너무나 힘들어 다른 마음을 가질 여유가 전혀 없었던 사람도 있습니다. 그러나 그런대로 먹고살 만한 사람들이 대부분입니다. 입에 풀칠 못하는 정도는 아닙니다. 무슨 옷을 걸치고, 어떤 음식을, 어디서 먹는가 하는 차이만 있을 뿐 사람 사는 것은 가진 것의 수준과 전혀 관계없습니다.

"맑은 물김치에 밥 말아 먹는 것이 제일 맛있다"는 소박한 입맛을 가진 분이 수십억 재산을 남을 위해 선선히 내놓는 것은 한 보기일 뿐입니다. 3천만 원짜리 시계를 차고, 속옷까지 명품을 입어야 하는 사람들이 있습니다. 그들은 어마어마한 돈을 지불하면서 먹고 마시는 곳을 찾아다닙니다.

이런 차이는 소유물의 양이 아니라 소유물을 보는 눈의 차이이고, 보이지 않는 마음을 볼 줄 아는 안목의 차이일 뿐입니다. 소유물에 대한 욕심과 마음의 풍성함에 대한 욕심이 다를 뿐입니다. 자기에게 우선으로 중요한 것이 물질이냐 아니면 마음이냐에 따라 삶은 그렇게 완전히 다른 방향으로 치닫습니다.

돈과 사랑을 두고 선택해야 한다고 생각해본 적도 없는 사람들이 있습니다. 아무런 고민 없이 의식주를 해결하기 위해서만 살아야 한다고 여깁니다. 그러기에 의식주를 해결해줄 사람을 배우자로 택합니다. (물론 그 사람이 싫지는 않은 경우에 그렇게 합니다.)

부모님이 사시는 것이 또 그랬다고 합니다. 자녀들을 먹이고, 입히고, 공부시킨 것으로 책임을 다했다고 여기시는 부모 밑에서 자랐다고 합니다. 그러니 자기도 자기 아이들을 먹이고, 입히고, 공부시키기 위해 전력을 다한다고 합니다. 이렇게 열심히 살았는데 남편이 바람피우고, 그렇게 애쓰며 살았는데 아이가 문제를 일으키고 나서야 남편과 아이를 고쳐 잡기 위해 상담소를 찾습니다. 자기가 눈여겨 살피지 않았던 삶의 영역이 있다는 것을, 그래서 남편과 아이가 결핍된 것을 달라고 아우성치고 있다는 사실을 상담실에서 눈뜹니다. 몸의 영양실조가 아니라 마음의 영양실조도 있음을 모르고 있었던 것입니다.

먹고사는 것의 기본 기준도 모두 다르지만 물질에 욕심을 가지기 시작하면 가진 것에 만족하지 못하고 점점 더 많이 가지기를 바라게 됩니다. 세계 제일의 부자가 아니면 자기보다 더 가진 사람이 언제나 있기 마련이어서 아래를 내려다볼 생각을 못하게 됩니다. 더 가진 사람들만 눈에 보여 자기가 가진 것에 만족할 수 없고, 그래서 언제나 불행할 수밖에 없습니다. 이런 이들은 자신도 남도 사랑하는 맛을 모릅니다. 아무도 자기를 참으로 사랑한다고 생각해본 적도 없으니 말입니다. 남는 것은 돈뿐이라고 굳게 믿고 있습니다.

"재물과 아이 중에 어느 편을 택하겠느냐?" 하면 물론 입으로는 아이를 택한다고 합니다. 그런데 그 재물을 아이가 탐낸다고 생각하지 않나요? 아직은 아이에게 물려줄 때가 아니라 잘 지켜야 한다고 하는 마음에는 아이에 대한 믿음이 없는 것 아닌가요? 그렇게 되면 아이는 어른의 불신을 느끼고 정직하지 않은 행동을 할 수 있습니다. 아이가 전에 부정직한 행동을 했기 때문이라며 어른은 더욱 의심의 눈초리를 놓지 않습니다. (아이를 남편으로 바꾸어도 같습니다.)

성서에 나오는 탕자의 비유는 이런 처지에 있는 우리 어른들을 크게 깨우칩니다. 아버지의 재산 반을 달라고 하는 작은아들이 아깝게 재물을 다 없애버릴 수 있음을 알면서도, 아들이 재산보다 중요하기에 선선히 내줍니다. "내가 어떻게 모은 재산인데" 하지 않을 사람이 있을까요? 그러나 사람 자체를 아끼고 사랑한다면 무엇이 더 귀할까요?

상담실에서 만난 많은 니들이 이런 선택을 못하는 마음 밑바탕에는 자신이 소중하다는 것을 느껴본 적이 없다는 까닭이 있습니다. 그 부모는 세상의 온갖 중요한 명목을 귀에 못이 박히도록 되풀이하셨습니다. 그중에 논과 출세가 제일 중요했을 수 있습니다. 출세해야 돈도 생긴다고 여겼으니 돈 하나로 수렴될 수 있겠지요. <u>돈보다 아이들을 있는 그대로 사랑해야 한다는 것이 우선되지 않았던 그 어른들의 품에서 자란 아이들이 어른이 되어 상담소를 찾게 된다는 말입니다. 그리고 그들도 남편과 아이들보다 돈이 우선이라는 듯이 살다가 낭패를 당하고 맙니다.</u>

공직자 부패 문제가 떠들썩한 것은 어제 오늘의 문제가 아닙니다. 가난한 소작농에게 가야 할 돈을 받아 간 배부른 공직자가 "법을 몰랐다"고 오리발 내미는 것도 똑같은 심보입니다. 상담소를 찾는 개인의 문제가 풀리는 것과 우리 사회가 건강해져야 하는 것이 한 고리에 꿰입니다. 그래서 "다 함께 가난하게 살기를 바라는 것"입니다.

남편의 배신

여성상담소에 있으니 철석같이 믿었던 남편의 불륜을 알게 되어 심한 고통을 당하는 여성들을 자주 만나게 됩니다. 그동안 아주 행복한 가정을 만들고 남편과 금실 좋은 사이라고 생각했었는데, 어느 날 갑자기 남편의 외도를 발견하게 되면 그 배신감과 자괴감은 말할 수 없을 정도가 됩니다.

요즘은 대부분 휴대전화에 뜬 메시지로 문제 상황을 눈치 채게 됩니다. 사랑과 관심을 표하는 말이 뜸해지거나 모르는 여자 이름, 새로운 번호를 보고 의심하게 됩니다. 그런가 하면 남편이 유난스런 사랑의 표현으로 하지 않던 짓을 하든지, 아니면 완전히 냉담해지기도 합니다. 이는 두 사람의 관계가 과거에 어떻게 설정되어왔던가, 아니면 남편의 성격이 어떠한가에 달려 있습니다.

내담자 대부분은 상담 초기에 그렇게 변한 남편을 이해할 수 없다고 이야기합니다. "내 남편이 그럴 줄 몰랐다"고 토로하고, "남편만을 바라보며 이렇게 충실하게 잘 살아왔는데 감히 나를 배반하다니" 하고 분노를 표현합니다.

우리나라 주부들 대부분이 그렇듯이 이 여성들도 가족들을 위해 자신은 돌보지 않고, 남편과 아이들 우선으로 살아온 이들입니다. 그렇게 애쓰는 자신의 삶을 곁에서 잘 보며 살아온 남편이 어떻게 다른 여성에게 마음을 줄 수 있는지 믿을 수 없다고 합니다. 남편이 자기가 알고 있던 바로 그 사람인가? 의심스럽기까지 하다고 합니다. 다른 남자들이 다 그렇더라도 자기 남편은 그렇지 않을 것이라고 믿었기에 그 충격은 큽니다.

이런 여성들은 남편이 완벽하다고, 한 점의 의심 없이 믿는 것이 얼마나 비현실적인지 모르고 있었음을 상담 과정에서 깨달아가게 됩니다. 실제로 남편의 정체를 모르고 살아온 것입니다. 그리하여 그동안 남편을 있는 그대로 보려 하지 않았던 자신의 문제도 보게 합니다.

상담 과정에서 처음에는 기막힌 아픔을 충분히 들어주지만, 그냥 들어주는 데 멈추지 않고 현실의 인간으로 남편과 자신의 됨됨이를 알아가는 과정을 거치게 합니다. 자기가 알고 있는 남편이 남편의 실제가 아님을 상담 과정에서 알아채면서 놀라움을 경험합니다. "당신이 이렇게 했을 때 남편은 이렇게 느끼지 않았을까요?" 하면 남편이 꼭 그런 말을 했다고 합니다. "선생님은 어떻게 내 남편을 만나지도 않고 아세요?" 하며 신통해합니다.

그런데 왜 여성들은 상담자인 나의 이야기는 들으면서 남편이 똑같은 이야기를 했을 때는 그 이야기를 귀담아듣지 않았을까요? 특히 우리네 여성들은 집안에서 막강한 역할을 하면서 삽니다. 가족 안에서 남편의 잔잔한 요구에 민감하게 대응하려 하지 않습니다. "밥 줘!" 하면 밥상 차려주고 물 달라면 물 떠다 바치는 것으로 할 일을 다 했다고 여기면서 살아왔다면, 남편의 마음을 읽어내지 못하게 됩니다. 자신도 남편에게 자신의 원하는 바를 제대로 표현하지 못하면서, 거죽으로 각자의 기능을 하는 한계 안에 머무는 관계로만 가정을 만들어가게 됩니다.

어떤 니는 남편이 주말에 잠만 자고 있으면, 방해하지 않고 쉬게 해야 한다고 극진히 생각하여 아이들을 데리고 바깥에 나가는 것이 옳다고 여겨왔다고 합니다. 주중에 바깥일을 하고 주말에 잠만 잔 남편이 "얼마나 지루했을까?" 했더니, 그 남편이 바람피우고 갈라서자 하면서 "너와 사는 것이 지루했다"고 합니다.

일하고 온 남편을 쉬게 하려는 '위하는 마음'만으로는 관계의 활기를 유지할 수 없습니다. 돈 버는 남편의 역할만을 인정하는 아내와 살아

재미와 흥분을 잃게 했던 것입니다. 일과 관계없는 아이들과 아내와의 관계가 따로 있어야 했던 것입니다. 이런 경우 남 보기에는 완벽한 주부이기 때문에 이혼 이야기가 나오면 시댁을 비롯해 다른 사람들은 남편이 미쳤다고 합니다.

물론 남편도 가족 관계를 위해 마땅히 더 노력을 했어야 합니다. 바람피운 것을 인정하고 두둔하려는 마음이 전혀 없다는 것은 상담 과정에서 오해 없도록 반복하여 강조합니다. 그러나 나는 여성들을 상담하기 때문에 여성들의 자기 성찰과 성숙을 위해 노력하고 있습니다. 아마도 남성들을 상담한다면 남성들에게도 똑같이 부인과 아이들을 민감하게 보살펴야 하는 책임을 강조할 것입니다.

그러나 우리로서는 여성이 자신의 문제를 바로잡아 성숙의 기회를 삼는다면 자신을 키워가는 좋은 기회가 될 것이고, 성숙한 여성으로 남편을 포함한 가족과 주변인들을 성숙하도록 도울 수 있게 될 것임을 바라고 있습니다. 처음에는 바람피운 남편을 그대로 두고 여성에게 짐을 더 지우는 것 아니냐면서 억울해하기도 합니다. "선생님은 어째 내 편을 마냥 들지 않고 잘못을 저지른 남편을 이해하라고 하세요?" 하고 항의하기도 합니다. 그냥 "오냐! 오냐!" 말해주면 내담자의 기분은 좋겠지만 문제의 현실을 직시하지 못하게 만듭니다.

남편의 불륜 때문에 어찌할 바를 모르고 찾아오는 여성들에게 남편을 사랑하느냐 묻습니다. 물론 그런 일을 당하고 처음에는 이런 처지에 남편을 사랑하는지, 사랑하지 않는지 모르겠다고 말합니다. 그러나 어느 정도 자신을 돌아보게 되면, 남편과 헤어지겠다고 하는 사람과 다시 시작해보겠다는 사람으로 나뉘게 됩니다.

내 경험에 따르면, 대체로 한 번의 불륜만으로 남편을 포기하지는 않습니다. 폭행이나 무능력, 술과 도박 같은 다른 심각한 문제가 없는 한 여성들은 가정을 지키려 합니다. 아직도 남편에 대한 사랑이 있어서 잘 해보고 싶다고 하면 자신과 남편을 제대로 파악하고 소통하는 것에 대한 통찰력을 갖도록 돕게 됩니다.

자신이 남편에게 기대했던 것이 무엇이었나를 들여다보게 합니다. 마음을 나누는 '흥분된 관계'를 기대하지 않고, 아내와 어머니 역할 하는 것에 머물러 있었던 것을 스스로 보는 경우들이 많습니다. 사랑한다고 하면서 연애 시절에 서로 나누던 느낌의 세계를 접어두고 산 것입니다. 아이들이 두세 명 되고 결혼시키고, 손자들을 보면서 얼마나 일이 많고 바빴을까 모르는 바 아닙니다. 그렇다고 남편을 자기 삶의 영역 바깥에 남겨두어도 되는 것일까요? (그 니도 나중에는 자기도 유혹이 있었다면 바람피웠을지 모르겠다고 합니다.) 생생한 삶의 느낌을 교류하는 것은 사람의 관계, 특히 가까운 사람들과의 관계를 키우고 지켜줍니다. 바로 그것이 생명력입니다.

바깥일 중심으로 사는 남편들이 원하는 것이 무엇인지 아내들이 알고 있을까요? 남편들은 밤늦게까지 일하고 집에 와서 눈만 붙이고 다시 일찍 나가거나, 지방에서 일하고 주말에 매번 집에 오지도 않는 경우도 있습니다. 어려서부터 자라는 과정에서도 가정에서 사랑의 느낌을 나누는 습관이 남성들에게는 부족합니다. 남자는 어려서부터 울어서도 안 되고, (쓸데없이) 노닥거려서도 안 된다고 알고 재미없게 살아왔습니다. 성취만 잘하면 되는 삶을 살 것을 기대받고 그렇게 살아온 것입니다.

그런데 자기가 이룬 가정에서도 아내와 아이들이 한편이 되어 있고 자신에게는 삶의 재미를 느낄 기회가 주어지지 않는다면 마음이 어떨까요? 사회경제적인 성취를 이룬 남편일수록 더 완벽하다고 여기고, 이미 만족스러울 것이라 여기고, 남편이 바라는 것이 있어도 가족들은 무감각하게 성의 없이 대합니다.

여성들 가운데는 일만 하면서 자기들 방식으로 원하는 것을 남편이 해주지 않는다고 불평하며, 남편의 특성을 바꾸고 싶어 하는 사람도 있습니다. 잔소리로 일관하거나 자기가 원하는 대로 해주기를 일방으로 요구하다가 남편이 들어주지 않는다고 제풀에 지쳐버리기도 합니다.

보기로, 우리 사회의 남성들은 너무나 일에 매어 살기 때문에 주말에는 아내와 아이들이 원하는데도 외출하기를 싫어하고, 잠을 자거나 운동경기 보는 것으로 시간을 보내려 합니다. 아니면 골프를 치러 가거나, 혼자 등산을 가기도 합니다.

그러다가 가족이 아예 따로따로 움직이고 맙니다. 종교 활동 뒤로 숨어버리는 여성들도 있습니다. 남편과의 관계를 자기가 사랑으로 만들어가려 하지 않고 하나님이나 부처님께 기도하기만 합니다. 자기들이 서로 함께 해결해야지 하나님이나 부처님이 해주실 일이 아닙니다.

반드시 아침과 저녁 식사를 가족들과 한다는 여성들을 본 적이 있습니다. 가족과의 약속을 무엇보다 우선으로 꼭 지키려는 자세로 사는 사람은 그만큼 가족을 존중합니다. 결혼하고도 매주 주말 데이트 하는 부부도 보았습니다. 그만큼 서로 성의를 가지고 열심히 관계를 지켜가려 하는 것입니다.

상담받으면서 자신이 생각을 바꿔야겠다고 깨닫고 남편과 새롭게 살게 되는 경우에도 남편이 바람피워 생긴 아픔을 잊어버리는 데는 시간이 많이 걸립니다. 남편이 새 여자에게 가겠다고 막무가내일 때도 있는데, 대체로 아내가 충분히 자기 문제를 깨닫지 못할 때 그렇습니다. 아마도 아내가 남편을 충분히 설득하지 못했을 것입니다. 오랜 시간 함께 살면서 알아온 서로의 특성을 바꿀 수 없다고 생각하기 때문입니다. 두 사람이 함께 부부를 이루는 것이니까 해결도 두 사람이 함께 할 수밖에 없습니다.

많지는 않아도 여성이 불륜에 개입하게 된 경우도 상담실에서 만납니다. 이 내담자는 결혼 생활 내내 남편의 술주정과 언어폭력 때문에 남편과의 관계가 만족스럽지 못한 채 살아왔습니다. 어려서부터 재미있게 놀아본 적도 없고 만족한 경험이 없는 그림자가 짙게 드리운 여성이었습니다.

그런데 괴로워서 찾아간 사람, 자기를 이해하고 도와주던 사람과 사랑을 나누고 "아 이런 것이 정말 아름다운 남녀 관계구나!" 처음 체험했다고 합니다. 그 관계를 지속하지 않았지만 그 일로 죄인이 되어 괴로워했습니다. 기독교인이어서 예수님도 "다시 죄 짓지 말라"고 여인을 정죄하지 않으셨다는 성경 이야기를 나누고 헤어졌는데, 그 뒤로 어떤 자기 선택을 했는지 모릅니다. 자신을 위해서 바른 선택을 했기를 바랄 뿐입니다.

유부남과 사귀는 여성의 경우도 만나보면, 자신과 다른 여성의 입장을 다 볼 수 있게 되기를 귀띔하지만 자기 존중감이 부족하여 선뜻 주어진 관계를 정리할 생각을 못합니다. 자신을 위하는 길이 무엇인지 모르고 헤매고 있는 점에서는 앞의 경우와 마찬가지입니다. "자기가 하면 사랑이고 다른 사람이 하면 불륜"이라는 길거리 표현은 자신을 위해 건강한 길을 찾지 못한 사람들의 변이기도 합니다.

아직까지는 그렇지 않더라도 두 사람이 함께 건강하게 살기 위해 노력하고 있다면 함께 불륜을 막을 수 있다고 생각합니다. 그래서 불륜에는 가해자와 피해자가 따로 없다는 말을 하고 싶습니다.

실수하면 큰일 나

상담실에서 만난 많은 니들이 실수하고 나서 몹시 괴로워하는 것을 자주 봅니다. 그런데 자기 실수를 지나치게 무겁게 여기고, 아주 치명적인 잘못이라고 생각하여 해결의 길이 보이지 않는 듯이 심하게 괴로워합니다. 때로는 몸 져 누워 끙끙 앓기도 합니다. 그러고는 "난 희망이 없어. 이 정도밖에 안 되는 사람이야" 하고 절망에 빠져 갈 길이 보이지 않는다고 합니다.

그런가 하면 다른 사람의 실수를 봐주지 못해 앙심이라도 먹은 듯 미워하는 마음 때문에 힘들어하기도 합니다. 그런데 들어보면 그 정도로 심각한 문제는 아닌 것 같아 보입니다. 그냥 "또 실수했구나" 깨달고, 그 실수에 피해를 본 사람이 있다면 사과하고, "다시 그러지 말아야지" 스스로 다짐하고 지날 수 있는 것을 그러질 못합니다.

이런 이들이 철저하게 실수하지 않(으려 하)고, 다른 사람을 보살피고, 깍듯이 예의를 갖추고, 실수 없이 살려고 하는 사람들인가 하면 그렇지도 않습니다. 다른 사람들을 이해하고 배려하며 살다가 어쩌다 한 실수를 괴로워하는 것이 아니라, 그보다는 원래 자기중심적이고 다른 사람에게 무례하게 실수한 것은 눈치도 채지 못하는 사람임을 알 수 있습니다. 그런데 이런 결과가 그들의 잘못 때문에 생긴 것인가 보면 아닙니다. 그들도 그러고 싶어서 그런 게 아니고, 그럴 수밖에 없이, 어쩔 수 없이 그렇게 되었음에 답답해합니다.

남편과 서로 존중하고 사랑하며 잘 지내고 싶지 않은 니가 있을까요? 그런데 남편이 원하는 것을 뻔히 알면서도 해주고 싶지 않고, 남편이 잔소리 듣는 것을 싫어하는데도 왜 잔소리를 계속하는지 자신도 알지 못합니다. 아이들과 사랑과 존중의 적절한 관계를 맺는 좋은 엄마이고 싶지 않은 니가 있을까요? 그런데 아이를 옥죄는 엄마 노릇을 하고 있는 자신을 봅니다. 서로 아끼고 존중하는 이웃으로 같이 잘 지내고 싶지 않은 니가 있나요? 그런데 하찮은 일로 틀어지고, 부드럽게 마음을 표현하면 풀릴 것을 알면서도 창자가 틀려 할 수 없다고 합니다.

이들을 만나면서 사랑과 존중의 관계를 맺을 수 없는 이유는 사랑과 존중의 관계를 체험한 적이 없기 때문임을 알게 되었습니다. 갓 태어난 아이 때부터 아이의 느낌과 욕구를 알고 대해준 어른이 없어서 그 니들은 양육자 어른-부모의 일방의 생각과 기준으로 당하면서 자라 왔습니다. 어머니들이 아이 기르기 힘들다고 하는 것은 어머니 마음대로 되지 않기 때문이지, 아이의 마음을 알아주기 힘들기 때문이 아닙니다. 자신(아이)의 느낌과 필요를 알아주는 사람(양육자 어머니)과 교섭하면서 서로 다른 사람의 느낌과 필요도 알아가고 절충하며 자라는 경험을 했어야 했는데 이를 못한 것입니다. 그중에 중요한 것이 실수의 개념입니다. 실수의 개념이 자기(아이) 자신 속에서 형성된 것이 아니고 어른(양육자)의 생각과 기준으로 덮어씌워져버렸습니다. 이것이 실수를 지나치게 두려워하는 문제의 원인입니다.

자기(아이)의 기준으로 실수한 것이라 정의 내리지 못하고, 어른(양육자)의 판단으로 '실수'로 상조되면 실수가 '잘못'으로 번역되고 더 나아가 아이는 자신을 '죄인'으로 내면화해버립니다. 넘어진 실수가 잘못이고 죄라면 아이는 얼마나 무거운 짐에 눌리게 될까요. 어른이 아이의 실수를 실수로 받아주면 아이는 실수를 실수로 가볍게, 그러나 스스로 책임지는 사람으로 자랄 것입니다. 그러나 '잘하는 것'에 위배되는 것으로 부담을 준 어른들 밑에서 자라면서, 실수하면 큰일 날 것으로 굳게 믿는 아이는 실수하지 않기 위해 주저하게 되고 아무것도 선뜻 하지 못하게 됩니다.

모든 현실의 어머니는 완벽함과 한참 멉니다. 그런데도 아이에게 어머니가 완벽하다고 여기게 만들고, 어린아이는 언제나 완전하다고 착각하는 어머니의 보폭에 맞추지 못해 죄책감에 허덕이는 결과를 상담실에서 자주 봅니다.

피아노를 전공해서 약한 체력으로 한껏 열심히 연습했어도 어차피 음악 선생의 수준으로 보면 부족한 것이 당연한데 아이 편에서 그 당연함은 인정할 수 없습니다. 왜냐하면 실수는 잘못한 것이니까…. 그렇게 어른의 기준에 맞춰 '마음의 족쇄'를 채우고 사는 것에 익숙해 스스로 음악을 즐기지 못하고 자신을 괴롭힙니다. 그 결과 사랑과 존중의 부모-자녀 관계를 포기하듯, 아름다운 음악 즐기기를 포기하며 여생을 보내기도 합니다.

아무리 천재로 태어났다 하더라도 태어난 순간에 그의 재능 수준이 정해지는 것이 아닙니다. 누구나 바뀌고 자라고 무르익어가는 과정을 평생에 걸쳐 거쳐갑니다. 또한 모두 다른 능력을 가지고, 모두 다른 속도와 다른 모양새로 성숙하기에 아무도 다른 사람의 기준으로 재단되어서는 안 됩니다. 서로 다름을 알아주고 용납하면서 있을 수밖에 없는 실수를 너그럽게 봐주는 것이 필요함은 당연할 것입니다.

어머니의 입맛으로 아이의 입맛을 강요해도 안 되고, 어머니의 옷 입기 취향에 따라 아이의 취향을 가름해도 안 되고, 어머니의 신앙이 아이의 신앙을 주름잡게 해서도 안 됩니다. 딸의 남편 고르기는 어머니의 사위 고르기와 별개일 수밖에 없고, 자녀 양육과 교육도 아이가 다른 만큼 강요에 따른 복종일 수 없는 것입니다.

  우리네 많은 어머니들이 가진 공통의 가치관인 내 자식, 내 가족만이 소중하고, 잘 먹고 내 한 몸 편하게 사는 것이 삶의 목적인 어머니-니의 좁은 마음에서 나온 실수라는 개념이 딸-니 뇌리에도 깊이 자리 잡고 있습니다. 그런데 이제 정의와 행복한 삶을 실천해야 할 기대를 받고 있을 때, 딸-니는 머리와 마음의 괴리를 겪고 걸림돌에 넘어지는 것을 봅니다. 당장의 손익 계산에 머리가 흔들리고, 헛고생하는 실수를 저지르는 것이 아닌가 싶어 헷갈리고, 어머니의 기준과 다른 신념 체계가 삐걱대어 괴롭기도 합니다.

  어린 시절에 겪은 니들의 체험에 젖은 마음을 그대로 놔두면 "세 살 버릇 여든까지"라는 속담대로 꼼짝 없이 그 틀에 평생 발목을 잡혀 살 것임을 압니다. 우리는 마음을 바꿀 수 있는 존재입니다. 실수에 대한 생각을 완전히 바꿔야 합니다. 멀쩡하게 좋은 말을 하고도 "괜한 말 한 거 아닌가!" 하며 속 끓이지 않아야 합니다. 그러기 위해서는 옛 생각을 버리고 새 생각의 길로 들어서는 결단이 필요하고, 그 길을 열심히 의식하며, 서로 격려하며 같이 손잡고 걸어야 합니다.

  상담소는 그래서 있는 곳입니다. 혼자 외롭게 걸으면 옛길로 빠지기 쉽기 때문입니다. 마음이 건강한 니로 살기 원해서 상담실을 찾는 마음 아픈 니들에게 머리에 잘못 각인된 실수를 들으면서 그건 실수일 뿐이니 그 생각을 정리하고 새롭게 자기답게 다음 발걸음을 내딛으라고 하며 그 니의 역정에 길동무가 되어주려 합니다. 5리를 같이 동행하기 바라면 10리를 같이 가려는 이웃이 되려 합니다. 그것도 한 번이 아니고, 니들이 포기하지 않는 한 끊임없이 되풀이하려 합니다. 단숨에 바뀌지 않는다는 것을 알기 때문이고, 그 긴 과정을 니들이 얼마나 힘들어하며, 홀로, 외롭게 걷고 있는지를 잘 알기 때문입니다.

이래도 걱정 저래도 걱정, 나는 걱정이 많아요

　연애하는 젊은 니는 사랑하는 남자 친구와 앞으로 잘 살 수 있을지 걱정이라 합니다. 결혼해서 10년을 딸 아들 낳고 사는 니는 아이들을 잘 기르고 있는지 걱정이라고 합니다. 집 떠나 서울에 와서 동생들을 돌보며 엄마보다 더 엄마 노릇을 철저히 하고 사는 니는 내가 잘 하고 있는지 걱정이라 합니다. 지나치던 길에서 낯모르는 사람이 뭐라 한 말이 자기 들으라 한 것이 아닌가 걱정합니다. 이렇듯이 니들은 수도 없이 많은 종류의 걱정을 합니다.
　걱정의 뿌리를 찾아 함께 자기만의 이야기 세계로 들어가봅시다. 보면 자라온 배경이 다 다름에도 걱정 많은 니들의 공통점이 보입니다.

이들 모두 먹고 살기 바빴던 부모님들이 계셨습니다. 가난과 부가 문제가 아닙니다. 가난한 이들은 가난해서 여유가 없었고, 부유한 이들은 더 부유하려고 여유가 없었습니다.

여유가 도무지 없었던 그 부모님들은 아이들의 느낌을 눈여겨보실 틈이 없었다고 그 니들 모두 부모님을 변명해드리고 있습니다. 어릴 적 느낌을 무시당하고 지내온 것을 원망하지 않으려 합니다. 그 부모님들이 걱정하시지 않게 행동해야 했고, 동생들을 잘 지도해서 부모님의 걱정을 덜어드려야 했다고들 합니다. 부자연스레 부모님들보다 더 어른이 되어 있어, 아이답게 아이 짓을 해본 적이 없었다는 것을 상담 과정에서 비로소 알게 됩니다.

"다 지난 옛날 일인걸요 뭐" 합니다. "굳이 들춰내서 그 착하신 부모님을 원망하면 뭐하냐?", "부모님들도 일부러 그러신 것은 아니다" 합니다. 부모님께 대해 불만을 이야기하는 것이 불효라도 되는 듯이 죄송스러워합니다. 허기야 부모님들도 그 부모님들에게 느낌을 존중받고 자란 것이 아니셨을 테니 어쩔 수 없다고 해야겠습니다. "그래 이해해드리자" 합니다.

그렇지만 그냥 지나치지 말아야 할 것이 있습니다. 그렇게 자신의 느낌이 존중받지 못했기 때문에 억눌려 지냈다는 사실을 인정하는 것입니다. 그랬기 때문에 늘 바깥에서 주어진 기준에 따라 느끼고 생각하고 행동해야 했고, 늘 그 기준으로 자신을 점검하게 되었던 것입니다. "다른 사람들이 어찌 생각할까" 걱정하게 된 것입니다. 첫 통치자인 어머니가 "이래야 한다"고 하셨던 것에 맞추어 느끼고 행동해야 했던 맏딸은 엄마와 다른 자신의 느낌과 행동은 스스로에게 허용하지 않게 됩니다. 어디 맏이뿐일까요! 남동생 보기까지 태어난 딸들, 그 수가 많을수록 더 마음의 굳은살이 두꺼울 것입니다.

이렇게 오래 걱정하며 살았을수록, 또 이런 특징을 주변 사람들이 "자상하다"는 이름으로 잘 이용했을수록, 표면으로는 별 문제 없이 살아왔을수록, 걱정하는 것은 당연한 일이라고 여기고 살게 됩니다. 그렇다면 아무 문제가 없는 것일까요?

우리 모두 자기 삶을 단 한 번밖에 살 수 없습니다. 어느 누가 대신해서 살아주지도 못합니다. 그리고 여성과 남성 모두 평등하고 서로 존중하고 존중받으며 살아야 한다는 원칙을 누구나 인정하게 되었습니다. 자기 느낌과 생각을 덮어두고 어찌 자기 삶을 살아갈 수 있겠습니까?

자기를 잃고 쓸모없는 걱정을 하는 사람들은 "뭔가 모르지만 잘못되었다"는 생각을 속으로 품게 됩니다. 이렇게 문제의식을 가지는 것은 아주 자연스러운 일이고, 오히려 이런 의식을 가지기 시작하는 것은 건강하려는 욕구를 정당하게 표현(증상)한 것일 뿐입니다. 몸에 수분이 부족하면 목이 마르듯이, 느낌이 메말라 삭막해지면 마음의 갈증을 의식하게 되니 말입니다.

그래서 상담소를 찾는 이들을 소중하게 반기고 고마워합니다. 더 건강해지고 싶어 해서 찾아온 것이기 때문입니다. 그 니가 건강하게 자기의 느낌을 찾고 나면 자기표현을 순조롭게 할 수 있게 되고, 그뿐 아니라 다른 사람들의 느낌도 잘 알아보게 되어 그들도 느낌을 잘 표현하도록 부추기며 같이 살게 됩니다. 걱정을 줄이고, 오해를 없애고, 서로 이해하며 살게 됩니다. 감사할 일입니다. 이것이 바로 상담소의 오묘한 비화입니다.

엄마, 나도 사랑받고 싶어요

사랑하는 이들은 서로 사랑을 확인하고, 또 하고, 또 합니다. 그러나 충분히 사랑의 신뢰가 두터워진 사람들 사이에서는 더 이상 확인할 필요가 없어집니다. 서로를 신뢰하면 서로를 확실하게 예측할 수 있어서 어긋나지 않으리라는 기대와 소망을 가질 수 있기 때문입니다.

그러나 신뢰가 없으면 애타게 사랑을 확인해야 하고, 그러고도 못 미더워 또다시 확인하려 들게 됩니다. 사춘기 여학생들이 우정을 두고 애태우는 경우를 많이 볼 수 있고, 사랑하는 젊은이들이 끊임없이 마음 졸이는 것도 쉽게 발견할 수 있습니다. 결혼해 살면서도 결혼기념일과 생일 챙기는 것을 사랑의 척도로 간주해 사랑의 수은주가 오르내

럽니다.

모든 사랑 가운데 첫사랑은 어머니와 아이의 사랑입니다. 막강한 어머니의 힘, 살고 죽는 것을 좌우할 만한 힘을 가진 어머니와, 어떻게 해도 꼼짝 못할 완전히 힘없는 갓난아기와의 관계는 그 뒤를 따를 어떤 사랑과도 비교할 수 없는 특별한 사랑입니다. 힘 있는 사람과 힘없는 사람 사이의 사랑은 균형을 잡을 수 없습니다. 힘 있는 자가 몹시 조심해서 힘없는 쪽을 살피고 사랑을 베풀어야 힘없는 사람이 편안하게 사랑받고 사랑이 살아남을 수 있습니다.

실험하던 중에 난자를 잘못 다룬 연구원에게 힘 있는 교수가 무심코 했다는 말 한마디가 힘없는 연구원에게 압박감을 주어 자신의 난자를 자신이 채취해서 자신이 실험해야 하는 기막힌 경험을 하게 했습니다. 힘의 균형이 깨어진 관계에서는 그만치 힘 있는 사람이 몸가짐, 말 한마디도 배려하며 해야 합니다.

어머니의 사랑은 아이에게 그보다 더한 의미가 있습니다. 왜냐하면 줏대가 더 센 연구원이었다면 교수의 요구를 거부할 수 있었겠지만, 아이는 어머니를 거부할 수가 없기 때문입니다. 연구원은 그 교수를 떠나 다른 곳으로 갈 수 있지만, 아이는 어머니에게서 버림받지 않는 한 어머니를 떠날 수 없습니다.

한 내담자는 어려서부터 어른이 되어 결혼하고 귀여운 남매의 엄마가 될 때까지 '어여쁜' 어머니께 줄곧 자기 식으로 사랑을 바쳐왔습니다. 그러나 강자인 어머니는 세상살이에 힘들고 바빠서 아이의 충정 어린 사랑을 대수롭지 않게 여겼습니다(교수가 연구원의 아픔을 모르고 있었듯이…). 어머니는 어머니 식으로 먹이고 입히며 딸아이를 사랑했고, 그것으로 어머니의 할 도리를 다했다고 여겼기에 어머니의 결백은 지켜졌습니다(세상의 다른 영역, 연구하는 영역에서는 윤리 기준이 있어 교수는 결백할 수 없었지만 말입니다).

그러나 아이의 애타는 사랑을 몰라준다는 건 아이에게는 얼마나 힘든 일입니까! 왕자를 짝사랑하는 인어공주의 찢어지는 듯한 아픔과 비교가 될까요! 그 뒤로 자라며 그 내담자는 친구들과 우정도 맺고, 남편의 사랑을 받기도 하고, "무한대(∞)로 사랑한다"는 어린 아들아이가 있어도 어머니의 첫사랑을 확인하기까지 늘 모자라고 목말라했습니다.

거의 모든 상담에서 어린 시절 부모와의 관계를 끈질기게 물고 늘어지는 이유가 바로 여기에 있습니다. 다른 일로 상담을 시작하지만 결국 어머니에 대한 사랑의 확인이 늘 문제로 남아 있습니다. 어머니와 마주앉아 아이 적의 아픔을 감히 이야기할 용기가 없는 것입니다. 그만큼 어머니의 사랑을 가늠할 수 없고 예측할 수 없어 아이는 믿을 수 없는 것입니다.

그 내담자는 어머니와 부닥치는 일을 피해보려 했습니다. 어머니를 외면하고 아이들과 남편과만 재미있게 살리라 했습니다. "그러면 안 되겠냐?"고 애원하듯이 상담하며 묻기도 했습니다. 그렇게 마음먹었는데도 늘 어머니와 불편한 마음이 되는 것을 피할 수 없었습니다.

마음속 깊이 어머니에 대한 사랑을 인정받고 싶었던 것입니다. 자기를 조건 없이 사랑하는 어머니에 대한 자신의 사랑을 인정하고 인정받고 싶었던 것입니다. 자기를 조건 없이 사랑하는 어머니의 마음을 확인하고 싶은 마음이 늘 뱃속 깊이 버티고 있었던 것입니다. (의식하지 못하는 이 사랑을 향한 갈증 때문에요.)

늘 하찮은 일이 문제가 되곤 했습니다. 동대문에서 뺨 맞고 남대문 가서 침 뱉는 격입니다. 외가에 가서 모기에게 물려 온 아이를 보고도 문제를 삼았습니다. 물린 자국이 빨갛게 부풀도록 긁어대면서도 아이들은 외할머니를 사랑하는데, 가엽지도 않은 자기에게 왜 문제가 되나요? 전화선을 타고 들리는 목소리에도 파르르 떨어야 했고, 어머니는 "너한테 왜 내가 말을 못 해야 하냐?"며 답답해했습니다. 그러다가 김장 날이 왔습니다. 답답함이 극에 달했을 때 그 내담자는 어머니와 김장을 담그고 있었습니다.

드디어 그날, 타임머신을 타고 여섯 살, 일곱 살이 되어 어머니에게 퍼부어댔습니다. 아니 절박하게 매달렸습니다. 그래도 예상과는 달리 어머니가 거품을 물고 뒤로 넘어가지 않았습니다. 어머니가 죽을까 봐 그동안 말을 못했는데 말입니다. 세상의 끝이 오지도 않았습니다. 어머니에게 자기 느낌대로 말하면 끝장이라 생각했는데….

'참만남'에서 기적이 일어난 것을 처음으로 경험했습니다. 그 내담자는 어머니의 사랑을 믿을 수 있게 되어 여섯 살로 돌아갈 수 있었던 것입니다.

　어머니는 역시 훌륭하셨습니다. 어머니는 딸을 늘 극진히 사랑해왔고, 지금도 변함없이 사랑하고 있었습니다. 어머니는 딸의 고함을 막으려 하지 않았고, 딸의 절규를 처음부터 끝까지 다 들어주었습니다. 사랑하는 방법을 모르고 있었을 뿐입니다. 그러나 여섯 살 아이에게서 듣지 못했던 말을 서른세 살 성숙한 아낙이 된 딸에게서 들어주신 것으로 족했습니다. 무슨 말을 하고 싶었는지 마음을 알아주셨으니 딸에게는 족했습니다. 그리고 "애야, 우유 한잔 먹고 가라. 속 달래는 데는 우유가 최고니라" 하면서 얼었던 딸의 가슴을 녹였습니다. 내담자는 활활 타오른 뜨거운 머리가 말갛게 개었다고 했습니다.

　상남할 때년 "어렸을 때 일을 늘춰내서 뭐하나" 하는 이들이 많습니다. 다들 잊고 살자고 합니다. 아이에게 못할 말을 한 어버이를 그냥 덮어두고, 그만 용서하자고 합니다. 하나님이 알아주실 거라며 기도해서 해결하자고 합니다. 혼자 명상과 수양으로 다스리자고도 합니다. 그러나 그렇게 해서 안 된다는 것을 그 내담자가 증명해주었습니다. 용서의 문제가 아님을, 혼자 기도원에 가서 눈물 흘리며 기도해서 하나님께 떠맡길 문제가 아님을, 그리고 혼자 속 풀이할 문제가 아님을 보여주었습니다. (하나님께 기도하기 전에 이웃과 문제를 풀라고 하지 않으셨던가요?)

어머니의 사랑과 딸의 사랑이 막힌 길이 트인 것입니다. 그 뒤로 모녀는 전화선을 타고 파르르 떨지 않아도 되었고, 서로 눈치 보지 않아도 되었고, 진정으로 만나 서로 눈을 바라보며 사랑을 확인하고 키워가고 있습니다. 거듭난 모녀, 함께 진통하고 함께 해산하고, 함께 키우는 사랑이 비롯된 것입니다.

이렇게 풀고 나면 어머니와만 좋아지는 것이 아니고, 남편과 아이들과, 그리고 모든 이웃들 사이에서도 사랑이 무럭무럭 자라게 됩니다.

치열한
질투의 기억

    누구고 부모님의 품 안에서 나고 자랍니다. 그런데 첫째로 태어난 니들이 첫 아기라 흠뻑 사랑을 받으며 자랐을 법한데 때때로 그렇지 않았다고 호소하는 경우들을 심심치 않게 봅니다. 혼자 사랑을 받고 있을 때는 모르고 지나다가 동생을 보면서 문제가 생기는 것입니다.

    엄마의 사랑이 갈리는 것을 심각하게 느끼면서부터 비롯되는 경쟁하는 경험은 어린아이가 감당하기 벅찹니다. 그래서 혼자 사랑받았던 때를 까맣게 잊고는 사랑에 목말라 합니다. 그들의 기억에 따르면, "동생이 너보다 어리고 너보다 못하니까 엄마 손이 더 필요하다"라고 엄마가 말했다고 합니다. "너는 이만치 컸고, 너는 혼자 할 수 있으니까"

라고 으쓱해지도록 부추기면서 자기에게는 푸근한 사랑을 주시지 않았다고 합니다. 어머니의 안중에는 동생만 있는 것같이 느껴졌다고 억울해합니다.

오랜 세월이 지났는데도 상담실에서 "엄마가 어떻게 그러실 수 있어요?" 원망이 가득 찬 눈으로 이렇게 말할 때는 몸이 다 자란 어른이라고 여겨지지 않을 정도로 아기 태를 벗어나지 못하고 있는 듯이 보입니다.

다른 동물과 달리 사람의 아이들은 돌봐주는 양육자 없이는 생존할 수 없는 존재라는 사실을 감안한다면, 마음으로 아이가 얼마나 절박한지 어른들이 알아주어야 합니다. 세상에 태어나서 곧 일어설 수 있는 동물들은 금방 뒤뚱거리며 어미를 따라다닙니다. 방금 부화한 바다거북이 어찌 방향을 알았는지 바닷물을 향해 넓은 모래사장을 가로질러 줄달음치는 것은 신통하기 그지없습니다. 그러니 그네들 사이에는 아우에게 질투하는 형이 생길 수 없습니다.

겉으로 보아서는 몇 살 더 먹은 아이가 훨씬 잘 움직이고 여러 가지 발달 과업을 이룰 만치 동생보다야 앞서 있을 것입니다. 그러나 몸의 성숙만으로 아이를 보아서는 아이가 필요로 하는 것을 어른들이 놓치게 됩니다. 몇 해 먼저 난 아이의 마음이 어른의 세심한 도움을 필요로 하는 단계에 아직도 머물러 있기 때문입니다.

겨우 걷고, 혹은 달리고 말을 한다 해도 사람의 아이가 스스로 독립

된 인물이 되기까지는 오랜 시간 보살핌이 필요합니다. 단순하게 살 수 있었던 옛날과 달리 사회가 복잡해지면서 더더욱 스스로 홀로 서기까지 어른에게 의존하고 어른의 도움이 필요한 시기가 몹시 길어지고 있습니다. 그럼에도 우리는 곧잘 '형'이나 '언니'에게 지나치게 일찍부터 아우와 다를 것을 기대하곤 합니다.

 첫 아이를 기를 때는 아이 길러본 경험이 없기 때문에 부모는 시행착오를 겪을 수 있습니다. 누구나 처음 해보는 일을 잘할 수 없으니 말입니다. 그나마 둘째는 그만큼 여유를 가지고 유연하게 봐주게 됩니다. 그러니 첫째에게는 언제나 빡빡하게 굴던 부모가 둘째에게는 저절로 훨씬 너그럽게 대하게 됩니다.

 그렇게 빡빡하게 자란 큰아이는 자기 속을 표현하기 힘들어하고, 어렵게 부모에게서 얻어낸 것을 둘째는 손쉽게 허락받는 것에 놀랍니다. 그런 결과를 보면서 첫째는 부모가 아우를 자기와는 달리 특별하게, 그리고 공평하지 않게 대한다고 생각할 수밖에 없습니다. 하고 싶은 말을 다 못하고 참으며 순종해온 첫째에게는 아우가 어떻게 보일까요? 자기가 원하는 것을 뻔뻔스레(?) 요구하는 데 놀랍니다. 어떻게 그럴 수 있을까 싶게 아우의 유연한 모양이 느글거리기까지 합니다. 어린 첫째의 눈으로 보면 아우에게 더 마음을 주고 있다고 부모를 원망할 수밖에 없습니다.

 언젠가 한 젊은 여성이 찾아왔습니다. 그 내담자는 맏이로, 어머니가 동생만을 품에 안고 자기를 거부한다고 했습니다. 오랫동안 어머니에게 사랑받을 짓을 하고, 그래도 안 되어 사랑을 구걸하다 못해 거칠게 항의도 해보았습니다. 그런데도 어머니는 아이의 심각한 마음을 대수롭지 않게 여기는 것 같아 보였습니다.

드디어 어머니가 이해하지 못할 행동을 하여 미친 아이로 낙인찍혀서 정신과 병원에 강제로 입원하게 된 일이 있었다고 했습니다. 그때 정신과 병동에서 비인간적인 수모를 당한 일과 어머니에게 받은 배신감을 잊지 못해 흥분을 참지 못했습니다. 두꺼운 공책에 하나 가득 어머니에게 이해받지 못하고 따돌림당해온 자기의 억울한 사연을 적어와서 내게 읽어보라고 했습니다.

어머니와 함께 가족 상담도 받았다고 했습니다. 그런데 어머니는 상담자 앞에서 자기의 말을 인정하지 않았고 딴말을 했다고 했습니다. "어머니가 어떻게 그럴 수 있어요?"라는 말을 또 하고 또 했습니다.

그 어머니가 딸이 말하는 대로 그렇게 아주 상식 밖의 인물이 아니었을지 모릅니다. 그러나 어머니의 사랑이 딸에게 전혀 전해지지 않았고 불신의 대상이 되었다는 데 문제의 심각성이 있습니다. 왜 그런 일이 일어날까요?

우리 사회문화의 맹점이 여기에 문제를 더 보태고 있습니다. 보이지 않는 느낌과 생각을 중요하게 여기고 잘 살펴 제대로 알려고 하지 않는다는 문제가 바로 그것입니다. 어른이 되고 어머니가 되어보기 이

전의 아주 미숙한 아이의 마음을 어른들이 모르고 있다는 것이 문제를 심각하게 만듭니다. 그저 몸 튼튼하도록 키우고, 학교 공부 잘하게 하고, 일자리 찾고, 혼인해서 아이 낳고 사는 것을 도와주는 등 부모는 실제로 보이는 일에만 관심을 둡니다. 그런 과정에서 아이가 느끼고 생각하는 보이지 않는 것들은 아예 무시하고 부모 구실을 다했다고 여깁니다. 그러니 아이의 아픔을 모른 채 지나치고 마는 것입니다. (이 어머니도 아이에게 매달 생활비를 던져주는 것으로 할 일을 다했다고 아이에게 비치고 있습니다.)

끝까지 아이의 마음을 몰라준 잘못을 인정하지 않는 부모는 아이가 건강한 마음으로 살 수 있게 도움을 주지 못합니다. 그런 아이는 몸으로는 어른이 되어도 마음은 나이 먹지 않고 아이로 살아갑니다. 그러나 뒤늦게라도 아이를 돕기 위해서는 어머니가 먼저 바뀌어야 한다고 믿는 사람들도 다행히 있습니다.

딸이 우울증에 걸려서 걱정이 되어 의논하러 상담실을 찾은 엄마가 있었습니다. 아이에게 문제가 있지 자신에게 책임이 있지 않다고 끝까지 발뺌하는 앞의 어머니와는 전혀 달랐습니다. 처음에는 자신의 문제가 아니라 아이의 문제를 들고 의논하러 왔는데 상담 과정에서 아이의 마음을 세심하게 읽지 못했던 엄마의 문제를 깨닫게 된 것입니다.

아이를 사랑하는 엄마는 뒤늦게라도 아이에게 미안한 마음을 가집니다. 일부러 그렇게 한 것이 아니라도 아이의 마음을 상하게 했음을 알게 되니까 그런 마음을 어떻게든 표현합니다. 아이의 마음을 상하게 한 사람은 연자 맷돌을 목에 매달고 물에 빠지라고 예수님이 말하시지 않았던가요!

참회하는 엄마에게는 아이와의 관계를 회복할 희망이 있습니다. 나는 이들 엄마들의 용기를 높이 삽니다. 훌륭한 어머니라고 칭찬을 아끼지 않습니다. 나도 이들 어머니의 대열에 끼고 싶어 합니다. 멀리 떨어져 있는 두 아들과 며느리를 두 해에 한 달씩 만나 함께 지낼 때면 아이들의 어린 시절 이야기를 나눕니다. 즐거웠던 일도 말하지만 아이들이 서운해했던 이야기도 듣습니다. 미안하다고 용서를 구하기도 하고 해명하기도 합니다. 그러면서 우리는 더욱 가까워지고 엉킨 것이 있었다면 풀기도 합니다.

어린 시절의 경험이 나중 삶에 영향을 끼친다고 말한 프로이트의 생각에 귀를 기울입시다. 아이들 때라고 천진하고 행복하기만 한 것이 아닙니다. 아이들이 겪는 아픔은 어른일 때 겪는 아픔보다 훨씬 더 심각할 수 있습니다. 왜냐하면 아이는 약하고 힘없는 존재로 사랑과 이해가 부족한 세상에 홀로 던져졌기 때문입니다. 그렇지만 삶을 포기하지 않는 한, 그리고 언제고 서로의 마음을 이해하려 하고 소통하는 한, 바뀌고 자라고 성숙할 가능성이 우리에게 늘 있습니다. 얼마나 다행인가요! 그러기에 마음이 건강한 사람들은 자신과 사랑하는 아이들을 포함한 이웃의 삶을 포기하지 않습니다.

아무도 믿지 못하는 여자

 상담소 비화를 쓰기 시작하면서 많은 니들이 자기 이야기를 쓴 것이 아닌가를 물어 왔습니다. 아마도 대놓고 묻지 못하면서 그렇게 혼자 속으로 생각한 예의 바른(?) 소심한 니들도 있을 것입니다. 아니면 자기들끼리 "너도 그렇게 생각했니? 나도 그랬어" 하면서 서로 위로하고 위로받은 니들도 분명 있을 터입니다.

 이 이야기는 거의 모든 니들이 그렇게 생각하지 않을까 싶습니다. 그래서 단단히 각오하고 쓰려 합니다. 왜냐하면 거의 모두가 느끼는 문제이고, 모두들 해결해야 할 과제이기 때문입니다. 모두의 문제이니 쓰기 쉬울 것 같은데 실은 선뜻 시작하기가 어려웠습니다. 상담실에 마주 앉았던 이 모두를 머리에 떠올려야 하니 말입니다.

우리 이들이 태어나 자라서, 어른이 되고, 연애하여, 결혼하고, 아이를 낳고 남부럽지 않게 살고 있는데 그렇게 살아온 일들 그 어느 하나도 자신의 뜻으로 한 것이 없다는 이들이 많습니다. 나이가 차서 남들이 하는 대로 덩달아 (따라) 하면서 자신의 느낌, 생각과 판단을 늘 제쳐놓고 살아왔다고 합니다. 어떻게 그렇게 중요한 일, 전공을 선택한다거나, 결혼을 하고, 엄마가 되면서 자기 의견이 없이 결정할 수 있었는가 물으면 다들 그렇게 사는 것 아니냐고 합니다.

그런데 살다 보면 그렇게 사는 것이 그렇게 매끄럽지만은 않음을 느끼고 회의하게 됩니다. 아무리 자기 뜻을 내세우지 않고 살아온 이들이라도 늘 아무렇지도 않게 평온하게 살 수 없기 때문입니다. 겉으로는 남부럽지 않은 듯하나 속으로는 "이렇게 사는 게 맞나?" 하는 의혹과 갈등을 때때로 겪게 됩니다. 그래서 상담실 문을 두드립니다.

맏이로 태어난 이들은 그들대로 동생들을 돌보아야 하는 책임을 다하는 것으로 부모님의 기대를 채우려 급급해하며 숨 가쁘게 자랍니다. 고사리 손가락으로 아무리 청소를 잘하고, 동생 기저귀를 잘 빨아도 어른들의 힘센 손아귀로 해내는 것을 당해낼 수 없습니다.

"어머니, 아버지" 하면 연상되는 모습은 무섭게 노려보는 화난 눈길 아니면 "넌 어째 그 모양이니!" 하는 실망의 표정입니다. 딴에는 이 정도면 엄마가 만족스러워하며 칭찬해줄 거라 여겼는데, 그런 때에도 더 잘했어야 한다는 말을 먼저 듣게 되지 않았던가요? 둘째, 셋째, 그다음으로 태어난 니들이라고 얼마나 더 평화롭게 자랐을까 하면, 이들도 또 다른 문제들을 안고 있습니다.

남동생 볼 때까지 딸을 줄줄이 낳은 집에서 태어난 니들은 자신의 존재 의미를 무시하는 가치관을 코앞에 두고 인생길에 들어선 셈입니다. "내가 딸인 줄 아셨어도 어머니가 낳으셨을까?" 자기 삶을 그렇게 평가절하하며 에누리하듯 출발합니다. 그나마 처음 태어난 딸은 "살림 밑천"이라는 타이틀로라도 인정받을 수 있었을 것입니다. 똑똑했을수록 "네가 사내애였으면 얼마나 좋았을까!"라는 말을 칭찬 아닌 저주로 들은 니들이 꽤 있을 것입니다. 이렇게 자기를 부정하며 출발하게 되니 여성으로 태어난 것을 축복으로 여기지 못하게 되었을 것입니다.

부모님이 먹고살기에 바빠서 아이들 내면의 욕구를 들어줄 생각도 못했다는 이야기도 많이 듣습니다. 그렇다고 물질로 여유 있게 산 부모들이 아이들의 내면을 살피고 풍요롭게 살려주었는가 하면 그렇지도 않습니다. 그들은 자기 아이들이 계속해서 끝까지 더 잘 살도록 세상에서 요구하는 틀에 넣어 길러내려 맹훈련합니다. 백 날짜리 아기에게 자기 명의로 땅을 가지게 하는 어른들이 있는 세상이니 말입니다. 열한 살에 자기 통장에서 돈을 빼서 땅을 산 고위 공직자가 있는 세상입니다. 가난해도 아이들을 사랑으로 보살피며 기를 수 있다는 것을 체험하지 못하게 합니다.

물질로 잘 사는 것이 목적인 점에서 여유 있는 가정이나 여유 없는 가정이나 목표하는 바가 다를 바 없다고 할 수 있습니다. 없는 사람은 없어서 한이 맺혀 마음을 돌볼 여지가 없다고 합니다. 또 있는 사람은 물질을 여유롭게 쓸 수 있을지 몰라도 그 이전에 자기 아이만의 마음을 살찌우는 것을 외면한 점에서는 물질이 부족한 사람과 다를 바가 없습니다.

열성을 다해 일을 하면서 살고 싶은데 일터에서 함께 일하는 사람들과 갈등이 생기고 상처받고 물러나게 된다고 한 니가 울며 털어놓습니다. 다른 사람들의 이야기는 잘 들어주는데 정작 자기 마음속 이야기는 아무에게도 내어놓지 못한다고 합니다. 호감 가는 사람이 있어도 선뜻 다가설 수 없고, 누군가 소개받거나 알게 된 사람이 접근하려 하면 피하게 된다고 합니다.

이런 니들은 "답답하다"는 말을 아주 잘 합니다. 그리고 "그냥"이라는 말도 많이 씁니다. 문제가 생기면 별수 없이 자기 잘못이라고 인정하면서도 속 시원하게 말끔하게 그렇게 확실히 인정하게 되지도 않습니다. 견디지 못할 만큼 참다가 더 이상 참을 수 없어서 항의 섞인 이야기를 할 때도 있습니다.

그러나 대체로 자기 같으면 보였을 반응을 상대에게서 얻어내지 못하면 더 이상 표현하거나 추구하지 않고, 쉽게 나름으로 결론을 내리고 피해버립니다. 영영 피해자로 남는 기분입니다. 왜 자기는 그렇게 행동하는지 몰라 "답답하다"고 합니다.

그 니의 어린 시절로 돌아가보자고 권합니다. 아버지가 병이 나서 몸져누우시게 되면서 (이미 장성한 오빠와 언니들은 집을 떠나고 막내인 그 니는) 학교에 다녀와서는 살림하고 아버지를 돌봐드려야 했습니다. 아무도 자기가 힘든 것을 알아주지 않았다고 눈물이 끊이지 않습니다. 바깥에서 일하고 돌아오신 어머니가 너무 힘들어 보여 아무 말도 못했다고 합니다.

자기는 공부하고, 친구들과 어울릴 시간도 없이 집안일을 하고도 자기가 힘든 것보다 어머니가 힘드신 것을 먼저 생각했습니다. 자기의 느낌과 마음은 안중에도 없었습니다. 그리고 아무도 자기 마음을 알려고도 않고 헤아려주지 않았다, 늘 외로웠다고 했습니다.

어머니가 가정을 살리기 위해 애쓴 건 잘하신 일입니다. 딸이 부모님을 위해 어린 나이에 애쓴 것도 장한 일입니다. 하지 말았어야 한다는 말이 전혀 아닙니다. 둘은 서로 알아주고 고마워하고 보듬었어야 합니다. 특히 어른이 아이에게 당연하다는 듯이 무심하게 대했다면 아이는 자신의 아픔을 스스로 무시하며 살게 됩니다. 자기의 느낌, 생각, 스스로에 대한 믿음이 자라지 못합니다. 이 둘은 이 세상에 태어나 누리고 있는 삶이 서로에게(어머니와 딸 서로에게) 귀한 선물이라고 생각하지 못하고 산 것입니다.

자신이 어머니에게 귀한 존재라는 믿음을 가질 수 있었더라면 힘들고 어렵다는 자신의 느낌과 생각을 어머니에게 표현할 수 있었을 것입니다. 마찬가지로 어머니도 자기 마음을 표시하여, 서로 알아주고 위로를 나누었다면 외롭지 않았을 것입니다. 서로에게 자신이 소중한 선물이라면, 포장을 열고 귀하게 받아들이고 선물로 사용해야 할 것입니다. 그런 관계가 활발하게 이루어지지 않으면 자신과 어머니 모두 자기 삶이 귀한 선물이라는 생각을 가질 수 없고 부담으로만 남습니다.

가족 관계를 떠나서 바깥 사회에서도 다른 사람과 소통을 최소한으로 하며 살게 될 수밖에 없습니다. 아무도 믿지 않으니까요. 물론 일은 책임 있게 잘 처리합니다(어려서 집안일 잘했듯이). 그러나 밀접한 관계를 맺지 못합니다(집에서도 따로따로 역할을 묵묵히 이행했듯이). 그러니까 삶에 열정이 생기지 않습니다. 사는 것은 고통일 뿐이라고 여겨 다른 사람들에게 고통을 주지 않으려 애쓰며 조심조심 삽니다(어려서 효도했듯이).

힘들게만 사는 것이 얼마나 힘겨운 일인가요! 가까운 이들이 서로에게 부담이 될 것이 두려워, 가까워질까 두려워 피하니까 제대로 남자 친구가 있어본 적이 없을 수밖에 없습니다. 따뜻하고 밝게 다가올 날들을 그려볼 희망이 없다고 믿습니다. 왜냐하면 그런 경험을 해본 적이 없으니까요. 관계 맺기란 혼자 할 수 있는 일이 아니니 무기력해집니다.

이렇게 희망 없고, 무기력한 것이 바로 우울증입니다. 그 니의 잘못이 전혀 아닙니다. 누군가(어려서 가족이) 그 니에게 믿음을 주었더라면 될 일이었습니다.

"너는 귀한 존재야. 우리가 널 사랑해. 네가 일을 잘해서가(효녀여서가) 아니라 네가 무얼 어떻게 하든 널 사랑해. 우리 서로 믿고 기대어 살자. 내가 실수할 수 있고 네가 잘못할 수 있어도 우리의 관계는 끄떡없어."

상담실 안에서 이런 관계가 이루어지면 그 니는 우울증에서 벗어날 수 있게 됩니다. 바깥에 나가서 상담실에서 익힌 믿음의 씨를 심어가며 실험하기 시작합니다. 어떤 니들은 **빠른 속도로**, 어떤 니들은 느리게 오래 걸려 우울의 꽉 막힌 장막을 거두어냅니다.

그러나 안타깝게도 어떤 니들은 믿음 키우기를 포기하고 손을 놓아버립니다. 그럴 때마다 몹시 슬픕니다. 그리고 기도합니다.

"어디에서건 누군가와 믿음을 키워가기를."

연애하지 않는 딸,
관계 맺기에 서툰 엄마

"똑똑하고 예쁜 내 아이가 왜 이렇게밖에 못 살까요? 남들 같으면 좋은 대학 나왔으니 취직을 해도 벌써 버젓이 잘 했을 것이고, 시집을 가도 좋은 조건으로 잘 가서 살 것인데…."

한 내담자가 자기 딸 이야기를 하며 안타까워합니다. 남편이 은퇴하기 전에 결혼시켜야 축의금을 많이 받게 되어 결혼 비용에 보탤 텐데, 이제까지 남들에게 퍼부은 축의금을 생각하면 아깝다 합니다. 그런데 딸은 통 결혼하고 싶은 생각이 없다니 어쩔 수 없다며 답답해서 찾아왔다고 합니다.

그러면서 슬슬 풀어내는 이야기에 그 질문에 대한 모든 답이 들어 있었습니다. 내담자는 남자 형제 셋에 딸 하나 있는 집에서 귀하게 사랑받으며 자랐다 합니다. 결혼하고 싶은 생각이 없었는데도 남편을 소개받고, 열 번째 만난 날이 결혼식 날이었다고 합니다.

남편은 자기 아니면 못 산다고 하니 결혼하면 잘해줄 것이라 믿었는데 완전히 실망했다고 합니다. 자기는 배운 것 없으니 이 모양으로 살 수밖에 없었지만 딸들은 모두 대학을 나왔으니 자기 앞가림만 하면 결혼 안 해도 된다고 합니다. 서른이 되어가도록 딸은 한 번도 연애하지 않고 결혼 생각도 없다는 것이 궁금하다고 합니다. 그 궁금증에 대한 답도 있습니다.

아버지가 엄마를 때리는 것을 아이가 늘 보아왔다는데 결혼하고 싶지 않은 것이 너무나 당연합니다. 아이가 세 살 때는 둘째 아이 임신 중이었는데, 아이 앞에서 남편이 목을 졸라 거의 죽을 뻔한 일도 있었다고 합니다. 아이가 아버지를 무서워했을 것이고, 엄마 아버지의 결혼 생활에서 좋은 마음을 품지 못했을 것이고, 결혼에 마음이 없었다는 것은 아주 자연스러운 결과로 보입니다.

이렇게 살아온 엄마는 또 어떤 부모 밑에서 자랐는지 궁금해졌습니다. 아이 엄마의 어머니인 외할머니는 남편이 술 마시고 행패부리는 것을 당하며 살았다고 합니다. 능력 있는 외할머니는 농사일을 도맡아 해내신 분이라고 합니다. 모든 일을 혼자 해내고, 네 남매를 길러내고, 생계를 꾸려가셨다 합니다. 외할아버지가 돌아가실 때까지 할머니의 보호막이 되지 않았던 것을 딸인 아이 엄마가 늘 보아왔던 것입니다.

할머니-할아버지 부부의 양상을 세대를 거치면서 엄마-아버지 부부가 반복하고 있었던 것입니다. 할머니같이 몸으로 농사짓지는 않았어도, 남편의 월급을 가지고 엄마도 상고 출신답게 재산을 늘리고, 참기름 장사, 학습지 판매, 보험일 등 수많은 종류의 일을 열심히 하며 살았다고 합니다. 아내의 역할, 엄마의 일을 상황에 맞게 열심히 해낸 점에서 외할머니와 엄마는 같은 모양새로 살아온 것입니다.

남편에게 맞아 멍들어 사는 것을 자기만 참고 살면 된다고, 그것도 아이들을 위해 참고 산다고 하는 생각도 다음 세대에서도 반복되고 있음을 뚜렷이 볼 수 있습니다. 폭력 가정에서 문제를 해결하지 않고 그대로 사는 이유를 물으면 언제나 아이들을 위해서 참고 산다고 합니다. 아이들을 참으로 위하는 것이 아님을 알 수 있습니다. 아이를 위해 참았는데 그렇게 키운 자녀도 불행한 가정을 재생하고 있을 뿐입니다.

자기만 그렇게 참고 살면 아이들이 안전하다고 생각하는 것은 커다란 착오입니다. 부모가 그렇게 사는 것을 보고 자란 딸이 또다시 그렇게 살고 있다는 것을 이 경우에서 잘 볼 수 있습니다. 부모들이 자녀들의 삶을 꺾어버리는 것입니다. 자녀들을 위해 참고 희생한 것이 아니라 오히려 자녀들을 희생시킨 결과를 낳은 꼴이 됩니다. 그리고 한 세대에게만 치명타가 되는 것이 아니라 적극적으로 막지 않으면 다음,

또 그다음 세대로 대물림하게 됩니다. 이 경우, 이제 세 번째 세대에 와서 그 고리를 끊으려는 젊은 니가 폭력에 당하지 않고 서로 존중하며 사람답게 살도록 해야 합니다.

부모가 가정에서 아이에게 주는 상처는 육체의 상처만이 아닙니다. 각기 다른 아이들의 마음이 구김살 없이 자유롭게 표현될 기회를 주지 않는 어른들의 처사가 다 해당됩니다.

한 '제3세대' 젊은이도 어려서부터 고함과 폭력을 목격하며 불안하게 살았습니다. "힘들다"는 말을 입에 달고 삽니다. 마음 쓸 일이 생기면 곧바로 배가 아프고 잠을 제대로 잘 수 없게 되었습니다. 늘 불안하니 자기 마음껏 살아도 된다는 믿음이 생길 수 없었습니다. 부모가 아이의 마음을 펼칠 수 있을 기회를 주지 않고 스스로 현실의 문제를 풀어갈 연습의 기회도 주지 않은 것입니다.

결국 문제를 해결할 유일한 방법은, 현실을 잘 꾸려가는 다른 사람을 흉내 내는 것이었습니다. 학교 다니면서 공부 잘하는 아이가 하는 방식을 따라 하면 인정받게 된다는 것을 터득했습니다. 선생이 주는 과제를 착실하게 해서 공부 잘한다는 말을 듣게 되었습니다.

정규학교 교육을 받는 동안에는 그것이 가능했습니다. 하지만 대학을 졸업하고 사회에 나오니까 따라 할 사람이 없어진 것입니다. 이제는 혼자 해야 하는데 자기가 원하는 것을, 자기 원하는 방식으로, 자기 속도로 해본 적이 없어서 그는 길을 잃고 말았습니다.

재능이 없으면 우직하게 고시 공부를 하거나 취직 시험을 치를 텐데 그 니는 재주가 여러 가지라 오히려 문제였습니다. 이런 문제 상황을 모르는 부모는 빨리 어떤 일에나 정착하기를 바라는데, 그 니는 이제 겨우 놀이 시기 아이같이 이것저것 실험하면서 시간을 보내며 독립하지 못하고 부모에게서 경제적 지원을 받아야 하는 형편에 머물게 되었습니다.

나이로는 어른이 되어 제 구실하기를 기대하는 사회에서 자기 마음의 상태는 아직 아이 때에 멈추어 있으니 얼마나 암담할까요! 진짜로 아이였을 때에는 순수할 수 있고 아무도 아이에게 커리어를 정하고 준비하고 성취할 것을 요구하지도 않습니다.

부모로 인해 대물림 받은 상처 때문에 정작 원하는 것을 모두 하부의식으로 억누르고 자기 자신도 모르는 상태로 지낸다는 것은 아주 맥 빠지는 일입니다. 바로 우울증이라 진단받게 되고, 자살을 심각하게 생각하게도 됩니다.

신경정신과 의사는 약을 처방해줬고, 약을 먹으면 견딜 만했지만 생기를 잃어 본인도 자신의 상태에 만족할 수 없게 되고 말았습니다. 이제 상담을 받고, 심리학 교실에 참여하고, 이해해주는 지지 집단과 사귀면서 활기를 찾고 자라온 과정에서 생긴 부족한 점을 회복하는 단계에 있습니다.

일찍 찾아온 젊은 니들도 있지만 그보다 늦게 찾아오는 이들도 같은 문제를 안고 있는 경우가 많습니다. 우리네 가정에서 아버지는 술 마시고 폭언과 폭행을 일삼는데, 어머니는 가정을 꾸려가면서 희생하며 자녀들을 기르고 있는 경우가 많습니다. 이런 가정에서 자라 어른이 되어 아무 문제가 없다고 여기고 결혼해서 아이를 기르면서 가족과 아이와의 관계가 쉽지 않다는 것을 느끼고 상담실을 찾습니다.

또 직장 생활 하면서 동료들과의 관계에서 생긴 문제를 풀지 못하는 경우를 봅니다. 이들의 공통점은 어린 시절에 전쟁터 같은 집안에서 불안과 공포 속에서 자기 느낌을 알아주는 어른이 없이 자랐다는 것입니다. 자기의 느낌을 모르는 사람은 다른 사람의 느낌을 알아볼 길이 없는 사람이 됩니다. 공부하고 바깥에서 요구하는 일은 해낼 수 있지만 사람과의 관계에서 마음을 써야 하는 일을 맞으면 머릿속이 깜깜해집니다.

이렇게 자라도 대학교수가 될 수 있고 정치가도 될 수 있습니다. 사회 지도층의 저명한 원로도 될 수 있습니다. 그러나 느낌과 마음은 죽는 날까지 손상을 입고 살게 됩니다.

아이들은 보호받고 몸과 마음을 다 건강하게 보살핌 받아야 할 권리가 있습니다. 어른들, 특히 부모가 그 일을 해야 하는데, 그 역할을 하지 않으면 어떤 죄보다 심각한 죄를 범하는 것입니다. 자기 대에서 끝나지 않고 다음 세대, 그다음 세대로 치명타를 입히는 것입니다. 말로는 사랑한다 하는 자녀들, 그리고 그 후손들에게 말입니다.

아이보다 더 답답한 어른의 자폐

대학 시절 아동학 시간에 배운 것들이 나중에 엄마 되어 아이 기르면서 쓸모 있었던 적이 꽤 있었습니다. 물론 그때는 무슨 소리인지 모르고 공부했으니 시험 보고 성적이야 나왔지만 진짜로 아는 것은 아니었습니다. 그중에 하나가 아이 울음소리로 아이가 왜 우는지 그 이유를 찾을 수 있는 것이었습니다.

뒤늦게 영국으로 최종 학위 하러 갔을 때 지도 교수가 아이 울음소리를 엄마가 얼마나 잘 구분해내는가를 연구하고 있었습니다. 여러 아이의 울음소리를 녹음해서 엄마들에게 들려주고 어느 소리가 자기 아이 울음소리인지 알아내게 하는 것이었습니다. 엄마와 아이의 밀착 관계를 보려 하는 것입니다.

모든 엄마가 똑같은 정도로 아기와 밀착 관계를 맺는 것은 아닙니다. 지도 교수는 딸 둘을 두고 있었는데 큰아이 때는 마취를 하고 낳았고 둘째는 자연분만을 했는데, 둘째는 처음부터 저절로 밀접하게 연결이 되었다고 했습니다.

엄마가 아이의 기분이나 건강 상태를 정확하게 알고 느끼면 말 못하는 아기를 자연스럽게 잘 돌볼 수 있게 됩니다. 이런 관계가 자연스럽게 이루어지면 좋지만 그렇지 않은 경우 아무리 모성애 넘치는 엄마라도 아이가 필요로 하는 것을 적합하게 충족시킬 수 없게 됩니다.

힐러리 클린턴 당시 미국 국무장관이 이화여대에 와서 학생들의 질문을 받고 대답하면서 한 말이 생각납니다. 딸 첼시를 낳고 아이가 우는데 이유를 몰라 애쓴 이야기였습니다. 딸아이에게 이렇게 말했다고 합니다.

"나도 처음 엄마가 되었고, 너도 처음 내 딸이 되었으니 우리 서로 잘해보자."

처음부터 다른 사람을 잘 이해할 수 있는 사람은 아무도 없습니다. 그만치 엄마 편에서는 눈 뜨고, 귀 열고, 마음을 다해 애써야 합니다. 그것도 발을 동동거리며 혼자 애쓰는 것이 아니라 아이와 함께 해야 하며, 아이와 소통하며 해야 합니다.

그런데 상담소에 와서야 비로소 자기가 아이의 느낌을 전혀 모르고 살고 있었다는 것을 깨닫는 엄마들이 많습니다. 그동안 얼마나 엄마인 자기 마음대로 아이의 느낌과 생각을 진단하고, 아이의 느낌을 무시하고 억지 부리고 있었는지를 처음으로 알고 아이에게 미안해합니다. 그러면서 "우리 때는 다 그런 줄 알고 그렇게 살아왔다"고 합니다. 이해가 가는 변명이지만 아이에게 이미 깊은 상처를 주고 피해를 준 다음입니다.

아이는 엄마에 대한 첫인상으로, 엄마는 내 마음 상태에 전혀 관심 두지 않는다고 깊이 도장 찍었을 때 엄마에 대한 믿음에 손상을 입습니다. 태어나 처음 만난 사람이 엄마이고, 누구보다 중요한 사람이 엄마가 아니던가요! 엄마 몸속에서 잉태되어 9개월을 한몸으로 살아오기까지 했던, 생존에 절대적이라 할 만큼 중요한 사람이 엄마입니다.

그런데 그 엄마에 대한 믿음을 잃으면 아이가 얼굴을 향할 사람이 없어집니다. 엄마보다 더 가까운 사람이 없으니까요. 자기를 알아주고 보살펴주고 사랑해줄 사람이 아무도 없다고 생각하게 됩니다. 그래서 그 아이도 벽을 높이 쌓고 그 속에 들어앉아 소통할 생각을 전혀 하지 않습니다.

그렇게 되기까지 아이가 엄마와 소통해보려고 노력하지 않은 것은 아닙니다. 말 잘 듣고 공부 잘하는 아이들 가운데 이런 경우가 종종 보입니다. 손위 형제가 신통치 않아 자기에게 부모가 크게 기대한다고 여기는 경우도 있고, 연년생으로 태어나 언니보다 여물게 똑똑해 인정받는 둘째도 있습니다. 물론 강한 부모의 뜻을 헤아리고 수행해내려 온통 자기를 내맡기고 허우적거리며 애쓰는 맏이의 경우도 있습니다.

그런데 아이가 감당할 수 없을 만큼 욕심스런 부모를 만족시킨다는 것이 아이에게는 얼마나 벅찬 일입니까! 더구나 부모가 아이의 속사정을 몰라주는 자폐 부모라면 더 힘들 것입니다. (여기서의 자폐라 함은 정신의학상의 병리적 증상만을 말하는 것은 아닙니다. 우리 사회의 많은 이들이 자신과 다른 이의 감정을 공감하지 못하는 모습까지 아우르는 말입니다.)

자폐 부모를 둔 아이는 자기로서는 최선을 다한 방도로 공부에 빠지고, 환상에 젖어 지내고, 내 집 울타리 안에만 초점을 맞춘 사팔 눈이 됩니다. 다른 사람과 갈등하기도 하고, 울고 웃으며, 제대로 소통하며 사는 것을 익히지 못하고 살게 됩니다.

그러기에 이웃의 아이가 공부 잘한다고 너무 부러워하지 말아야 합니다. 책만 읽고 문제 일으키지 않는다고 다행이라 여기지 말아야 합니다. 동생들 잘 돌보고 부모에게 극진한 심청이라고 표창하고 박수 보내지 말아야 합니다. 골고루 아이답게 성장하는 것이 필요합니다. 채소가 좋다고 채소만 먹거나 고기가 좋다고 그것만 먹어서 몸이 건강해질 수 없습니다. 고르게 영양소를 다 섭취해야 몸이 튼튼하게 자라듯이 아이들의 마음도 고르게 자극을 받으며, 주변 사람들과 마음을 주고받으면서 자라야 건강할 수 있습니다.

아이 때 아이답게 다른 아이들과 충분히 놀지 못하고, 혼자 하는 놀이, 공부, 책 읽기, 컴퓨터 게임만 한다면 어른들이 반성하고 개과천선해야 합니다. 어른들이 아이들 마음을 들어주고, 알아주고, 그런 마음을 표현하고 있는가를 먼저 살펴야 합니다. 그리고 아이가 있기 이전부터 어른들이 다른 사람들과 그렇게 소통하며 살고 있었는가를 점검해보아야 합니다. 어른들이 다른 사람에게는 눈도 안 돌리고 혼자만 잘 먹고 잘 살기에 빠지거나 온통 출세에 머리를 파묻고 사는데, 아이들이 소통해야 한다는 것을 보고 배울 수 없음은 너무나 당연한 일입니다.

문제를 일으키지 않고 조용히 어린 시절을 보낸 아이가 어른이 되어서도 문제없이 살 수 있는가 하면 그렇지 않습니다. 공부 잘해서 과학고에 가고 (이른바) 일류 대학에 갔다고 해서 사회인 구실을 건강하게 해내는 것이 아닙니다. 자기 가족들만을 위해서 목숨을 거는 사람은 이웃 사랑을 전제로 하는 선한 시민이 될 수 없습니다. 그런데 우리 사회에서는 어른들이 그런 아이들을 모범생으로 여기고 기리고 있습니다. 그래서 '자폐'는 그냥 넘길 수 없는 심각한 문제가 되고 있습니다.

상담소에서 만난 '자폐 어머니'와 '자폐 딸'들은 다른 사람의 느낌을 모르는 것을 답답해합니다. 혼자만의 짐작으로 다른 사람을 대하니 도무지 관계를 유지할 수 없습니다. 다른 사람의 반응이 호의적이면 괜찮은데 그럴 수 없을 때는 이해할 수 없기 때문에 자책하기 쉽습니다. 관계는 혼자만의 힘으로 조절할 수 있는 것이 아니라서 당황하고 무기력하게 됩니다. 이런 니들은 학교 다닐 동안 공부만 잘하고 말썽부리지 않으면 무난하게 살 수 있었는데, 사회에 나오면서 파국을 경험하게 됩니다. 다른 문제를 들고 왔던 니들이 자신의 문제가 자폐라는 것을 알고는 "그러면 어떻게 하지요?" 합니다.

다시 갓난이가 되어 자폐 아닌 다른 엄마를 선택할 수는 없습니다. 그러나 희망은 있습니다. 그들의 느낌을 알아주는 사람이 꼭 엄마가 아니어도 됩니다. 그리고 그런 만남은 언제고 결코 "너무 늦었다"고 할 수 없습니다. 삶의 어느 시기에서든지 진정한 만남을 이루고, 자신을 꼭꼭 숨겨두던 벽을 허물기만 하면 되니까요. '이제'가 가장 빠른 때니까요.

변화의 1단계

혼자 부둥켜안지 말고
혼자 고집부리지 말기

사람은 모두 다르다.
그리고 삶의 과정에서 문제가 없는 사람은 없다.
이런 삶의 문제를 혼자 풀 수 있는 사람도 없다.
그런데 이런 엄연한 사실을 모르고
혼자 문제가 없는 척하거나,
혼자 풀 수 있다고 잘난 척하는 사람은
오히려 어리석은 사람이다.

물론 처음에는 누구나 혼자의 틀로 풀어보려 하고,
그렇게 해서 풀리면 좋지만,
그렇게 해서도 풀리지 않을 때,
자기와 생각이 다른 사람과
함께 풀어가야 하겠다는 생각을 하지 못하는 사람은
답답한 사람이다.

자신의 삶을 소중하게 여긴다면

문제를 계속 혼자 부둥켜안고,

마음의 힘을 소모하면서 "혼자를" 고집부리기보다는

다른 사람에게 도움받아 함께 문제를 풀고,

평화롭고 건강하게 살려 해야 할 것이다.

누구나 한 번밖에 살지 못한다는 걸 모르는 사람은 없다.

그런데도 원망과 오해 속에서

하루하루를 소모하며 사는 경우가 태반이다.

자기 삶이 귀한 것을 모르고 내팽개치듯 사는 꼴이다.

술과 담배, 게임, 쇼핑과 연속방송극 등

엉뚱한 것에 중독되어 잊으려 한다.

그래도 어느 누가 대신해 풀어주지 않는다.

자신이 적극적으로 나서서,

적극적으로 도움도 받아,

스스로 해결하며 살아야 할 것이다.

문제가 아주 없었으면 좋겠다는

동화 같은 낭만은 현실이 아니다.
온실에서 세상과 상관없이 살 수 없고,
이것 역시 건강하지 않은 어리석은 자세일 뿐이다.

우리 몸과 마음은 자라는 과정에서 알게 모르게
늘 풀어야 할 문제를 만나고 해결해가며
아픔을 겪어낸다.
그렇게 아프고 나서 우리는
몸도 마음도 자라고, 바뀌고, 성숙한다.

문제없이 절로 되는 일은 없다.
문제 해결을 혼자 해내는 사람은 아무도 없다.
우리 모두에게는 이웃이 필요하고
우리는 이웃에게 좋은 이웃 구실을 해야 할 뿐이다.

이런 이웃 가운데 상담하는 사람이 있다.
상담실은 일방으로 지혜를 전수하는 곳이 아니다.
서로 깨우치고 익히고 마음 바뀌는 경험을 하는 곳이다.
이렇게 하고 상담실을 나서면
다른 마음으로 세상과 이웃을 달리 볼 수 있어

다른 삶을 살게 된다.
그래서 아이들, 남편, 부모, 형제자매, 친구들에게
건강한 이웃 구실을 하게 된다.
책임 있는 의식을 갖춘 시민이 된다.

이런 삶을 원하는 사람들이 상담실을 찾는다.
상담받으러 오는 사람은
자기 삶에 성실하고 현명한 이들이다.

내 느낌과 내 생각을 가지고

내 문제를 정확하게 파악하여

내 나름으로 알아서

해결할 수 있다면….

2장

내 마음에
눈뜨다

한국 여자들이
우울증에 빠질 수밖에 없는 이유

늦은 나이에 학위 과정을 밟으러 영국에 갔을 때 지도 교수의 부인인 교수가 내가 쓸 작은 연구실, 그리고 문구용품까지 세심하게 마련해주며 친절하게 도와주었습니다. 그의 분야를 궁금해하니까 자기 글을 몇 편 건네주었습니다. 그때만 해도 우리나라에는 잘 알려지지 않았던 산후 우울증에 관한 논문이었습니다.

우리네 경우에는 산후에 삼칠일 동안 친정어머니의 보살핌을 받으며 최고로 호강하는 전통적인 조리 방식에 익숙해 있어서 산후 우울증은 생소하게 들렸습니다. 사람의 모든 행동이 문화에 따라 다를 수 있다는 것을 모르는 바 아니었으나, '우울증도 우리네와 다르겠구나' 하고 밝혀봄 직하다 싶어 열심히 들여다보기 시작했습니다.

지도 교수보다 부인 교수와 가깝게 지내다가 그 두 사람이 이혼한 뒤에는 아예 지도 교수를 부인 교수로 바꾸게 되었고, 그리하여 우리나라 어머니들과 그곳 어머니들의 우울증을 비교하는 논문을 쓰게 되었습니다.

학위를 끝내고 돌아왔을 때 큰오빠가 감옥살이 중이었는데 내 논문을 읽고 싶어 했습니다. 추운 감방에서 자세히 읽고는 왜 우리나라 어머니들이 서구 어머니들보다 더 우울증 점수가 높은지 안타까워했습니다. 재판을 받으면서도 판사보다 오빠가 더 자유를 느낀다 했고, 감옥 안에서도 희망의 신학을 품는 분이었기에 멀쩡하게 대낮을 활보하는 어머니들이 왜 우울증에 걸릴까 안타까워할 만했다고 생각합니다.

여성상담소를 열고 지난 17년 동안 매일 오전 오후 한 분씩 하루 두 사람을 만나면서, 그리고 집단 상담을 하면서 수많은 니들이 우울증으로 괴롭게 지내고 있는 절절한 내막을 속속들이 더 알게 되었습니다.

오래전부터 신경정신과에서 우울증 환자를 치료해왔지만, 우리 사정과 자라온 문화 환경 탓에 우리 니들이 우울증에 걸리기 딱 좋다는 것을 점점 더 절실하게 느끼게 됩니다. 생리적인 이유로 우울증에 걸린 사람들의 경우 약물치료를 받아야 할 것입니다. 그런 경우는 이 책의 관심 밖 문제입니다.

우리가 관심 두는 우울증은 '사회 문화의 원인'으로 해서 생기는 경우이고, 약물로 증상 치료만 해서는 근본 치유가 될 수 없다는 것을 알기에 그것에 대해서 말하고 싶은 것입니다. 이런 우울증의 원인에 대해 널리 알려야 한다는 사명감을 강하게 가지게 됩니다. 원래 우리가 내는 계간지 《니》의 뜻하는 바가 마음의 건강 문제를 알리고, 함께 깨우치고, 건강하게 살자고 널리 호소하는 것인데, 우울증도 그 가운데 하나입니다.

우울증은 자기 자신과, 자기가 살아가며 겪어가는 경험과, 자기의 앞날에 대해 부정적으로 인식하는 상태를 말합니다. 어떤 이유로든 자기 자신을 스스로 가치 있는 존재로 볼 수 없게 된다는 것은 얼마나 맥 빠지는 일입니까! 그리되면 자기가 처한 상황과 삶의 경험을 적극적으로 밝게 볼 수 없게 되는 것도 무리가 아닙니다. 또 그런 마음으로 살면 어찌 앞으로 다가올 삶에 희망을 걸 수 있겠습니까! 한마디로 살맛 나지 않는 상태입니다.

이렇게 말하면, 많은 사람들이 "나도 우울증인 걸 모르고 있었구나!" 깜짝 놀랍니다. 세상에 태어나서 한 번 사는 인생을 이렇게 어둡고, 재미없게, 마냥 주어진 그대로 무미건조하게 "죽지 못해 살지" 식으로 살아가는 것에 대해 문제조차 삼지 않고 그것마저도 느끼지 못하고 살아온 니들이 많습니다. 맛도 모르고 목숨을 부지하기 위해서는 "먹어야 한다"는 생각만으로 음식을 꾸역꾸역 입에 밀어 넣고 목이 미어지게 억지로 삼키듯이 힘겹게 생존해온 니들이 많습니다. 그들은 우울증이라는 생각도 미처 못하고 생존해왔을 뿐입니다.

그렇게 살아온 니들이 놀랍게도 엄청나게 많음을 보며 가슴이 저려옵니다. 그들을 만나 이야기를 시작할 때는 주로 지금 당장 맞대면하고 있는 문제부터 터져 나옵니다. 요즘 같으면 어려운 경제 문제든, 애인이나 남편과의 관계든, 아이들의 문제로 속상한데 그것 때문에 우울한 것이라 생각합니다. 그런 일만 없다면 우울하지 않았을 것이라 합니다. 그러나 비슷한 어려움에 처한 사람이라고 다 우울증에 빠지고 무기력해지는 것이 아닙니다. 전염병이 돌아도 저항력이 있으면 병에 걸리지 않듯이 바깥 상황만으로 우울증에 걸리지는 않습니다.

아주 어려운 상황에서도 활기를 잃지 않는 사람이 있고, 조그만 스트레스도 참아내지 못하는 사람이 있습니다. 능력이 많고 적음과도 상관이 없습니다. 우울증에 걸릴 사람과 걸리지 않을 사람은 자기 '내면의 자원', 성격 특성이 다르다고 볼 수 있습니다. 피할 수 없는 어려운 일을 맞았을 때 그 상황을 대처할 '내면의 자원'을 갖추지 않으면 쉽게 거꾸러지게 됩니다.

그렇다면 같은 어려운 상황에서 우울해지지 않는 사람과 우울해지는 사람의 특성은 어떻게 다를까요?

모든 나쁜 일을 "자기 때문에 생긴 일"이라고 여기는 사람은 우울해집니다. 문제의 원인을 자기에게 돌리는 사람 말입니다. 보기를 들어, 아이가 대학 입시에 실패한 경우 자신의 탓이라고 여기는 엄마는 우울중에 빠집니다. 자기가 맞벌이하느라 제대로 봐주지 못했다고 하기도 합니다. "내가 학교 때 공부를 잘 못했는데 아이가 아빠를 닮지 않고 나를 닮았다"며 자기 탓을 하는 사람도 있습니다. 경제 능력이 모자라서 뒷바라지를 잘 못했다고 여기기도 합니다.

　반면 우울하지 않을 수 있는 엄마는 자기 탓을 하지 않습니다. 공부할 머리가 아닌 아이라서 당연히 못했다거나, 아이가 머리는 좋은데 열심히 하지 않았다거나, 우리 입시 제도가 틀렸다고 당당하게 말합니다.

　보통 서구 어머니들은 아이의 성취를 자기 공이나 탓으로 돌리지 않습니다. 물론 우울증에 걸린 어머니들은 자기 탓을 하지만, 근본은 자기 문제로 우울해하지 아이 문제로 그러는 경우는 극히 드뭅니다. 그런데 우리네 니들은 오지랖 넓게도 남편, 아이들, 시댁, 친정에서 일어난 일을 모두 싸안고 자기 탓이라 여깁니다. 그러니 각자 개인 단위로 느끼고, 생각하고, 행동하는 서구 사람들보다 우리가 스트레스 받을 일이 더 많아 살기 힘들 수밖에 없습니다. 자기가 할 수 있는 일, 해야 할 일에 책임감을 가지는 건 건강한 태도이지만, 자기가 할 수 없는 일을 (보기로, 아이의 입시를 엄마가 대신해줄 수 없는 것임에도) 엄마인 자신의 탓으로 돌리는 것은 비현실적인 행동입니다. 비현실적임에도 우리는 걱정에서 벗어나지 못하고 있습니다.

　자기가 어찌할 수 없는 일의 원인을 자기에게 돌리는 마음 자세는 그 사람으로 하여금 도무지 어떻게 해볼 수 없는 무력감에 빠지게 합니다. "자식농사는 욕심대로 되지 않는다"는 익숙한 말이 우리를 얼마나 잘 보여줍니까! 되지도 않을 일에 욕심내는 우리 속내를 드러내는 말이기 때문입니다. 자식은 그들대로 각자 자기 삶을 일구어가는 농부이지 부모의 농작물이 아닙니다.

그렇다 하더라도 어떤 한 부분의 일에 좌절해서 무력감을 느낄 때 그 부분에서 끝내면 좋으련만, 그래서 삶의 다른 영역에서는 힘을 잃지 않고 역동적으로 살 수 있다면 좋을 텐데, 그게 그렇게 마음대로 되지 않는다는 데 문제의 심각성이 있습니다. 그렇게 우리 마음이 딱딱 구분되어 있지 못한 것이 문제입니다. 보기를 들어, 남편과의 문제가 있으면서도 아이들에게는 변함없이 좋은 엄마로 지낼 수 있으면 좋으련만 그렇게 되지 않는 것이 문제입니다.

심각한 문제는 삶 전체를 흐려놓고 맙니다. 무력하게 느끼면 자기가 무력하고 못났다고 자기를 비하하게 되고, 비관적이 되고, 삶의 의욕을 잃게 됩니다. 심한 경우 "죽으면 힘든 일 없어질 텐데" 생각합니다. 잠에 빠져들고, 입맛을 잃고, 생기와 순발력을 잃게 됩니다. 아침에 일어나기 힘들어지고, 한 발자국도 떼기 어려워지고, 살림에도 손대기 싫어지고, 전화벨이 울려도 받지 않고, 현관 초인종이 울려도 인기척을 내지 않고 숨어버립니다.

아무도 이렇게 우울해지고 싶지 않을 것입니다. 평생을 두고 한 번도 어려운 일을 당하지 않고 사는 사람이 어디 있겠습니까? 그런데 그럴 때마다 비합리적으로 자기 탓을 하는 사람은 왜 그렇게 된 것일까요?

어린 시절부터 명확하게 자신의 느낌과 생각을 구분해서 따로 가지게 되려면 어른들(특히 부모)에게서 그 느낌과 생각을 인정받고 자라야 하는데, 그렇지 못한 사람들은 자기에게 일어난 일의 인과관계를 명확하게 파악하지 못합니다. 특별히 우리네 니들은 아이 때부터 다른 사람들의 눈에 거슬리지 말아야 한다는 기대를 받으며 자랍니다. 어른들과 남자 형제들에게 순하게 양보하기를 바란다는 것을 쉴 새 없이 상기시키는 가정에서 자랍니다. 자기 느낌을 무마하며 살기를 권장받습니다. 자기보다 다른 사람들의 마음을 더 눈치 보아야 한다고 스스로에게 요구하며, 무난하게 '착한 니'가 되려고 애씁니다.

어린아이 때 어른들의 요구에 따라 그 나이에 도저히 할 수 없는 일을 힘들게 하며 자란 니에게 그때의 느낌을 물었습니다. 그런데 "아무 느낌이 없었다"는 대답을 들었습니다. 그 말이 정확합니다. 맞으면서도 아픈 줄을 모릅니다. 무섭고, 아프고, 외롭고, 슬픈 느낌을 어른들이 알아주었을 때 아이는 비로소 '무섭다', '아프다', '외롭다', '슬프다'는 말로 느낌에 이름을 달아(labeling) 마음에 입력할 수 있습니다.

느낌을 물었을 때 "없었다"고 한 것은 이런 느낌이 입력되지 않은 상태이니 적합한 상황에서 그 느낌을 끄집어낼 수 없었다는 말이 됩니다. 몸으로 치면 마음의 머리가 있음이 틀림없으나 그 머리에는 자기 느낌이 입력되지 않아 텅 빈 셈입니다.

이렇듯, 어려서부터 자기 느낌이 텅 빈 사람은 어른이 되었다고 해서 느낌을 어디서 이식해 올 수 없습니다. 이런 사람은 우울증 걸릴 가능성을 평생 달고 살게 됩니다. 그것이 우리네 우울증의 특성입니다.

자기만의 느낌을 따로 가지는 것이 허용되고 그 느낌을 인정받은 경험이 없는 힘없는 어린아이는 이해도 되지 않는 어른들의 행동 단위에 자신을 포함시키고, 그 '포함의 단위' 안에서 자기 느낌을 따로 분별해 가지지 못하고 살아갑니다. 아이는 이미 어른이 허용하는 느낌의 한도 안에서만 그 느낌을 채택하고 있었던 것입니다.

어려서부터 자신의 느낌과 생각을 따로 가져본 일이 없이 자란 사람이 어찌 자신의 문제를 정확하게 구분하고, 나름으로 알아서 해결해갈 수 있겠습니까? 어른들에게서 주어진 느낌으로, 주어진 문제 파악에 따라, 주어진 방식대로 살아온 우리 니들이 자기에게 중요한 사람들의 문제에서 놓여나기 힘들 수밖에 없습니다.

홀홀 개인으로 살지 못하고 온통 가족들을 포함하고 있어서 마음의 몸무게가 엄청 무거워 그리되었을 뿐, 우리 니들의 잘못이 아니라는 것을 확실히 하고 싶습니다.

나도 모르게
포함 관계로 얽혀 살아서

옛날 선교사들이 처음 우리나라에 들어왔을 때와 달리, 이제 우리는 어디를 가든지 여러 색깔 피부의 사람들을 만나며 함께 살게 되었습니다. 겉모양새만 다른 것이 아니라 서로 잘 알고 보면 느끼고, 생각하고, 행동하는 것도 꽤 다르다는 것을 알 수 있게 되었습니다.

아주 오래전, 내 어머니가 살아 계실 때 미국 대통령 취임식 장면을 방송으로 보고 하신 말씀이 생각납니다. 내 어머니는 19세기 말에 태어난 분이니 더욱 그러실 만했다고 생각되지만, 온 세계 사람들 보는 앞에서 점잖은 처지의 대통령 내외가 입을 맞추는 것이 해괴해 보였던 것은 우리 어머니에게는 너무나 자연스러운 느낌이었을 것입니다. 몇

달 모자란 70년 결혼 생활을 하신 어머니가 집 안에서도 아버지와 그런 사랑의 행동을 하시는 것을 우리가 본 적이 한 번도 없었으니 말입니다.

나는 눈에 확 뜨이는 이런 행동뿐 아니라 눈에 전혀 보이지 않는 느낌이나 생각도 행동이라 여기고 연구하는 심리학의 영역에 관심을 두고 문화 간 서로 다른 것을 들여다보게 되었습니다. 어쩌다 보니 미국에서 아홉 해, 그리고 영국에서 또 몇 해를 지내면서 우리 마음이 그들과 다르게 생겼다는 걸 절실하게 느끼고 알게 되었습니다. 그리고 아이를 낳고 살면서 심리학책에서 읽은 가르침에 따라 아이들을 잘 길러보려 해도 잘 되지 않는 것을 알고 "왜 안 될까?" 의문을 가지게도 되었습니다.

아이들의 독자성을 길러야 한다고 외치고, 아이마다 남다른 개성을 살리고 창의성을 찾아 키워야 함을 주창하기도 했지만, 그런 말을 듣고 글을 읽은 엄마들이 고개를 끄덕이며 동의하다가도 정작 아이들을 대하고서는 실천하지 못하는 모습을 보면서 의문을 품고 고민하게 되었습니다. 우리네 교육 문제를 제대로 풀지 못하는 이유가 우리 상황에 맞지 않는 수입한 서양 이론과 연관이 있음을 느끼게 되었습니다.

우리의 됨됨이를 바로 아는 것이 필요하다고 생각하면서, 제대로 연구해볼 기회가 되어 우리나라 엄마들과 영국의 엄마들을 비교하는 연구를 학위 과정에서 하게 되었습니다. 그렇게 해서 우리의 마음 됨됨이가 각각 혼자 개인으로 존재하지 않는다는 것을 알아내었습니다. 이제까지 서양 심리학자들은 사람의 행동을 설명할 때 '개인' 단위로 행동한다는 전제에서 이론을 만들고 해석해왔는데, 우리는 그렇지 않다는 것을 알아낸 것입니다.

우리나라 엄마들은 '개인'이 아니라 자기에게 중요한 다른 사람들을 마음에 '포함'하는 행동 단위를 가지고 있음을 이론으로 정리할 수 있었습니다. 아직 어떤 심리학 개론 서적에도 나오지 않은 새 이론인 셈입니다.

겉으로 보기에는 우리도 개인으로 움직이고, 개인으로 잠자고, 먹고, 마시는 것같이 보입니다. 그러나 개인으로 행동하는 듯이 보이는 우리 머릿속에는 남편(아내), 아이들, (시)부모님, 선후배, 이웃, 동향인들이 있고, 같이 움직이고, 잠자고, 먹고 마시며, 울고 웃으며 살아가고 있는 것입니다. 우리는 개인으로 고민하거나 행복할 수 있는 것이 아니고, 포함된 사람들의 일로 뒤섞인 채 고민하고, 또 행복해하기도 합니다. 오랫동안 상담하면서 가족과 이웃과 함께 어울려 살며 '포함'의 단위로 살고 있는 우리를 더욱 절실히 느끼고 있습니다.

우리네 엄마들이 사는 모습을 봅시다. 우리네 엄마들은 아이를 포함하고 있어서 아이가 혼자 자신을 느끼는 기능을 마비시킵니다. 아이를 분명히 사랑해서 한 일이라고 하지만 아이의 마음을 알고, 아이가 원하고 필요로 하는 것을 해주는 게 아니라 자기가 아는 대로, 아이를 알고 있다고 여기는 만큼, 자기 마음대로 아이에게 해주는 것입니다. 아이를 자기와 별개의 다른 존재로 보려 하지 않기 때문입니다.

"내가 너보다 너를 더 잘 알아!" 이런 마음으로 자신과 전혀 다른 아이를 자신과 다르게 볼 생각을 하지 못합니다. 아이가 필요로 하는 것을 해주지 않고서도 아이가 고마워하기를 기대한다면 헛물 들이키는 결과가 나올 수밖에 없어집니다.

시댁에도 할 만큼 했다고 하지만 정말 그들이 원하는 것을 제대로 알고 했을까요? 자기가 생각하기에 그들이 원하는 것이라고 믿었던 것을 해주었다면 헛수고했을 가능성이 클 수밖에 없습니다. 남편에게도 그렇게 하고는 남편이 자기 공을 몰라준다고 하지 않았을까요? 이웃과 동료들과도 마찬가지입니다.

그렇게 엄마 마음대로 하는 엄마 품에서 자란 아이가 아무리 스스로 자신을 표현했다 해도, 엄마에게 적절한 반응을 받아보지 못하고 자라게 되면 차츰 자신의 느낌과 생각, 그리고 판단이 흐려지게 됩니다. 그런 아이는 엄마와 자신을 구분하지 못하고 결국 또 엄마를 자신에게 포함하며 살게 됩니다. 엄마에게는 입속에 혀같이 나긋나긋한 아들과 딸이라 착각하게 만듭니다.

아이에게는 엄마의 사랑이 중요합니다. 포함한 엄마의 사랑을 받으려 엄마의 안색을 살피고, 엄마가 내는 소리 톤에 맞추려고 합니다. 엄마의 가빠진 숨소리에 아이는 긴장하고, 헛기침 소리에 마음을 가다듬습니다. 엄마가 기뻐할 짓을 고안해내느라 아이는 작은 머리를 빙빙 돌리며 애씁니다. 엄마의 위성이 되어 엄마를 떠나지 못하고 엄마의 주변을 맴돌기만 합니다. 하나님보다 우리네 엄마가 더 전지전능한 존재로 아이의 머릿속에 각인됩니다. 남편과 부부 싸움을 할 때에도 엄마가 심어준 마음으로 시비 걸고, 엄마의 말을 무기 삼아 쏟아댑니다.

자기가 자기 방식으로 자기 삶을 운전해가면서, 자신이 원하는 방향으로, 자신만의 목표를 이루면서 자기답게 살아가지 못합니다. 엄마가 원하는 방식으로, 엄마의 삶을 대신 살게 됩니다. 그렇게 사는 과정도 힘들지만 삶의 마지막 시점에 이르러 되돌아보면 얼마나 허무할까 생각해보십시오! 기막힌 노릇이 아닌가요!

주인의 지시를 따라 사는 노예의 삶을 상상해봅시다. 스스로 판단할 기회 없이 살면 판단 능력을 키울 수 없습니다. 자신의 느낌을 무시하고 타인(주인)의 권위에 순종하면서 삶을 이어가야 한다니요! 자기 삶의 결과도 자신의 것이 아니고 주인(엄마)의 것일 뿐입니다.

엄마에게 포함되어 엄마의 한 부분으로 살아온 딸이 엄마가 되었을 때 다시 자기 아이를 포함하고 사는 고리를 이어갑니다. 세상에 하나밖에 없는, 독특한 자기 아이를 볼 줄 아는 자신만의 시력을 가지지 못했기에 엄마 구실을 제대로 못해 허둥댑니다. 주변의 다른 엄마들 흉내를 내거나, 수많은 육아서에 의존하거나, 친정어머니의 코치를 받으며 자기 아이만의 독특한 필요를 충족시키는 자기들만의 사랑의 관계를 이루지 못하는 악순환을 또 겪을 수밖에 없습니다.

포함 단위의 크기와 내용에 따라 우리는 삶의 자유를 쉽게 포기하곤 합니다. 혈연관계로 포함되는 것이 가장 밀착된 단위이며, 그밖에도 학연, 지연, 직장, 군대 경험으로 생긴 소속, 종교, 사회단체 등도 '포함' 단위 구실을 하고 있습니다.

어느 학교 출신이 정권을 잡느냐에 따라 그 학교 출신들이 패를 이루어 권력의 자리를 차지합니다. 군사 정권 이래로 조장된 지역감정에서 자유롭지 못하다는 사실은 우리 누구나 알고 있습니다. 지난 정권 가운데 학연(고), 종교(소), 지역(영)을 일컬었던 웃자고 생겨난 단어가 그냥 웃을 일이 아님을 우리는 뼈저리게 알고 있습니다.

포함의 관계에서 오는 이 수많은 문제들을 파악해내고, 우리의 이런 됨됨이를 분명하게 알아야 합니다. 그래서 잘못을 반복해 저지르지 않으려고 노력하며 서로 공평하게 알아주는 참관계를 맺으면서 살아가려 해야 하겠습니다.

우리 사랑 평균치로

이 내담자는 다섯 해 전 여름, 소매 없는 노란 원피스를 입고 돌쟁이 아들과 네 살배기 딸을 데리고 나를 만나러 왔을 때부터 지금까지 쭉 사랑 이야기를 하고 있습니다. 이제 결혼 10주년을 앞에 두고 성숙한 사랑을 고백할 수 있게 되기까지 우리는 수없이 만나 이야기 나누었고, 내담자는 깨달은 바대로 돌아가 실천하기를 반복해왔습니다.

내담자가 운전하며 일산에서 상담소로 가는 승용차 속은 언제나 이동 상담실이었고, 그 니가 울기 시작하면 나는 (교통사고가 안 나기를) 속으로 기도해야 했습니다. 그러고는 얼굴을 대하고 서로의 안색을 보면서 상담하는 것이 필요하다고 생각해 상담실로 옮겨 앉기도 했습니다.

그러나 늘 차 안에서 그 니의 이야기는 끊이지 않았습니다. 그만큼 절절히 사랑하기에 아픔도 많고, 또 눈을 떠서 한 발짝씩 내딛기도 했습니다.

그 니가 처음 내게 왔을 때 그 니에게 사랑은 다른 사람들이 하는 사랑에 기준을 맞춘 사랑이었습니다. 그 니는 "다른 사람들은 이럴 때 보통 어떻게 하나요?"를 묻는 사람이었습니다. 평균치를 찾는 마음이니 자기만의 사랑을 따로 생각하지 못하고 있었습니다.

다른 사람들이 어떻게 사랑하든 상관없이 자기다운 사랑을 할 수 있게 되기까지 시간이 오래 걸렸습니다. 그때는 두 사람이 사랑하면서 보여야 할 반응도 이른바 통계에서 말하는 '정상'이라고 여기는 식으로 만들어가야 했으니, 자연스럽게 사랑하기 어려웠던 것입니다. 자신을 통계치로 보다가 자기를 바로 보게 되면서, 드디어 남편을 오해하지 않고 보게 되었습니다. 그래서 새로 알게 된 것입니다. "남편이 이렇게 좋은 사람이었구나!"

게다가 그때 그 니는 친정과 시댁으로 편을 갈라서 생각하고 있었습니다. 남편을 친정 식구들, 특히 친정어머니의 눈으로 보고 있었고, 남편은 시댁의 눈으로 자기를 보고 있다고 여겼습니다. 그러다 보니 시댁 식구들의 말과 행동을 제대로 받아들이기 어렵게 되었고, 남편을 곤란한 처지에 몰아넣고 있었습니다.

그러다가 자기가 만들고 짊어지고 다녔던 친정과 시댁의 짐을 내려놓고서야 비로소 남편을 사랑의 대상으로 선택하게 되었습니다. 사랑하기 시작한 것입니다. 그렇다고 모든 문제가 사라지는 것은 아닙니다. 두 사람은 특성이 전혀 다르고 가치관이 서로 같지 않아서 여러 가지 일에서 의견이 다를 수밖에 없기 때문입니다.

"왜 나같이 생각하지 않느냐"고 윽박지를 수가 없는데 그렇게 해왔습니다. 맏이의 특성을 발휘해서, 그것도 가정 안에서 힘이 센 우리네 여성들의 특징대로 온 가족을 휘두르면 안 되는데 그렇게 해왔습니다. 그렇게 폭군이고 싶은 마음 때문에 충돌이 일고, 그러고는 얼마간 냉전기가 진행됩니다.

순조롭게 강이 흐르듯이 사랑이 흐르기만 하면 좋을 텐데 그 사랑은 꽝꽝 얼어버렸습니다. 부부 싸움을 해본 사람들이면 몇 번이고 뱉는 말들, 그리고 서로를 피해 집 안에서 헤맵니다. 얼마나 안타깝습니까. 자기가 쏟아낸 말들 때문에 최악의 사태를 상상하며 벌벌 떨게 마음의 온기를 잃었으니 마음이 시렸을 겁니다. 그러면서 혼자 잠 못 이루고 고민했을 것입니다.

'나, 정말 그를 사랑했던가? 마음속에 무덤을 두어도 정말 좋은가?'

잠을 설치는 것은 사랑해본 사람은 다 겪은 일입니다. 사랑은 그래서, 동화의 끝말같이 "그 뒤로 공주와 왕자는 영원히 행복하게 살았어요" 할 수 있게 단순하고 간단하지가 않은 것입니다. 이런 고뇌를 사랑으로 이겨내면 그를 다시 가깝고 따뜻하고 고맙게 안게 됩니다.

살아 있는 이 누구나 공기 없이 살 수 없듯이, 사랑 없이도 살 수 없습니다. 우리는 누구에겐가 사랑을 받고, 누군가를 사랑하면서 살아갑니다.

공기가 보이지 않듯이 사랑은 보이는 것이 아닙니다. 그런데 우리가 살아가는 문화는 불행히도, 보이고 만질 수 있는 것으로만 확인할 수 있다고 믿습니다. 보이지 않는 것, 만져지지 않는 것을 모르고 느끼지 못합니다. 보이지 않는 공기를 그렇게 더럽히면서 아무렇지 않아 하듯이 보이지 않는 사랑이라는 느낌을 목 졸라 질식시키면서도 아무렇지 않게 살고 있고 있습니다.

잘나가는 남편에, 아파트를 몇 채씩 가지고, 아이들을 들볶아 이른바 일류 대학에 보내고, 어마어마한 혼수를 왕창 해서 시집 장가 들이고, 성형 수술한 얼굴에 '행복'을 화장품으로 그려놓고 다녀도, 마음은 텅 비어 남몰래 정신과 치료를 받아야만, 겨우 '과학'이라는 침대에서 잠을 잡니다.

알고 보면 이런 여성들과, 이렇게 팔자 좋은 여성을 부러워하는 여성들 모두 하나같이 제대로 된 사랑을 하지 않고 결혼한 사람들입니다. 연애는 했다고들 합니다. 그런데 눈에 보이고 만져지는 조건이 붙은 연애를 한 것입니다. 보이지 않는 느낌이 없는 사랑을, 사랑이라고 했을 것입니다. 그런데 문제의 심각성은 그런 사랑이 대물림된다는 것입니다. 또다시 다음 세대를 느낌이 무엇인지 모르는 괴물로 만들고 있다는 기가 막힌 현실을 우리는 모르고 있습니다. 프랑켄슈타인을 생산하고 있습니다.

이제 젊은이들은 건강하게 사랑하고, 이미 결혼한 여성들은 남편과 새삼스레 연애를 시작하고, 그래서 건강한 세상을 만들기로 합시다. 서로 사랑하면 종부세가 따로 필요 없어질 것입니다. 아니, 제대로 사랑하면 다 함께 기쁘게 감사하며 살 일입니다.

내 아이를 남의 아이로 만드는 매뉴얼 육아

임신과 출산으로 엄마 되어 아이를 기르는 문제와 상관없는 사람은 하나도 없습니다. 엄마가 되어보니 자기 어머니가 자기를 어떻게 그렇게 길렀는지 모르겠다는 젊은 엄마의 새삼스러운 눈뜸을 귀하게 만납니다. 태어나서 양육받아온 과거의 자신과, 엄마가 되어 자기에게 완전히 의지할 수밖에 없는 아이에 대한 무한 책임과 사랑의 기쁨을 경험하는 현재의 자신을 다 볼 수 있기 때문입니다.

어머니에게 양육을 잘 받은 엄마의 경우에는 세대를 거쳐 같은 생각으로 엄마 노릇을 잘 하며 살 수 있을 터이지만 그렇지 않은 경우를 상담실 안팎에서 늘 보게 됩니다. 천사가 아닌, 분명 문제를 가진 어머니들이 오늘의 엄마를 길러냈고, 이 사회의 많은 문제 때문에 어머니들이 아이를 "있는 그대로" 봐주지 못하고 의도하지 않게 상처 주고 있었던 경험들을 그대로 되풀이하기도 합니다. 그러기에 어떤 마음으로 엄마가 되었는지가 중요합니다.

대부분 엄마들이 남들이 다하는 결혼이니 이른바 적령기를 넘기기 전, 더 늦기 전에 하려 했고, 결혼했으니 아이를 가지는 것은 당연하다고 여겨 임신하고 낳아 기릅니다. 이들 가운데 거의 모두가 아이를 기르는 일이 힘들다고 합니다. 바깥일을 하는 엄마들이나 전업 엄마나 모두 힘들다 합니다.

결혼과 임신, 출산을 진정으로 자신만의 선택으로 했고 자신만의 값진 경험으로 여긴다면 남다른 내 아이의 삶에 책임과 동시에 사랑의 기쁨을 느낄 것입니다. 그러나 누구나 그냥 해야만 할, 니들이 다 해야 하는 주어진 '일'로 받아들이니 부담스럽기만 한 것입니다.

결혼해도, 아내가 임신해도, 아이의 아빠가 되고도 남편은 총각 때와 다름없이 사는데, 임신을 할 때마다 임신 내내 입덧한 니가 있습니다. 출산도 쉬웠을 리가 없습니다. 아이는 예정일보다 일찍 나오려 하고 정상 체중으로 태어나지 못합니다. 그렇게 몸이 힘들었으니 산모의 건강도 좋을 리 없습니다.

처녀 시절에는 아이들을 좋아하는 줄 알았는데 자기 아이를 낳고 보니 "이건 영 아니다" 싶어집니다. 귀여운 아이를 잠깐 봐주고 놀아주며

느꼈던 재미와는 완전히 다른 현실입니다. 아이를 낳아 기르는 과정은 인형 놀이가 아니기 때문입니다. 결혼 전 생활이 남성과 다르지 않은 니들이 엄마 되기를 위해 아무 준비도 하지 않았기 때문입니다.

신생아를 안고 행복하게 웃는 얼굴은 사진의 한 컷일 뿐입니다. 아이와 함께하는 삶은 스틸 사진이 아니라 멈추지 않고 연속되는 실상 다큐입니다.

현실의 모성애는 낭만적이거나 자연스레 이루어지는 것이 아닙니다. 갓 태어난 아이를 보면서 감격하고 아이가 자라는 모습이 신기하다고 여기는 마음도 잠시입니다. 아이가 잘 먹고 잘 자고 튼튼한 때, 그때 그뿐입니다.

산모의 건강이 좋지 않거나 아이의 건강이 좋지 않을 때도 있습니다. 누구나 좋은 간호인이 될 수는 없습니다. 의료 도움을 쉽게 받을 수 없으면 니들이 발을 동동 구르면서 살게 됩니다. 그런데 바깥에서 하루 종일 일하고 돌아온 힘든 남편에게 함께 아이를 돌보자고 제안하는 니들은 별로 없습니다. 맞벌이하는 니들도 혼자 떠맡아 엄마로 온갖 역할을 해내려 하니 "힘들다" 할 수밖에 없습니다. 자연스런 모성애로는 과부하가 걸릴 수밖에 없지요.

남다른 특징을 지니고 태어나 생생하게 살아 있는, 바로 이 아이의 예측할 수 없이 다양한 요구를 매순간 지켜보며 놓치지 않고 응해주는 엄마의 역할은 틀이 잡힌 바깥일과는 비교도 할 수 없이 복잡하고 어려운 일입니다. 이를 위한 준비가 전혀 되어 있지 않은 엄마들에게 엄마의 역할은 심한 고난도의 영역입니다.

그런데다가 아이들이 각기 다르므로 육아에는 분명한 정답이 없다는 문제를 대면하게 됩니다. 스스로 문제를 풀어가는 경험이 없는 우리네 문화에서 엄마가 된 니들은 당황해합니다. 그러니 새로 엄마가 된 니들은 정답을 찾으려고 인터넷을 뒤집니다. 육아서를 사들입니다. 매뉴얼에 따라 조립하듯 아이를 기를 수 있다고 기대합니다.

그러나 인터넷에서 제공하는 정보에 따라 아이를 대한다면 전혀 엇박자의 상황이 일어날 수 있습니다. 정보에 끌려다니는 수동의 자세가 자기 아이를 보는 눈, 자기 아이의 소리를 듣는 귀를 굳게 닫아버립니다. 다른 아이를 기른 사람이 쓴 육아서 때문에 자기 아이를 위한 자기만의 육아서(육아 일기) 쓰기를 포기하게 됩니다.

그뿐입니까. 친정어머니와 언니들, 시어머니와 시누이들에, 산후 조리원까지 주변 사람들을 따라 하는 것이 필수인 양 생각하니 엄마와 아이의 관계는 뒷전이 되고 맙니다.

출산 예정일을 한 달 앞둔 니가 불안해합니다. 내가 전에 썼던 책 《엄마가 아이를 아프게 한다》를 읽고 온 니입니다. 친정어머니 때문에 자신의 성격에 문제가 있는데 좋은 엄마가 될 수 있을까 걱정스러운 모양입니다. 더 심한 경우에는 엄마로 살아갈 자신이 없으니 계단에서 굴러서라도 아이를 잃을까 하는 무서운 마음을 먹기도 합니다. 스스로도 소름 끼친다고 합니다.

산후 조리를 하러 얼마 동안 친정에 가 있겠다고 합니다. 남편의 직장 때문에 그동안 떨어져 있어야 하는 상황을 걱정하면서도 말입니다.

그 니에게 아이를 임신하고 낳고 젖 먹이는 것은 '병리 현상'이 아니라 아주 자연스러운 '생리 현상'이라는 것을 강조합니다. 어머니 식으로 엄마 노릇 하는 것이 아니라 자기 아이에게는 자기 식으로 엄마가 되라고 권합니다. 그렇게 자기주도로 의미 있게 임신-출산-양육을 대하고 긍정의 자세로 자신의 역할을 해내면서 아이의 아빠에게도 적극적으로 참여하게 기회를 줘야 할 것입니다.

아버지 역할을 가정에서 축소하고 참여할 틈을 주지 않는 문제를 볼 수 있습니다. 아빠가 어쩌다 뭔가 해보려 하면 타박이나 주면서 하고자 하는 마음을 앗아가기만 합니다. 처음 해보는 일인데 익숙하게 잘 할 수 없는 것은 신참 엄마나 신참 아빠나 마찬가지입니다.

처음부터 같이 아이를 기르기 시작하면 아이의 신기한 성장 과정을 같이 보고 느끼고 공유할 수 있습니다. 사랑의 기쁨을 공유하는 것이 얼마나 행복한 일인지 모릅니다.

모람 가운데 늦둥이를 갖고 어쩔까 고민했던 분이 있습니다. 큰아이들 때와 달리 처음부터 부부가 같이 고민하고, 같이 각오를 다지며 출산하고, 아이가 자라는 것을 같이 지켜보면서 그 가정은 활력을 되찾았습니다.

많은 직장인들이 이런 재미를 몰라 퇴근하고도 빨리 집에 들어가지 않고 거리를 배회하기도 합니다. 직장 여성들 가운데 아이를 보고 싶어 하며 빨리 집으로 달려가지 않는 경우도 있음을 압니다. 그렇게 자란 아이가 부모의 품을 얼마나 그리워하고 '혼자' 외로워하는지 어른들은 모릅니다. 전업주부도 청소, 부엌일, 빨래가 아이보다 우선이면 마찬가지입니다. 아이는 '엄마가 벌어 오는 돈이 나보다 중요하구나', '설거지, 청소, 빨래가 나보다 중요한가 보다'라고 배우게 됩니다.

알트루사에서 자라는 아이들은 엄마 품만이 아니고 '다른 엄마'인 이모들이 많이 있어서 자기와 다른 사람이 소중하다는 것을 자연스레 익히면서 자랍니다. 멀리 있는 친정집으로 산후 조리 가지 말고 아이를 데리고 여기로 오라고 합니다. 우리 같이 아이를 기르자 합니다. 아니, 아이와 같이 살자 합니다. 그렇게 자란 아이들이 우리 눈앞에서 얼마나 건강하게 자라는지 우리는 늘 보면서 놀라고 있습니다.

주변 사람에게 무관심한 결과

한 모람이 매주 한 번씩 중학생들과 만나는 모임을 가지는데 새삼 한심해합니다. 들어보니 나도 같이 기막힌 일이다 싶습니다. 어느 날 '마음건강'의 중요성을 다루고 있었는데 아이들이 한 말이 폭탄이었습니다.

"마음은 없어도 돼요. 돈만 있으면 돼요."

이건 분명 아이들이 태어나서 처음부터 가진 생각은 아닐 것입니다. 돈을 벌고 싶어도 벌 수 없는 백수 젊은이들이 많은 우리나라에서 2, 30대 자살률이 높아지고 자살 원인 1위가 삶을 비관해서인 이유가 딴 데 있는 것이 아닙니다.

그중의 한 사람이 내 친지일 수 있다고 생각해봅시다. 아니 내 형제자매이고 이웃이고, 내 자녀라고 생각해봅시다. 그 모람이 만나는 중학생들이 10년 후에 그런 입장에 서 있을 수 있다고 합시다. 이런 현상을 보고 이 글을 읽는 당신의 가슴이 뭐라 말하고 있는지 귀 기울이기 바랍니다.

2011년 7월 초, 해병대 총기 참사 사건을 보고 가슴이 아팠습니다. 불의의 죽음을 당한 병사들과 가족들, 친지들의 억울함과 슬픔은 말해 무엇할까요! 그런데 사건의 원인이 된 '기수 열외'라는 무자비한 군의 습속에 소름이 끼칩니다.

어떤 이유에서든지 동료들에게 외면당하고 지내야 하는 사람의 마음을 느껴봅시다. 그런 마음에 공감하고 안타까워하는 동료가 동정하는 표시를 하면 그도 다시 열외로 분류된다고 합니다. 아픈 처지의 사람에게 무심하기를 강요하고 있습니다. 그 속에서 마음의 흔적이 조금이라도 남아 있는 사람은 견디지 못하고 폭발합니다. 스스로 상해하고, 자살하고, 다른 사람을 해치기도 합니다.

무감각하게 힘을 휘두르는 군대 생활은 또 그런 것이라 칩시다. 평화로워야 할 학교에서 동무들끼리, 선생과 학생 사이는 괜찮은가요? 인기 있는 무리에 속하기를 바라고, 서로 외톨이가 되지 않기 위해 힘 있는 동무와 같은 편이 되려 할 뿐, 홀로 되어 외로운 아이의 편에 서 주려 하지 않습니다. 선생들도 아이들의 문제에 개입하기보다 피하려

하고, 성적 좋고 문제를 일으키지 않는 이른바 모범생 아이들 위주로 일하려 합니다.

그러면 과부와 고아, 나그네, 가난하고 병든 사람, 갇힌 사람을 위하라는 예수의 가르침을 따르는 교회는 어떤가요? 자비를 가르친 부처를 따르는 불교는 어떤가요? 큰 교회들에서 헌금 받은 많은 돈으로 어려운 사람을 돕는다면서도 그들과 어울리려 하지 않는 것이 "엄연한 사실"이라고 합니다. 마음이 담기지 않은 '적선'이 무슨 가치가 있을까요?

또 〈즐거운 나의 집〉 노랫말 사랑으로 함께하려 한다 하는 우리의 가족은 요즘 어떤가요? 어머니와 아버지가 딴 세계 사람같이 각자 사는 것을 아이들이 보면서 자랍니다. 남편은 돈 벌어 오는 사람 역할만 하면 됩니다. (마음은 없어도 됩니다.) 직장 생활을 하든지 전업주부이든지 어머니는 집안일을 책임지는 역할을 합니다. (역시 마음은 없어도 됩니다.) 아이들은 장래 어른이 되어 부모들 같은 어른 역할을 해내기 위한 훈련에 일찍부터 매진합니다. 그러기 위해서는 우선 공부를 잘해야 합니다. 호기심을 가지고 탐색하고 알아내는 학습을 하는 것이 아니라 시험지에 정답을 빼곡히 적어내서 만점을 받아야 합니다. (마음이 들어갈 여지가 없습니다.)

뜨겁게 몇 해씩 연애해서 결혼했다는 부부도 서로의 마음을 알려 하지도 않고, 벙어리같이 서로 말하지도 않고, 장님인 양 외면하고 서로의 안색도 살피지 않으며 살고 있습니다. 그런 부모를 보면서 자란 아이들이 어디서 마음을 느껴보았겠습니까!

　다른 사람의 마음을 같이 느끼고 알아주는 능력을 우리는 모두 타고난다고 합니다. 뇌의 앞부분, 전두엽에는 공감하며 다른 사람의 아픔을 함께하는 부위가 있다고 합니다. 찰스 다윈에 따르면 포유류의 뇌 깊숙이, 약한 자를 보살피려는 능력이 있다고 했습니다.

　약자를 도우려는 동정의 마음은 결코 연약한 것이 아니고, 자신이 손해를 보더라도 도우려는 용기와 이타성의 힘이 있습니다. 흔히 동정심은 맹목이라 하지만 오히려 다른 동료의 아픔을 더욱 분명히 보는 눈이 있는 것이라 할 수 있습니다. 심리학자 볼비는 자신을 돌봐주는 최초 인물(보통 어머니)과의 사이에 생기는 애착 관계가 원초의 욕구이자 아이가 안정되게 살아가는 데 없어서는 안 될 필수 요건이라고 했습니다. 의식주 해결을 위해 필요한 물질보다 더 중요한 것이라는 말입니다.

　아무리 물질로 풍요롭게 자라도 부모와 느낌 있는 마음을 함께하지 못한 아이는 공감 능력이 발달하는 데 방해받게 됩니다. 그런가 하면 다른 사람과 느낌을 나누지 못하는 아이로 태어난 아이일지라도 부모와 양육을 맡은 사람들이 애쓰며 보살핀다면 느낌과 마음을 키울 수 있다는 실화를 최근 《Anti-Romantic Child》(Priscilla Gilman, 2011)라는 책에서 분명히 감격스럽게 읽을 수 있었습니다.

　어른 중심의 권위주의 사회에서는 힘 있는 사람(남성이나 어른)이 힘없는 사람(여성이나 아이)의 마음을 읽어주지 않고 일방으로 밀어붙이곤 합니다. 힘없는 여성들도 그렇지만 아이는 자신의 마음을 표현할 말이 발달하기 전에는 의식하지 못하고, 스스로 무시하는 줄도 모른 채 자신의 느낌과 마음을 무시하며 자라게 됩니다. 그러니 다른 사람의 마음을 알아주고 공감하는 경험을 하지 못하고 그 능력이 차츰 감소되고 없어져갈 뿐입니다.

그렇게 나이 먹고 중늙은이가 다 된 여성들에게 "왜 그렇게 구박받으며 무시당하며 살았는가?" 물으면 자기도 몰랐다고 합니다. 확실한 것은 눈에 보이고 손에 잡히는 "돈뿐이다"라고 하는데, "정말 돈만 있으면 살 수 있는가?" 하는 질문에는 대답을 못 합니다.

비정규직 근무자들을 무자비하게 소외하는 정규직 근무자들은 과연 공감하는 마음이 있기나 한 건지 의심할 수밖에 없습니다. 정규직 근무자의 자녀들이 그 직장에 들어올 수 있는 특전을 주자고 하는 마음은 어디서 비롯된 것일까요? 비정규직 동료도 가족이 있다는 것을 알려고도 하지 않는 무심함이 보입니다.

대기업주들이 전에는 '문어발식'으로 자손들에게 물려주다가 이제는 '지네발식'으로 혜택주고 물려주는 것은 모양새는 달라도 같은 논리입니다. 큰 교회 목회자들이 세습하는 것이나 집집마다 세금 안 내고 자기 자녀들에게만 재산을 물려주려고 하는 것 모두 가난하고 도움이 필요한 사람들에게 무감각한 마음 탓입니다.

이런 우리 사회는 정상이 아니고 건강하지 않습니다. 사람은 본래 착할 가능성이 있습니다. 다윈 같은 진화론자만이 그렇게 생각하는 것이 아닙니다. 사람이 사람답게 살아간다는 것이 무엇인가를 심각하게 생각하고 깊이 성찰하는 종교의 세계에서도 이웃하는 사람과 생명체를 보살피는 마음, 이웃의 아픔을 같이 느끼고 함께 그 아픔을 나누려 하는 마음이 중요하다는 것을 말하고 있습니다. 이런 기능을 하는 미주신경(vagus nerve)이 발달하지 않았던 사람이 마음을 느끼고 경험하는 훈련과 수련을 통해서 나중에 발달한 과정을 관찰하기도 합니다.

사람들은 힘으로 다스리는 마키아벨리식 지도자보다 미주신경이 발달한 사람을 더 따르고 선호합니다. '적자생존'이라는 법칙을 굳게 믿어 아이를 강하게 길러야 한다며 자녀를 무감각하게 억세게 만들려 하는 부모는 되돌릴 수 없는 잘못을 범하는 것입니다. 힘으로 군림하여 생존한다기보다는 오히려 가장 친절하게 사는 것이 현명한 삶의 방식이라는 것을 모르고 있어서입니다.

혼자 힘으로 산다고 생각하는 것은 사람을 우울하게 할 뿐입니다. 따스한 우정과 다른 사람에 대한 관심으로 친절하게 함께 사는 것이 훨씬 행복하게 잘 살 수 있게 함을 우리는 어리석게도 잊고 살고 있습니다.

역사상 가장 인정머리 없었던 히틀러는 청소년들을 잔인하게 훈련시켜서 자기 뜻을 따르는 SS 요원들로 만들었습니다. 자기 애완동물을 자기 손으로 죽이게 하고, 유대인들을 동물 취급 하고, 총격 훈련의 과녁으로 삼기도 했습니다.

우리는 아이들을 잔인하고 무감각하게 만들 수도 있지만 또 반대로 동정심 풍부한 친절한 사람으로 기를 수도 있습니다. 다른 사람의 관점을 이해하고 공감하는 전두엽의 영역이 20대까지도 지속해서 발달하는 것을 최근의 뇌신경 연구에서 발견했다고 합니다. 삭막한 우리 사회의 문제를 푸는 데 희망이 있습니다. 사람들 마음이 따스해지게 마음을 길러내기만 하면 됩니다.

부모가 아이들의 마음에 적합하게 대응하고, 함께 놀고 마음을 감동시키는 환경에서 아이의 마음은 자랍니다. 아이들의 발달을 관찰한 전문가들이 말하길, 두세 살 사이의 아이는 다른 사람의 마음을 알아가는 흔적이 보인다고 합니다. "내가 엄마 할게. 엄마는 나 해"라는 역할놀이를 합니다.

도널드 위니컷은 아이들이 자기 정체를 서로 바꾸는 행동(cross-identification)을 한다고 했습니다. 다른 사람을 입장 바꾸어 생각하고 이해한다는 것입니다. 그런데 우리 부모들이 이 시기부터 가능한 발달 가능성을 보지 못하고 놓쳐버리는 것이 안타깝습니다.

어른이 아이들에게 다른 사람에게 상처 줄 수 있는 것이 어떤 것인지 깨닫게 돕고, 도움이 필요한 사람을 위해 실제로 돕는 일을 할 기회를 주어야 합니다. 밥상머리에서 대화를 나누면서 그리고 잠자리에서

책을 읽으면서 느낌, 정서의 소중함을 기르는 기회를 적극적으로 활용하는 것이 필요합니다.

달라이 라마가 말했듯이 실천하면 됩니다. "네가 행복하기 바라면 열정으로 어려운 사람을 도와라. 다른 사람들이 행복하기를 바라도 역시 사랑으로 힘든 사람을 도와라." 우리 모두 서로 사랑으로 친절해서 건강하고 행복하게 살기로 하면 좋겠습니다. 그러면 자살률도 낮아질 거라 확신합니다.

남 이야기 말고
당신 이야기를 하세요

아주 큰 집회에서는 못하지만 그렇지 않은 작은 모임에 가서 이야기할 기회가 있을 때면, 먼저 '당신은 누구인가? 당신을 소개해보라'고 합니다. 짧은 시간 안에 인상이 깊게 남도록 자기소개를 해보라고 합니다. 서로를 알고 이야기하면 건성으로 하거나 동떨어진 이야기로 시간을 낭비하지 않게 되기 때문입니다. 다양하게 자기소개를 열심히 합니다. 그런데 여성들의 경우 자기 자신에 대해 이야기하기보다는 주변 이야기를 하는 경우가 많습니다. 자기 이름을 빼놓는 경우도 많습니다.

상담소를 찾는 이들도 자기 속이 타서 왔으면서도 속이 타는 이유가 바깥에서 보는 눈들 때문인 경우가 많습니다. 남편과 문제가 생겨도 두 사람의 마음이 부닥친 문제를 보는 것이 아니라, 친정 식구들이 문제 삼고 있는 것에 덩달아 분을 내고, 화를 참지 못하고, 남들의 코치를 받아 자기를 쏙 빼놓고 문제를 만듭니다.

속이 상해 잠도 못 자고 눈물을 쏟는데, 왜 그랬을까요? 연속방송극도 한몫을 하고, 소설을 읽으면서 그 니들은 소설가에게 자기를 맡깁니다. 남들의 해석을 가지고 자기 문제를 해석하려 들었던 것입니다. 상담받으러 온 사람들 가운데 이렇게 남의 말을 내게 전하려 드는 경우가 꽤 있습니다. 그럴 때마다 "당신 이야기를 하세요" 합니다. 그러면 내담자는 몇 해 지나고 나서야 그때 그렇게 자기 마음을 잘 표현했다고 느끼면서 몇 차례고 주인공과 동일시하며 열심히 읽었던 소설이 이제 의미가 없다는 것을 알게 되었다고 합니다.

우리는 왜 이렇게 자기를 잘 모르고 살고 있을까요? 우리는 누구나 어머니 몸에서 잉태되고 자라서 태어납니다. 중요한 것은 태어난 다음에 어른들이 그 사랑스러운 아이를 어떻게 대하는지에 있습니다. 그 가운데 엄마가 제일 큰 구실을 하겠지만 꼭 자기를 낳아준 엄마가 아니어도 됩니다.

내 외사촌 언니가 딸 둘, 아들 하나를 길렀는데, 부산 피란 시절에 둘째 아들을 낳다가 스물일곱 나이로 세상을 떠났습니다. 그런데 아주 착한 새어머니가 이 아이들 넷을 잘 거두어주었습니다. 그 갓난쟁이가 이제 쉰을 넘긴 훌륭한 사업가가 되었습니다. 과감하게 새로운 일을 해내는 자신을 충분히 믿으며 사랑하는 사람이 된 것입니다.

  자기가 무엇을 원하는지 알고 그것을 실행하는 사람이 된다는 것이 간단해 보여도 안타깝게도 쉽지 않은 일입니다. 우리가 아주 어렸을 때 엄마를 포함한 어른들이 우리를 '있는 그대로' 인정하고 사랑해주지 않으면 불가능합니다.

  물론 엄마는 아이를 사랑했다고 할 것입니다. 그런데 그 사랑에 늘 조건이 붙어 있으면 아이가 참으로 자유롭지 못합니다. '예쁘니까, 착하니까, 말 잘 들으니까, 공부 잘 하니까' 같은 말들을 우리는 사랑의 조건이라고 생각하지도 못하고 얼마나 많이 들어왔던가요! 당연하다고 여길 정도입니다. '왜 예뻐야 하나?', '왜 엄마 말을 잘 들어야 하나?', '왜 공부 잘해야 하나?'를 질문해본 적도 없이 자라왔습니다.

  자기 느낌과 생각, 그리고 자기의 판단을 서슴없이 내릴 수 있게 된다는 것이 얼마나 속 시원한 일입니까! 아무도 생각해내지 못한 자기만의 세계를 그리고 이루어가는 쾌감과 흥분됨을 맛볼 수 있다면 어떠한 어려움도 마다하지 않을 것입니다.

  이 세상 살기가 어렵다고 여기는 많은 어른들은 자신의 세계를 가지지 못했기 때문에 그런 것이고, 다른 사람의 손끝에 따라 움직이느라 힘들다는 것을 모르고 있습니다. 그래서 사랑하는 자기 아이도 자기만의 세계에 대한 호기심을 일찌감치 접게 하고 있습니다.

아이들은 당연하게 자기만의 느낌이 아무짝에도 쓸모없는 것이라고 집어치우고는 어른들이 보여주는 길을 따라가기에 급급하게 됩니다. 이렇게 자라면서 아이들은 스스로 서고 혼자 하는 힘을 키우지 못하고, 다른 사람을 따라 하기 시작합니다. 상담 과정에서 이런 자신의 역사를 보게 된 내담자가 혼자 서는 것이 얼마나 어려웠는지를 말합니다.

자신의 몸을 가지고 살았으면서도 자기 마음껏 살지 못했다고 이야기합니다. "오래도록 남의 말이 전부인 줄 알아서", 또 "오래도록 남의 옷을 입고 살아서"라고 말합니다.

그런데 자기만 그렇게 남의 뜻으로 살아온 것이 아니라, 다른 사람들에게도 그들 뜻대로 살지 못하게 방해하고 있었다고 합니다. 다른 사람의 마음을 알아주지 못하는데 바깥 소리에 귀 기울이려 하니 잘 안 들린다고 합니다.

듣지 못하는 것이 당연한 일입니다. 자기 소리도 듣지 못하는데 어찌 다른 사람의 소리를 들을 수 있을까요! 그렇게 듣지 못하는 정도로 끝나는 것이 아니라 다른 사람에게 방해받았듯이 다른 사람을 억세게 방해하기도 합니다.

마음의 건강을 회복하는 과정에서 그 짓거리를 끝내야 한다고 깨닫기 시작합니다. 자신을 인정하고 소중하게 여기는 새로운 시력을 찾게 된 것입니다. 구박하지 말고, 미워하지 말고, 부끄러워하지 말고 잠시만 나 자신을 쳐다보면 자기에게서 긍정의 면들을 찾아낼 수 있게 됩니다. 엄마로 아이들에게 받고 있는 사랑을 노래할 수 있습니다. "무한대로 사랑하는 아이, 누가 낳았나?"라고. 자기를 용납해주는 동반자, 벗들, 이웃들이 눈에 들어옵니다. 감사하는 마음이 생깁니다. "너를 기다려주는 이들, 누가 만났나?"라고.

매끄럽고 세련되게 감정 처리를 잘 못하고 조금 창피해도 받아줄 신뢰와 우정의 세계가 있습니다. 성이 나서 뛰어갔다가도 쭈뼛쭈뼛 돌아와 자리를 넓혀도 아무렇지 않을 세상이 있습니다.

상담자가 그 내담자에게 했던 말, "하나님이 나(우리)를 괜찮다 하시는데 사람끼리 괜찮지 않을 것이 무엇이 있겠어요?" 그 말에 내담자는 '흐느끼며' 하나님을 믿는 사람이 되었습니다. 오래도록 자기 삶의 운전석에 어른들이 타고 앉아서 이리 가라 저리 가라 뒤흔들었지만, 그 어른들을 품에 안을 수 있게 된 것에 감격합니다.

상담을 통해 건강을 찾은 사람들이 생전 화해하지 못할 것 같았던 가해자 어른들을 이해하고, 용납하고, 품에 안을 수 있게 되는 것, 참평화를 찾게 되는 것은 기적 같은 체험의 역사입니다.

우리는 왜 어설프게 짐작하고 끊임없이 오해할까

어린 시절에는 사랑하는 사람들이 오해로 헤어지는 낭만 소설을 공부 시간에 책상 밑에 놓고 선생님 눈을 피해 꽤나 많이 읽었습니다. 그러다 선생님에게 이름 불려 일어나도 질문에 답을 했으니 신통하게 배우는 것을 많이 놓치지 않았구나 싶습니다.

입 맞추는 장면이 나오면 뒤늦게 영사기 렌즈를 가리면서도 우리 적에는 학교에서 낭만적인 영화를 보여주기도 했습니다. 그렇게 본 〈애수〉(워털루 다리)나, 그 뒤에 두꺼운 소설로 읽었던 〈바람과 함께 사라지다〉는 내가 좋아하는 여배우가 나오는 것이어서 더욱 가슴을 아프게 했습니다. 그 뒤로도 흘러간 옛 영화로 텔레비전에서 보여줄 때면 보고 또 보고 했습니다.

'주인공들이 왜 솔직하게 말해서 오해를 풀지 않고 사랑하는 사람과 헤어지나?' 그 어린 시절에는 이해할 수 없어 몹시 안타까웠습니다. 아마도 안타까운 만큼 더더욱 마음에서 지울 수 없어 다시 보곤 했었는지 모르겠습니다.

그런데 이 나이가 되도록 오래 살다 보니 오해라는 것이 다반사로 일어난다는 것을 실제로 반복해서 체험하고 있습니다. 장님이 코끼리 만지고 오해하듯이, 멀쩡하게 눈 뜨고도 눈치 못 채고 우리는 살고 있습니다. 분명히 귀가 열려 있고, 유창하게 같은 나라 말로 소통하고 있는데도 우리는 서로 다른 말을 하고 잘 못 들으며 오해의 늪을 헤어나지 못하고 있습니다.

우리는 모두 처음부터 짐작으로 '이해하기' 과정을 시작합니다. 아기가 제 입 속에 들어온 젖꼭지를 처음에는 자기 것인 줄로 짐작합니다. 그런데 내 것이라 여겨 깨물었더니 엄마가 "아야" 하면서 볼을 아프지 않을 정도로 때렸을 때 내 것이라는 짐작을 지우고 오해하지 않게 됩니다. 그러나 엄마가 "아야" 하는 반응을 즉각 보이지 않는다면 아기는 그 짐작대로 오해를 유지해갈 것입니다.

이런 유치한 '짐작-오해'뿐 아니라 우리는 삶의 과정에서 조금씩 분화 발전된 짐작-오해를 발달 단계를 복잡하게 거치면서 연속해서 쌓아가게 됩니다. 짐작-오해의 내용은 자기중심의 좁은 테두리에서 이해의 폭이 얼마나 넓어지는가에 따라 달라질 것입니다. 그리고 얼마나 정확하고 공평하게 짐작의 정체를 확인해가는가에 따라서 오해에서 벗어나 살 수 있게 될 것입니다.

오해에서 더 확실히 벗어날수록 우리는 현실을 조금 더 바로 파악하고 사는 셈이 됩니다. 오해에 파묻혀서 살수록 우리 삶은 유령 같은 헛된 삶이 되고 맙니다. 늙어 삶을 정리하는 순간에 "오해였구나! 그런 줄 몰랐다"는 말을 해서야 되겠습니까? 그러기에 젖먹이 시절부터 차곡차곡 짐작한 것을 확인하고 오해를 풀어가면서 살아야겠습니다. 젖먹이 때부터 현명하게 늙은이가 되어가는 길을 착실하게 걸어야 한다는 말입니다.

자기중심의 울타리를 넓히면서 짐작-오해가 번져갔던 것은 걸어온 발자취를 뒤돌아보면 곧 알 수 있습니다. 보기로, 아기일 때 울기만 하면 곧 돌봐주시던 엄마가 어느 날 울어도 보아주시지 않습니다. 주변을 돌아보니 출근을 서두르는 아버지를 돕느라고 바쁘신 겁니다. 눈물, 콧물이 범벅이 되도록 내버려두시는 경우가 생긴 것입니다. 엄마에게 자기보다(자기만큼) 중요한 사람이 있다는 것을 짐작합니다.

늘 그러시는 것이 아니라 어쩌다 그런 경우가 생길 때, "많이 울게 해서 미안하구나. 쯧쯧. 가엾지!" 하시면 그 짐작을 정정할 터입니다. 그러나 늘 그렇게 아무런 해명 없이 내버려둔다면 그 짐작을 굳혀가서 자신은 엄마에게 가치 없는 존재로, 버려진 것이라 여기고, 아무도 믿지 못하는 사람으로 자라게 됩니다. 피해자라고 여기고 빈정대며 살거나, 억척스레 자기를 주장하기에 집중해서 필요 이상으로 싸우듯 애쓰며 살게도 됩니다.

마음이 발달해가는 과정에서 주변을 제대로 파악하지 못하며 어른들을 짐작해보다가 짐작했던 것을 정정하게 되는 경험을 하기도 합니다. 나름으로 야단맞을 짓을 했다고 생각하고 많이 걱정했을 때 오히려 야단맞지 않은 일이 있었을 수 있습니다. 어떤 때는 전혀 잘못한 것이라고 생각지도 못했을 때 야단맞기도 합니다.

어른과 아이의 판단 차이 때문에 생기는 것인데, 몇 차례 이런 경험을 하고 나면 '일부러 많이 걱정하면 무사히 넘길 거라'고 엉뚱하게 짐작하기도 합니다. 발달 과정에서, 어른들의 판단 기준을 아직 아이가 모르는 것이 당연한데도 아이 나름으로 어른을 짐작했기 때문에 생기는 일입니다. 이렇듯 짐작은 피할 수 없는 행동이지만 아주 부정확할 수 있다는 것을 잊지 말아야 합니다. 어른이 되어도 미신을 믿는 경우는 신의 섭리를 짐작해서 믿어보는 것입니다.

그렇다면 우리는 왜 부정확한 짐작을 할까요? 짐작하는 사람과 짐작의 대상이 서로 다르고 그 다른 점을 모르고 있기 때문입니다. 여성들을 만나 상담하면서 제일 많이 듣는 불만 가운데 하나는 "남편과 대화가 되지 않는다"는 것입니다. '남편이 들어주지 않을 것'이라는 짐작을 굳게 고수하려 하는 듯이 보일 정도입니다. 그러면서 혼자 짐작으로 남편을 판단하고 그 판단에 따라 스스로 대화의 단절을 강행하는 경우가 많습니다. 물론 멍석 깔아놓고 "대화하자"고 제의한 적이 있었을 것입니다. 그러나 남편이 이야기하고 싶은 내용을 전혀 모르고 있으면서, 애정을 가지고 알려고 노력하지 않는다면 잘못된 짐작을 풀어갈 길이 없게 됩니다.

그러면 왜 서로 다르다는 것을 알려고 하지 않고 자기 생각대로 잘못 짐작하고 불평하며 지낼까요? 자신에 대한 믿음이 없어서입니다. 자신을 분명하게 알고 스스로의 장점뿐 아니라 부족한 점까지 다 알게 되면 다른 사람에게 어떻게 받아들여질 것인가 걱정할 필요가 없습니다. 그러나 그런 믿음이 없으면 다른 사람에게 상처 주고 상처받을 것을 두려워하고 방어벽을 높이 쌓게 됩니다.

자신의 굳은 성벽 안에서 다른 사람을 제대로 볼 수도 만날 수도 없음은 너무나 당연한 일입니다. 동화에 나오는 공주가 왕자를 만나는데 자신의 긴 머리채를 도구로 삼았듯이, 울타리의 높이를 넘을 수 있는 마음의 연결이 있어야 참만남이 이루어지고 짐작의 한계를 뛰어넘을 수 있습니다.

잘난 척하라는 것이 아닙니다. 자신의 허술함까지 인정하는 자신감을 가지면 다른 사람과의 사이에 견고한 울타리를 칠 필요가 없어집니다. 그 결과 자신과 다른 사람들을 포함하는 영역을 점차 확장해나갈 수 있습니다.

마음의 장벽이 없이 가까울수록 혼자 짐작한 것이 정확해질 수 있을 것입니다. 관심을 가지고 정확하게 알려 하고 자신의 짐작으로 남겨두지 않고 확인하고 정정해나가려 할 것입니다. 사이가 가깝기를 원하는 만큼 애정을 가지고 소통하려고 노력할 것이므로 짐작은 점차 줄어들고 참이해가 깊어갈 것입니다. 애정이 있다고 하면서도 이런 노력을 하지 않으면 '남을 위한다', '존중한다' 해도 자기 멋대로 주제넘게 다른 사람을 계속 오해해서 관계를 질식사시킵니다.

자신감이 없었던 오텔로는 그 벽을 허물 수 없었습니다. 우리는 비극의 주인공을 따르는 사람들이 되지 맙시다.

남에게
잘 맞추는 사람

    태어난 가정에서 자라온 환경이 우리네 니들에게 늘 좋았던 것만은 아닙니다. 이 땅에서 남성으로 사는 것도 결코 쉬운 일이 아니지만 여성으로 사는 것이 처음부터 불리할 때가 많습니다. 여유로운 집안이거나 아니거나 책임감 없이 가정을 돌보지 않는 미성숙한 아버지들이 종종 있어서 어머니가 좁은 어깨에 짐을 짊어지고 사는 것을 딸들은 애처롭게 보기도 합니다.

    수입이 꽤 좋은 가장들이 더 큰 몫을 노리고 노름에 빠지거나 투기로 온통 재산을 날리기도 하고, 한국의 남아답다는 표지인 술과 바람기를 용납받아온 경우도 많습니다. 남편의 이런 문제를 애타게 호소하면 오히려 친정아버지는 사위가 그래야 큰일 한다며 두둔하기까지 했습니다.

이런 부모 품에서 자란 딸들의 눈에 비친 부모님들은 서로 말이 통하지 않는 이방인들로 원수들 같아 보였을 것입니다. 그런데 어떻게 한방에서 지내는지 이해하기 어려운 불가사의한 사이로도 보였을 것입니다.

아버지의 폭언이나 폭행, 혹은 냉정한 무관심, 그리고 자기중심으로 판단하고 일방으로 지시하는 독재 앞에 힘없는 어머니 편에서 동성인 딸들은 무기력한 상태에 빠지게 됩니다. 한바탕 치르는 전쟁 같은 부모님의 충돌을 곁에서 지켜보면서 어려서부터 아이답지 않게 어머니를 지켜드려야 한다는 부담으로, 그러나 아이이므로 아무 힘도 없는 자신을 보며 무기력증에 빠집니다. '이제는 정말 갈 만큼 갔구나. 마지막이로구나', '두 분이 갈라서시면 나는 누구와 살 것인가?', '어머니는 힘이 없고, 아버지는 무섭고'…. 이렇게 불안에 떨며 밤을 지새우기 일쑤였을 것입니다.

그런데 다음 날 아침이면 정작 두 분이 아무 일 없었다는 듯이 밥상에 마주 앉습니다. 갈라서지 않고 사시는 것입니다. 아이는 혼란스러워집니다.

이런 경우에 부모가 아이들의 불안을 눈치 채지 못하는 경우가 태반입니다. 아이들을 둘러싼 문제가 전날 부부 싸움의 도화선이 된 경우라도 "어제의 싸움은 너희 탓이 아니고, 엄마 아빠가 서로 다른 생각을 했기 때문이다. 이제 서로 다른 것을 이해하고 잘 풀었다. 그러니 아무 걱정 말아라" 이렇게 말하며 아이들을 안심시킬 여유를 이런 부모들에게는 불행하게도 기대할 수 없습니다. 어른들의 체면과 자존심 상한 것에 급급하여 아이들에게 마음을 쓸 여유가 없기 때문입니다.

나이 먹고 몸이 자라 어른이 되었다고 해서 자동으로 결혼해서 아이 낳아 좋은 부모가 될 수 있는 것이 아님을 알고 부모 되는 사람이 얼마나 있을까요? 사회에서 명망 있고 성공한 사람이 곧 좋은 부모가 되는 것이 아닙니다. 부모로 책임지고 자녀를 기르는 것은 먹이고 입히고 학교 보내는 것으로 충분하지 않습니다. 아이들의 마음을 알아주고 보살펴주고 기쁨과 슬픔, 그리고 걱정을 나누는 어른 구실을 제대로 해야 합니다.

병든 동물들도 혼자 두면 빨리 죽고, 다른 동물들과 함께 서로 의지하면서 지내면 오래 산다고 합니다. 아이들의 마음을 알아주고 부모와 서로 사랑의 마음을 나누어 마음의 건강을 지켜주는 것이 몸의 건강에도 아주 필요함을 모른 채 덜컥 부모가 되는 것이 오늘 우리 사회의 큰 문제입니다.

적지 않은 수의 여성들이 임신했기 때문에 할 수 없이 결혼했다고 말합니다. 구약시대도 아닌데 성폭행당하고 아무에게도 말 못하고 자신을 범한 그 남자와 결혼했다고 하는 경우도 있습니다. 자신의 운명을 결정한 존재가 원하지 않았던 아이일 경우에 고맙게 생각하며 행복하게 사는 경우가 얼마나 될까요?

억지로 결혼하고 행복하지 못할수록 남편과 아이에 대한 원망이 커지게 됩니다. 원망하는 마음이 있어서는 남편의 사랑도 순조롭게 받아들일 수 없고, 아이에 대한 사랑을 키워가는 것에도 방해가 됩니다. 그리되면 아이는 그 시기에 어울리는 아이다운 마음을 가지고 살기 어렵습니다. 어머니, 아버지의 든든한 사랑을 믿고 충분히 그 사랑의 터에서 뛰어놀며 훨훨 날 수 있어야 하는데 말입니다. 이 세상에 태어나 자기만의 삶을 처음으로 체험하는 시기에 온갖 첫 경험을 흥미롭게 맛볼 수 있으면 좋을 텐데 말입니다.

아이에게 마음껏 이해의 눈길을 주고, 어른의 품을 필요로 할 때 따뜻하게 품어주고, 아이가 느끼는 온갖 감각의 흥분과 다양한 느낌을 알아줄 여유가 없는 어머니들이 아이를 무감각한 존재로 만들고 맙니다. 아이는 자기 감각과 느낌에 따라 행동하고 그 결과를 알아가면서 앞으로 자신이 살아갈 방식을 찾게 되는데, 그렇지 못하면 어찌할 줄 모르고 남 따라 눈치 보며 사는 사람이 되고 맙니다.

타고난 재주가 있어서 어려서부터 칭찬을 받으며 자란 사람들이 있습니다. 타고난 미모로 어디를 가나 눈에 띄어 부러움의 대상이 되는 사람도 있습니다. 남들보다 공부를 잘해서 앞서는 성취를 하기도 합니다. 그러나 자기 감각과 느낌을 경험하지 못하면 느낌과 이해, 그리고 사랑이 개입하는 사람 관계에서 언제나 길을 잃고 어찌할 바를 모르고 자신 없어 합니다.

이런 이들의 특징은 다른 사람의 말을 아주 잘 듣는 것입니다. 우리가 흔히 말하는 "귀가 얇은 사람"이 됩니다. 자신의 느낌이 따로 없고, 인간관계에서 앞뒤를 판단하는 '본'이 없었기 때문입니다. 그들은 다른 사람들의 말에 아주 상냥하게 미소 지으며 "맞아요", "옳아요", "그런 것 같아요"를 연발합니다. 다른 사람을 거슬리게 해서 기분 상하게 만들고 싶지 않다고 합니다. 그러다 보니 자기의 처지를 부끄럽게 여기면서도 안 그런 척 거짓말도 하게 된다고 말합니다. 이런 현상이 자기 탓이 아니라는 것을 알게 된 뒤에 비로소 상담자에게 한 내담자의 고백입니다.

어머니를 비롯한 다른 사람들의 구미에 맞게 살려 하니 얼마나 힘들겠습니까! 대해야 할 사람의 수만큼, 또 그들이 모두 각기 다른 사람들이기 때문에 그들 모두의 기준에 맞추기란 거의 불가능한 일입니다.

시댁의 요구에 맞추려 노력한 여인이 한 해도 안 되어 그들의 요구에 맞추기가 얼마나 힘든 일인지를 알게 된 경우가 있습니다. 처음부터 자기답게 시댁 식구들을 존중하는 마음으로 진솔하게 대했다면 오히려 그 마음이 순순하게 전해졌을 것입니다. 그들이 원하는 것을 제대로 알지도 못한 채 자기 나름으로 짐작해서 아는 만큼 해드리며 희생했다고 여기니 억울하기만 할 것입니다. 어머니와 다른 사람 위주로 살던 한 여성은 견디다 못해 몸이 거부반응을 합니다. 물론 본인이 의식하지 못하고 일어나는 일입니다.

이렇듯 마음의 건강에 대한 소양이 전혀 없는 부모 밑에서 자란 아이들이 건강하게 자라기 어렵다는 것을 상담실 안에서 보고 또 보게 됩니다. 물론 그 부모님은 양쪽 할아버지 할머니의 삶의 자세 때문에 그렇게밖에 할 수 없었을 것입니다. 상담소를 찾은 자녀 세대가 마음 건강의 중요성을 깨닫고 본인도 튼튼해질 뿐 아니라 앞으로 올 세대를 건강하게 키우리라 희망을 겁니다.

간혹 딸의 문제를 풀려고 찾아왔다가 오히려 어머니 자신에게 문제가 있었다는 것을 발견하고 스스로 먼저 변화하려는 경우도 있습니다. 그분들이야말로 현명한 어머니들이라고 격려하고 찬사를 보냅니다.

내담자들은 자신의 문제를 보고 바꾸려는 것이 결코 쉬운 일이 아니지만 상담 후에 자신이 바뀌니까 가족들도 조금씩 바뀌는 것을 경험한다고 고백합니다. 이런 일이 한 사람에게라도 있을 때 상담실에서는 중대한 역사가 이루어집니다.

맞으면 아프다
마음이 더 아프다

폭력의 그늘에서 자란 사람, 어린 시절부터 가정에서 어른에게 고통을 당하고 자란 사람에게는 집이 감옥입니다. 그들에게 〈즐거운 나의 집〉이라는 노래는 입맛을 씁쓸하게 만듭니다. 폭력을 행사하는 어른이(부모일 경우에는 더욱) 아이에게는 무시무시한 간수로 여겨지고 힘없는 아이는 꼼짝없이 갇혀 있는 죄수 꼴이 됩니다. 그 집안에 태어났다는 것 외에는 아무런 죄도 없는데, 아무 잘못도 없이 억울하기 그지없는 죄인 아닌 죄인이 되고 맙니다.

어른들이 감옥에 갇혀 있거나 포로가 되었을 때도 기막힌데, 힘없는 아이가 의지해야 할 사람, 부모에게 포로가 되어 있다면 어느 누구에게서 구출의 희망을 가질 수 있겠습니까? 어른 죄수들은 잡혀 있는 동안에 감옥 바깥에 다른 세계가 있음을 압니다. 그리고 바깥에 두고 온 가족과 친지를 그리워하며 때가 되어 나갈 것을 소망하면서 하루하루 손꼽아 기다릴 수 있습니다. 하루가 지나면 그만치 만날 날이 가까워지니 기쁨의 재회를 그려볼 수 있고, 그때를 그만치 앞당겨 희망을 가지고 있어 살맛을 느낄 수 있습니다. 민주화 운동하다가 감옥 생활 하던 한 목사는 감옥에서 '희망의 신학'을 구상하고 나온 후에 글을 쓰기도 했습니다.

그러나 집에 갇힌 아이들은 더 안전하고 즐거운 다른 집을 그릴 수가 없습니다. 왜냐하면 자기가 알고 체험한 가정은 폭력 가정뿐이기 때문입니다. 그것은 너무나 커다란, 기막힌 비극 중의 비극입니다. 남아프리카의 넬슨 만델라가 오랜 감옥 생활을 하고 나서 "감옥 생활이 개인에게서 인간의 존엄성을 훔쳐 간다"고 했습니다. 흉악한 범죄자가 아니며, 높은 목적을 가지고 독립과 인권 운동을 하다가 잡혔기에 한 점 부끄러움도 없었을 테고, 오히려 스스로 자부심을 가지고 고통을 이겨낼 힘을 지닌 강한 사람이었음에도 이런 말을 했다는 것에 주목해야 합니다.

아픔을 당하면서도 연약한 아이는 보호받는 것이 아니라 오히려 어른들에게 부당하게 이용당합니다. 아무런 대응도 할 수 없는 무기력함 때문에 아이는 어른에게 분풀이 대상이 되거나 어른 마음대로 폭력을 행사해도 되는 대상이 되는 것입니다.

아이는 극도로 무기력해지고 폭력에서 벗어날 희망을 가질 수 없어서 일찍부터 우울증에 빠지게 됩니다. 죽고 싶다고 하는 아이가 생기는 것은 얼마나 끔찍한 일입니까! 이런 아이는 집 바깥에서 어려운 일을 당하고도 부모에게 도움을 청할 수가 없습니다. 왜냐하면 부모는 믿을 수 없는 존재이기 때문입니다. 아이가 어려움을 당했을 때 든든한 피난처가 되어주거나 아픔을 쓰다듬어주는 부모가 아니기 때문입니다. 오히려 아프게 하는 사람들이니 말입니다.

부모가 아무런 도움이 되지 않는다고 느끼는 것은 당연한 일입니다. 아이가 당연히 연약한 존재라고 인정해주고, 다치지 않게 보호하고, 아이 나름으로 해낼 수 있는 것을 격려하고, 아픔이 있을 때 위안해주는 부모가 아니니 말입니다.

아이는 주눅 들고, 어른들의 눈치를 보며, 스스로 솔선하여 자기 삶과 일을 펼치지 못하는 사람으로 자라게 됩니다. 자기의 뜻과 개성을 살린 삶을 살 수 없게 되고, 그렇게 아이의 삶의 방식은 고착됩니다. 자기가 참으로 원하는 것을 하기보다 어른들이 원하는 것에 따라 어른들을 기쁘게 하기 위해서 사는 맥 빠진 삶을 살아가게 됩니다. 우선 아픈 매를 피해야 하니까요.

인생의 여정에서 어려움을 단 한 번도 당하지 않고 살 수 있는 사람은 아무도 없습니다. 그런데 비슷한 어려움을 당하고 상담소를 찾는 사람들 가운데 부모에게 고통받으면서 자란 사람과 그렇지 않은 사람의 태도가 다른 것을 보게 됩니다.

아버지의 납득할 수 없는 폭력으로 집에 들어가기도 싫어하던 딸이 자라서 그 아버지를 벗어나기 위해 결혼을 했습니다. 아버지의 폭행을 막아주지 못한 어머니에 대한 원망 또한 큰 사람이었습니다.

누구나 좋은 사람을 자동으로 만나는 것은 아닙니다. 그 니도 자신을 잘 보듬어줄 남자를 만나지 못했습니다. 아이 낳고 살면서 남편과 잘 지낼 수 없었습니다. 자신이 원하는 것을 제대로 표현하며 자라지 못한 성장 배경도 한몫을 했겠지만, 술을 마시고 폭력을 쓰는 남편을 견디지 못하고 결국 그 니는 아이들을 두고 집을 나왔습니다.

다른 사람의 몸, 마음의 영역을 허락 없이 함부로 침범하는 것이 폭력이라면 그렇게 당하고 자란 아이가 어른이 되었다고 해서 자기 자신의 영역을 스스로 존중하고, 존중받으려 하며 다른 사람들과 잘 소통할 수 있었겠습니까? 다른 사람의 눈을 가리기 바빠서 아버지의 처사에 항의할 생각도 못하고, 곪아 터지게 깊은 상처를 덮어두고 살기에 바빴을 뿐이었습니다.

진정이 담긴 마음이 오가지 않는 가정을 이루고 사니 모두에게 견디기 힘든 곳이 된 것입니다. 아버지라는 간수로부터 몸은 떠났어도 마음은 그 감옥 안에 여전히 갇혀 있고, 남편과 아이들과 함께 다른 감옥을 만들고 있었던 것입니다. 한 번도 사랑을 받아본 적도 해본 적도 없다고 하며 그 니는 사랑에 목말라 합니다.

　자기를 존중받으며 자란 사람들도 함께 살기 어려운 사람을 만나 그를 떠나야 하는 경우를 만나기도 합니다. 사랑하여 사귀다가도 헤어질 수 있고 이혼할 수도 있습니다. 이혼율이 높아간다고 걱정들 하지만 이혼할 수밖에 없고 이혼해야 할 경우들이 있다는 것을 인정해야 합니다. 자기에게 맞지 않는 사람이라는 것을 스스로 알고 문제 상황을 헤쳐나갈 자세를 갖춘 사람은 어떻게든 자신의 길을 찾아갑니다. 남을 원망하며 주저앉지 않습니다. 그리고 똑같은 잘못을 반복하지 않으려 합니다.

　그런데 어린 시절 사랑한다는 부모에게 고통을 당한 사람들은 문제 판단에 혼동을 겪으면서 문제 상황을 바르게 깨닫지 못하곤 합니다. 그래서 늘 '재수가 없었다', '운이 나빴다', '나쁜 사람을 만났다'고 막연히 생각합니다. 그냥 팔자소관으로 치부합니다. 자신이 제대로 판단하지 못하고 있다는 문제성은 외면하면서 살려 합니다. 왜냐하면 고통을 준 어른들의 판단을 이해하지 못했고, 그들은 자기의 생각과 말을 들어주려고도 하지 않았으니까요.

　어린 마음에 얼마나 혼란스러웠을까요! 그러니 자기 삶의 수레를 운전해갈 의식도 힘도 갖추지 못할 수밖에 없습니다. 제대로 인정받지 못하고도 자기표현을 곧 할 수 없고, 한참 지난 후에야 겨우 '얼마나 화가 났었나' 뒤늦게 느끼고 억울해합니다. 이미 때가 늦어서 다시 생각하는 것이 아무 소용이 없음에도 그 상황을 되풀이해서 생각하고, 또 생각하면서 후회의 수렁에서 벗어나지 못하곤 합니다.

"긴 감옥 생활은 각자 자기다운 삶을 살게 하는 힘, '불꽃'을 짓밟아 꺼버린다"고 만델라는 말합니다. 감옥 같은 집에서 아이 시절 이렇게 혼돈과 어둠 속에서 고통을 당하며 자라온 사람들을 우리는 사랑으로 품어주고 '불꽃'을 되살리게 도와야 합니다.

상담실에서 나갈 때 달라지는 내담자의 표정에서 되살아난 불씨를 보곤 합니다. 그래도 아직 다른 사람의 입에서 매 맞는 아이들 이야기가 나오면 금방 맞고 살던 어릴 적 안색으로 돌변합니다. 환하던 얼굴이 까맣게 굳어지고, 아이같이 순진하던 표정이 분노로 매서워지는 눈매가 될 때, 나는 확실히 봅니다. 매 맞기가 얼마나 힘들었는지를! 그리고 몸의 상처보다 마음의 상처가 얼마나 더 심각한 것인지를! 웅변이 따로 필요 없습니다.

나이 불문,
재미를 모르는 사람들

우리 상담소를 찾는 니들의 나이는 20대 초에서부터 70대에 이릅니다. 상담하는 사람(나)의 나이가 80대에 이르면 아마도 80대도 문을 두드릴지 모르겠습니다. 젊은 니들은 그들 나름으로 살아가기 벅차다 하고, 늙은 니들 역시 살아온 나이테를 켜켜이 두르고 나서도 허한 마음을 가누기 힘들어합니다. 거침없이 활발하게 살아가지 못하는 젊은이들이나, 살아온 날들이 알차 보이지 않아 서글퍼지는 늙은이들이 아주 달라 보이지를 않습니다. 젊은이나 늙은이가 공통의 문제를 안고 있기 때문입니다.

갓 대학을 나와 공무원 시험 준비를 하고 있다는 니는 앞길이 보이질 않는다고 하소연합니다. 전망이 없으니 우울증 약이 없으면 하루하루를 버텨낼 수 없습니다. 터무니없이 경쟁률이 높은 치열한 현실을 뻔히 알면서 준비하는 과정이 재미있을 리 없습니다. 대학 졸업장만으로 일자리 찾기 힘든 현실을 빠삭하게 아는 부모가 공무원 시험을 권한 것뿐이고, 이제까지 부모의 말씀을 그대로 들으며 자라온 딸은 다른 생각을 해볼 수도 없었습니다. "정말 평생 공무원으로 살고 싶은가?"라는 물음을 스스로 떠올려본 적도 없다고 합니다.

70대 니는 시골에서 태어나 여느 여자아이과 비슷하게 무덤덤하게 자라고 살아왔습니다. 농사일하는 어머니를 돕고, 하루 세끼 밥상 차리고, 동생들을 보살피고, 집안일 하는 생활을 어려서부터 당연하게 여겼습니다. 나이가 차서 부모가 점지해주신 대로 시집가서 남편 말을 따르며 묵묵히 살았습니다. 자기가 선택할 수 있음을 모르고 한 결혼이었습니다.

우리네 많은 니들의 처지가 그렇듯이, 대부분의 남정네들이 집안 돌보기에 책임감이 투철하지 않습니다. 그 니 역시 홀로 온갖 책임을 지면서 살아야 했습니다. 아이들을 주렁주렁 낳고, 아이들 양육과 교육은 물론 그 많은 집안일을 혼자 다 처리하면서도 꿈쩍도 않는 남편(가장)에게 지시를 받으며 살아왔습니다. 농촌에서 잠시도 쉬지 않고 부업까지 해가며 돈이 들어오면 남편에게 몽땅 바치고 필요할 때 타서 썼습니다. 그러다가 남편의 심기가 불편해지는 일이 생기기라도 하면 쏟아지는 폭언과 폭행을 감수해야 했습니다.

이제 자녀들이 모두 서울에 와서 자리 잡고, 손자들의 재롱을 즐기며 살 단계에 이르렀습니다. 어머니의 노고를 잘 아는 착한 자녀들은 효도할 마음 준비를 하고 있어서 지금부터 누리기만 하면 되는 복된 입장이었습니다. 그런데 남편에 대한 원망이 크고, 미움이 커져서, 남편과 함께 사는 생활이 괴로워졌습니다. 이제 더 이상 같이 살고 싶지 않다는 말만 반복합니다.

이렇게 살지 않아도 되었을 것인데 젊은이나 늙은이나 왜 그렇게 재미를 모르는 우울함에 빠지게 되었을까요. 삶의 출발점에서부터, 어렸을 때부터 '개별 인격체'로 존재감을 가질 기회가 주어지지 않았다는 데 문제가 있습니다.

앞에서 말한 우리의 20대 니와 70대 니 모두 자신만의 남다른 존재감을 가질 수 없었던 이유는, 그들의 어머니도, 할머니도, 중조할머니도 모두 그냥 "그런대로 한세상 지나시구려" 하는 마음으로 살 수밖에 없었기 때문입니다. "너는 너 자체가 소중하고 특별한 아이다"라는 개념 없이 삶을 시작했습니다. 그러니 자라면서 자기만의 느낌과 뜻에 따라 자기 방식으로 판단하고 행동할 수 없었습니다.

자기가 원하는 것이 분명하면 자기와 다른 것을 원하는 사람과 절충하고 협력하면서 살 수 있습니다. 그런데 자기가 원하는 것이 분명하지 않으니 다른 사람, 그것도 자기보다 힘 있는 어른이나 남편과는 의견을 조율하기 어렵습니다. 마음속에 불만을 품은 채 순종해야 하니, 이런 삶이 오래되어 쌓인 결과가 원망과 미움일 수밖에요.

힘없는 쪽에서 쌓인 불만으로 원망의 이를 갈고 있을 때, 힘 있는 쪽은 그 속사정을 알 수가 없습니다. 결국은 쌓이고 쌓인 욕구불만을 더 이상 가누지 못해 폭발하고 나서야 겨우 뒤늦게 어리둥절해합니다.

불만이 아주 작았을 때부터 자기표현을 해야 하고, 어른이나 남편이 그 표현의 의미를 알아채어 서로 조정해가야만 이런 폭발 수준의 상황을 예방할 수 있습니다. 젊은이가 갑자기 자살을 기도하는 것이 아니고, 멀쩡하게 50년 이상 같이 살다가 갑자기 우울증에 빠지는 것이 아닙니다. 기업도 일꾼들의 사정을 작은 것부터 들어주고 조정해가면 노동자 파업이 생기지 않습니다. 공권력을 동원하는 과정에서 사상자가 생겨나고 폭염과 엄동설한에 고공 시위하는 어려운 상황을 만들지 않는 것과 맥락을 같이합니다.

내가 보는 신문이 건강신문을 내면서 창간호의 특집으로 '중독'을 다루었습니다. 알코올, 마약, 도박이라는 오래된 중독에 그보다 심한 인터넷 중독을 더해 4대 중독이라고 했습니다. 아예 제목을 "중독된 사회"로 잡았습니다. 경제 손실을 들먹여야 그 심각성이 더 잘 전달된다고 생각하기 때문인지, 어떤 사회문제든지 경제 손실을 이야기하곤 합니다. 어떤 근거로 말하는지는 몰라도 4대 중독으로 인한 사회 경제 비용이 109조 5000억 원에 이른다고 보도했습니다. 그리고 전문가들의 의견은 한결같이 국가가 조치를 취해주기를 기대한다고 했습니다.

상담실을 찾은 이들 가운데도 아버지나 어머니가 알코올이나 도박 중독자였기 때문에 받은 마음의 피해를 호소하는 경우가 많습니다. 이들은 평생 아픔의 흔적을 안고 살아가야 하고, 또 그 아픔을 대물림하게 되니 이런 피해는 금전으로 환산할 수 없습니다. 경제 손실이라는 명목으로 계산될 수 없는 아픔입니다.

국민의 행복권을 보장해야 하는 것이 국가의 당연한 책임이지만 시민들의 마음이 건강하지 않으면 그 효과를 기대할 수 없습니다. 부모와 남편에게 자기가 원하는 것을 적절하게 표현하지 못하고 살아온 사람들이 힘을 휘두르는 사람들에게 자기표현을 제대로 할 수 없기 때문입니다.

자기들을 위하지도 않을 정치 지도자들을 위해 들러리 서고, 박수 부대가 되고, 투표까지 하는 유권자들의 성향을 우리는 잘 알고 있습니다. 아이들이 원하는 것을 잘 알아주는 어른들이 결국 시민권을 책임 있게 행사할 성인들을 길러낼 수 있다는 걸 잊지 말아야 합니다.

새로운 중독인 인터넷 문제는 엄마들마다 걱정하지 않는 사람이 없습니다. 세계 최고의 인터넷 보급률을 자랑하는 나라에서, 스마트 전화기를 아이들마다 필수품인 양 사주어야 하는 분위기에서 생길 수밖에 없는 문제입니다. 가족이나 엄마들이 아이들을 데리고 외식하러 나온 경우 자주 보는 광경입니다. 어린이용 식탁 의자에 앉혀진 아이는 게임기나 스마트 전화기에 눈이 고정된 채 엄마가 떠먹이는 음식을 아무 생각 없이 받아먹기만 합니다. 음식이 담긴 숟가락이 오면 반사적으로 입을 벌릴 뿐입니다. 오래전 집에서 두부를 만들어 먹을 때 맷돌에 불린 콩을 한 숟가락씩 떠 넣던 생각이 떠오릅니다.

이런 상황은 어른과 아이가 서로 알아줄 좋은 기회를 깡그리 앗아갑니다. 아이가 속도 빠른 기계에 마음이 팔려 수동적으로 끌려다니게 놔둘 뿐입니다. 아이 스스로 느끼고 생각하고 요구하고 즐기기를 주도할 기회를 빼앗기는 줄도 모르고 매어 있는 것입니다. 아이를 기계에 의존하게 하여 기계가 없으면 재미를 느끼지 못하게 만듭니다. PC방에 나란히 앉아 채팅하는 아이들이 됩니다. 얼굴을 마주하고 대화하기가 어색하여 컴퓨터를 매개체로 삼아 채팅을 합니다.

당연히 자신의 요구를 표현하고 들어줄 어른들이나 동무들과 소통할 기회를 잃게 할 뿐 아니라 어른도 아이의 마음을 알 기회를 놓칩니다. 사람 사이에 서로 알아주고 같이 기쁨을 나누고 슬픔을 위로하는 것이 얼마나 소중한 일인지 모르고 지나게 합니다.

'칭찬은 고래도 춤추게 한다'는 책 제목이 있습니다. 나는 "서로 알아주는 것이 사람을 살린다"고 말하고 싶습니다. 이런 재미를 아는 사람은 어떤 중독에도 걸리지 않고 살 수 있습니다. 그런데 우리는 아이들을 뿔뿔이 공부하고 각각 따로 놀게 만듭니다. 서로를 경쟁의 대상으로 삼게 하여, 이웃을 서로 이해하고 아끼면서 같이 재미를 누리게 놔

두지 않습니다. 초등학교 때부터 아니, 그 이전부터 어른이 되어 대학 가고 출세하기 위한 훈련만을 시킵니다. 사람답게 같이 사는 재미를 맛보게 놔두지 않습니다.

삶을 엉뚱하게 낭비하는 소소한 중독들

　상담소를 찾는 이들은 모두 자기 자신을 못마땅하게 여겨서 옵니다. 아무리 아름답다고 말해주어도 자신의 아름다움을 몰라보고 그 말을 믿지 못합니다. 자신이 가지고 있는 좋은 특성을 자기만 못 알아보는 사람들입니다. 답답합니다.

　저마다 자신만의 아름다움과 좋은 특성이 있는데 그것을 알고 자랑스럽게 살아가지 못하는 사람들이 많습니다. 안쓰럽습니다. 자신만이 잘난 것이 아니라 다른 사람들도 달리 각자 나름으로 훌륭하다는 것을 알아주어 서로 존중하며 사는 세상이 되면 얼마나 좋을까요!

　그런데 우리는 정말로 어리석게도, 그리고 가슴 저리게 불행하게도 이 쉬운 과제를 실천하지 못하며 살고 있습니다. 서로 알아보고 존중하며 사랑하기만 하면 되는데 이 쉬운 일을 못하고 각자 아파하며 살고 있습니다. 마음의 아픔을 덜어보려고 우리는 별짓을 다 합니다.

마음이 아픈 것은 눈에 보이지 않는 증상이므로 동정을 받지 못하니, 몸이 아파지기도 합니다. 엄살이 아니라 진짜로 몸으로 아파하면, 그래도 가까운 가족이 걱정하고 보살펴주니까 자꾸 아프게 됩니다. 아무도 자기 마음을 몰라주면 자기를 알아달라고 부모가 원하는 짓, 바로 우리 사회가 칭찬하는 착한 짓, 그리고 공부나 일을 열심히 하려 듭니다. 공부 잘하고, 돈 잘 벌고, 유명한 사람이 되면 그것이 대체 보상이라도 된다는 듯 여깁니다.

우리 사회에서는 왜 사람들이 9시부터 6시까지 일하고 나서, 사랑하는 가족의 품으로 돌아가 편히 쉬고 재미있게 살려고 하지 않을까요? 밤늦게까지 집에 들어가지 않고 술 마시고 밖에서 어슬렁거리며 돌까요?

아이들은 자정이 되도록 학원에 묶어놓아 몸과 마음 모두 비타민-D 결핍증에 걸리게 만듭니다. 온 가족이 새벽부터 밤중까지 바깥에서 사는데도 주부들은 왜 더 넓은 집, 더 좋은 가구를 장만하느라 욕심을 부리고 있을까요? 그 집은 잠만 자고 나갈 사람들이 사는 곳이라 늘 텅 비어 있는데 말입니다.

돈과 힘이 진정으로 그들이 원하는 것이고 그런 성취만으로 정말 만족할 수 있을까요? 학원에 열심히 다니면서 성적을 올리는 것으로 실제로 자신이 알고 싶은 호기심을 충족시키고 깨우침의 만족을 얻을 수 있을까요? 아무도 진정으로 살고 있지 않는 집과 아무도 느긋이 앉아서 즐길 기회가 없는 집과 가구는 어떤 기쁨이 될까요?

이런 행동은 모두 다른 사람들도 하고 있기 때문에 (자신이 진정으로 원하는지를 느끼고 생각해본 적도 없이) 남들 하는 대로 따라서 하고 있는 것입니다. 서로 다른 모습과 자질을 가지고 있는데 어떻게 이렇게 똑같은 삶의 형태로 살아갈 수 있는가 의문을 갖게 됩니다. 이런 일률의 삶의 방식이 누구에게나 적합하지 않을 가능성이 높고, 그래서 갈등과 어려움을 겪기 마련입니다.

부모의 기대에 잘 맞추어가려고 아이들은 노력합니다. 아이의 생존을 위해 부모는 막강한 힘을 가지고 있기 때문에 아이는 부모의 소망을 이루어드리고 싶어 합니다.

태어나 처음 순간부터 부모가 원하는 것을 관찰해온 아이들은 눈치가 밝아집니다. 부모의 요구와 상관없이 아이의 욕구를 잘 알아준 부모 품에서 자란 경우에는 서로의 요구를 알아주는 관계가 성립되어 아이도 자신의 요구를 내세울 수 있습니다. 그러나 많은 경우 살기 바쁜 부모들이 섬세하게 아이의 필요를 눈여겨보아 느끼고 알아주지 못하기 일쑤입니다.

많은 니들이 집안에 희생하는 어머니를 위해 심청이가 되기로 마음먹습니다. 힘 있는 남편에 대한 불만을 딸에게 털어놓는 어머니와 딸은 한편이 되고 어머니를 더욱 동정하고 어머니에게 힘이 되고 싶어 합니다. 나이가 아주 어려서 아버지와 어머니의 관계가 무엇인지 제대로 모르면서 어머니의 문제를 해결해드리고 싶어 하고, 당연히 어찌할 수 없는데도 죄책감에 시달리게 됩니다.

최소한 자기 문제를 혼자 처리하려 애씁니다. 유치원 다니고, 초등학교 다니는 수준에서 어머니의 도움 없이 혼자 일처리를 잘 하고 공부도 잘했던 니들을 봅니다. 그러나 어느 단계에 이르러 혼자 해결할 수 없는 문제를 만나게 되면 걷잡을 수 없는 일이 벌어집니다. 특히 다른 사람과 마음을 나누며, 도움을 주고받으며 자라오지 않았기 때문에 사회성이 갓난쟁이 수준이라 나이에 걸맞게 생활하기 힘들어집니다. 공부를 잘하고 있는 동안에는 당분간 우리 사회에서 문제가 없다고 치부됩니다. 그러나 다른 사람과 나눔이 없이 지내면 스스로 따돌림당하는 처지로 자신을 몰고 가게 됩니다.

스스로 따돌림당하는 처지에 들어가고도 이를 벗어날 방법을 몰라 무기력해지고 맙니다. 처음부터 부모의 도움을 받아 자기의 필요를 알아 표현하여 요구하고 도움받으며 해결해가는 학습의 과정이 없었던 것입니다. 아이 때부터 혼자 방치되었던 것입니다.

이들은 스스로 자신을 해치는 방식밖에 모릅니다. 그것이 바로 도움을 청하는 애절한 무의식의 절규입니다. 말 못하는 아기가 울기밖에 못하듯이. 그때 바로 사랑하는 이웃들이 그 절규를 들어주고 아이가 필요로 하는 것이 무엇인지 명확하게 알고 대처했더라면 제 길을 바로 찾았을 텐데, 또다시 바쁜 어른들이 대수롭지 않게 여기고 기회를 넘겨버립니다. 손목을 그은 니, 수면제를 먹은 니에게 부모는 "아무에게도 말하지 말라" 하고 금지 명령을 내립니다.

 아이는 여전히 자신이 원하는 것이 무엇인지 분간할 기회를 놓치고 다음에 올 다른 문제를 또다시 준비 없이 맞게 됩니다. 그 문제는 남자 친구의 문제일 수도 있고, 시어머니와의 문제거나, 남편의 전근에 따라 생소한 곳에서 살게 되는 처지 때문에 생긴 문제가 될 수도 있습니다. 어떤 처지에서라도 자신이 원하는 것을 모르고, 그것을 위해 해결하는 방식을 알지 못하면 어느 나이가 되고 어떤 문제를 만나도 또다시 무기력할 수밖에 없습니다.

 이런 니들은 한결같이 바깥 조건 때문이라고 합니다. "지금의 남편과 결혼을 하지 말고 아이가 없었더라면" 문제가 없었을 것이라거나, "그 남자 친구를 만나 깊이 사귀지 말았어야 하는데", "아버지의 사업이 기울었기 때문"이라거나 "결혼 전에 임신했기 때문이라"고 하는 것들은 몇 가지 보기입니다.

 그러나 예외 없이 알게 되는 것은 아주 어려서부터 자신의 필요를 알아주지 않는 부모와의 사이에서 자기가 아닌 부모의 필요를 우선으로 여기고 자라온 것이 문제라는 것입니다. 어려서 부모가 우선이었듯이, 어른이 되어서도 언제나 바깥에서 이유를 찾게 되는 마음의 틀을 갖습니다. 자신을 성찰하고 분석하여 인식하기보다 언제나 원인을 바깥에서 찾으려 합니다. 그리고 자신을 들여다보기보다는 바깥 조건을 바꾸어 해결해보려 합니다.

자해 중독이라는 말이 따로 없더라도 모든 중독은 자해 행위입니다. (기억하기도 끔찍한 일, 게임에 빠진 부부가 아이를 돌보지 않아 죽게 한 사건을 잊을 수 없습니다.) 제대로 자신의 필요를 알지 못하고, 따라서 제대로 대처하는 방법을 알 수 없었을 때 니들은 어떤 방식으로든 아픔을 줄이려 하고 도움이 필요하다는 표현을 자해로 합니다. 약물 남용이 얼마나 심각한 자해 행동인지 많은 니들을 만나며 절실하게 보고 있습니다. 아이들을 돌봐야 하고 살림을 꾸려갈 수 있을 만큼 얼마간 활동할 수 있게 하는 효과가 있기 때문에 어떤 니들은 약물에 의존합니다.

자신도 자기의 아픔의 뿌리를 모르니 어느 누구도 몰라주는 아픔을 마비시킬 방도를 찾게 됩니다. 술도 그중 하나요, 친구들과의 수다도 있을 것이고, 독서, 영화, 연속방송극, 쇼핑, 성형수술, 자격증 따기, 종교에 빠지기 등 다양합니다. 이들은 또 다른 사람들이 보았다는 효력에 솔깃해 따르기도 합니다.

원하는 것을 분명히 알고 제대로 이루어낼 방법을 몰라서 니들이 엉뚱하게 삶을 낭비하는 것에 매달리게 되어 다람쥐 쳇바퀴 돌리듯 하는 것이 중독의 기제입니다. 이불 빨래로 기운을 빼는 것, 손끝에 먼지 하나 묻지 않게 청소하는 것, 온갖 것 사재기 하는 것, 아이 잠재우지 않고 책상 앞 지키는 것…. 자신을 제대로 알고 나서도 하고 싶은 짓인지 스스로 물어보기로 합시다. 참으로 정직하게 말해서, 정말로 똑같이 되풀이하고 싶은 일인가요?

느낌이
없다는 것

    상담실에서 이야기 나누다가 "지금 느낌이 어떠세요?"라고 물을 때가 종종 있습니다. 나누는 이야기가 그 사람에게 어떤 느낌을 불러일으키고 있는지 짚어보기 위해서입니다. 그런데 느낌을 이야기할 수 있는 사람은 양호한 경우입니다. 내가 한 말에 불쾌해하며 항의할 수 있는 사람은 항의할 수 있을 만큼 나를 믿고, 또 그만치 자신이 있는 사람입니다.

    그냥 "시원해요" 하는 경우도 있습니다. 이만치도 들어주는 사람이 없이 살아왔기에 풀어놓을 수 있고, 또 받아주고 이해해주는 것에 실마리가 풀리는 듯한 느낌을 가지기 때문입니다. 화장실에서 남몰래 울지 않고 이해해주는 사람 앞에서 울어서 다행스럽다고 느끼기도 합니다. "아, 그렇게도 생각할 수 있군요" 하며 새로운 해석으로 얽힌 것을 푸는 통찰력을 가지기도 합니다.

그런데 문제가 조금 더 심각한 경우에는 "느낌이 없다"고 합니다. 아니면 "느낌이 뭔가?", "내 느낌을 모르겠다"고 합니다. 더 심한 경우에는 말끝에 언제나 "같아요"로 표현합니다. 자기가 없다는 듯, 남의 이야기하듯이 "느낌이 없는 것 같아요", "느낌을 모르는 것 같아요"라고 합니다.

이런 이들은 상담실 안에서만 느낌이 없는 것이 아니라 그들의 나이만큼이나 긴 기간을 느낌 없이 살아온 경우입니다. 어린 시절부터 느긋이 느낌을 즐길 여유가 없었던 이들입니다. 안전한 품에서 규칙적인 심장 소리를 들으며 마음 놓고 쉴 수 없었던 사람들입니다.

그중에 언제 어머니가 떠날지 몰라 마음 졸이는 아이였던 니가 있습니다. 영영 얼굴을 볼 수 없는 어머니 대신 목숨을 위협하는 새어머니 앞에서 숨도 제대로 쉴 수 없었던 아이 시절을 보냈던 니도 있습니다. 똑바로도 보지 않고 흘겨보듯 하면서 딸은 쓸모없다고 늘 중얼거리던 아버지의 넷째 딸로 태어난 니도 있습니다. 오빠보다 공부를 못한다고 늘 주눅 들게 하는 어머니의 딸도 있습니다. 부모님과 더 닮은 언니가 부모님의 구미를 잘 맞추는 탓에 언제나 어머니의 눈에 차지 않았던 니도 있습니다.

이렇듯 자기를 향한 부모님의 따뜻한 눈길을 느껴본 적 없는 우리의 자매들이 수두룩합니다. 마음껏 느낌을 가질 수 없게 됩니다. "그럴 때 화나지 않았어요?" 하면 "화내도 되는 건가요?" 오히려 되묻는 경우도 있습니다.

느낌은 누구나 똑같이 균일하게 가질 수 있는 것이 아닙니다. 처음 가졌던 어떤 느낌에 대해서 다른 사람, 특히 인생 초기의 중요한 양육자가 그 느낌을 알아주었을 때 "아, 이런 느낌을 가지는 것이 당연하구나" 하며 알기 시작합니다. 기저귀가 젖었을 때 "축축해 기분 나빴겠구나" 하며 마른자리로 갈아주는 양육자의 손에 자랐다면 축축해 기분 나빴던 그 느낌을 확인했을 것입니다. 배고플 때 알아주어 배를 채워주고, 아플 때 곧 알아서 돌봐주고, 기분 좋을 때 눈을 맞추고 함께 즐거워해주는 어른들이 늘 가까이서 보살펴주어 자랐다면 느낌이 그만치 다양하고 풍부해집니다.

그런데 자기가 가진 느낌을 어머니가 외면하고 아무렇지 않게 무시하는 경우를 생각해봅시다. 그런 아이가 자라면서 뭔가를 생각해내서 언젠가 용기 내어 겨우 이야기했는데 어머니가 "말도 안 된다"는 식으로 제쳐버린다면, 그리고 그런 일이 반복되어 일어난다면 아이의 마음이 어떨까요? 어떤 일도 솔선해서 느끼며 실험하며 탐색해가려 하지 않을 것입니다. 자기의 느낌을 믿지 못하고 "이렇게 느껴도 되나?" 주저하게 됩니다. 맛있는 것을 먹어도 맛있다는 감각이 없게 되고, 자기가 좋아하는 것이 무엇인지도 감각으로 모르게 되는 서글픈 경우를 만듭니다.

그렇다고 그런 부모가 아이를 사랑하지 않느냐 하면 그런 것은 아닙니다. 자기 나름으로 아이를 적합한 길로 이끈다고 생각하고 애쓰는 분인 경우가 많습니다. 학교 공부가 중요하다고 소설을 읽지 못하게 하여 친구 집에 가면 정신없이 주리고 목마른 아이같이 그 집에 있는 책에 몰두합니다. 물론 아버지에게는 비밀로 해야 합니다. 좋아하는 느낌이 금지당해서 그 느낌을 키우고 발전시키지 못하게 합니다. 아버지의 검열과 지시 안에서 살아 있는 힘을 소모합니다.

아이의 재능을 살려주려고 힘을 기울인 부모가 아이의 느낌도 존중했더라면 아이는 부모에게 거침없이 고마움을 가지면서 마음껏 날갯짓을 했을 것입니다. 하지만 멀리 떠나 있어도 어떤 방도로든(전화나 인척들을 통해서) 제약하며 잡아끄는 부모의 의도와 힘을 늘 머리 뒤통수에 느껴 자유롭지 못해 늘 미진한 마음으로 살게 합니다.

지금 이 순간, 여기 이 자리에서 자기가 하는 일, 자기의 존재를 늘 미진하게 느낍니다. 만족을 모르고 있어서 참자신의 모습으로 사는 것 같지 않다고 여깁니다. 느낌을 분명하게 분화하기가 어려워집니다. 그러니 늘 정말 하고 싶은 것이 무엇인지를 몰라서 분주하게 헤매게 만듭니다.

어떤 이들은 따뜻하게 대해주는 것을 느끼지 못하고 자라나서, 버려진 듯이 느껴질 때 그래도 살아남기 위해 열심히 무엇인가 해서 주위의 인정과 칭찬을 받으려 합니다. 공부를 열심히 하는 것으로 방편을 삼기도 합니다.

그렇게 자라서 어른이 되어 결혼하는데, 아내의 역할이나 어머니 역할 하는 것이 생소할 수밖에 없습니다. 사람 사이에는 느낌이 오고가야 하고 서로 느낌을 키워가야 하기 때문입니다. 밥해주고, 청소하고 빨래하는 집안일만으로 아내와 어머니의 구실을 다하는 것이 아닙니다. 느낌 나누기를 즐길 수 있어야 하는데 느낌이 개발되지 않은 사람들에게는 쉽지 않은 일입니다. 늘 공부해야 하고, 늘 어떤 활동을 해야 하고, 늘 운동해야 하고, 늘 사람을 만나 연애해야 하고, 철 따라 꽃구경 가고, 여행에 빠지지 않아야 하고, 아니면 늘 술을 마시거나 하는 데 이릅니다.

앞으로 올 일들을 확실히 알 수 있는 사람이 어디 있겠습니까? 이런 이들은 앞으로 올 일에 별 기대를 하지 않으면서 요행으로 좋은 일이 있기를 바랍니다. 그러면서도 혹 그렇게 잘되지 않을까 봐 전전긍긍 열심히 걱정합니다. '걱정의 전문가'가 됩니다. 어쩌다 좋은 일이 생겨도 마음껏 좋아하지 못합니다. 너무 좋은데, 그 좋은 일이 또 생기기를 바라는 자신을 그냥 두고 볼 수 없습니다. 그 정도의 좋은 일을 희망하는 것이 당연하다고 생각하지 못하기 때문에 좋은 것을 좋다고 못하며 자기를 타이르고 억누릅니다. 좋다고 인정하면 자꾸 더 바라게 되는데 그 좋은 일이 생기지 않을 때 실망할까 두려운 것입니다.

이것은 바로 우울증의 요인이 됩니다. 좋은 일은 우연히 생긴 것이라고 생각하고 희망을 가지지 않는 것입니다. 좋은 일은 자기 능력과 노력으로 당연히 생겼다고 믿지 못합니다. 자신의 장래를 위해 실제로 뭔가를 할 수 있다는 자신감이 없기 때문입니다. 긍정의 느낌을 경험하지 못하고 자랐기 때문입니다.

그러나 삶은 어린 시절의 경험만으로 끝장을 보는 것이 아닙니다. 이런 문제점을 알고 '느낌 가지기', '느낌 키우기', '느낌 즐기기'를 사랑하고 이해하며 믿을 만한 사람들 사이에서 열심히 실험하고 연습해야 합니다. 어린 시절 부모와 느낌을 나누며 확인하지 못했더라도 자기 아이와 가족들, 이웃들과 새롭게 시작할 수 있습니다. 느낌 같은 마음 키우기는 죽을 때까지 포기하지 말아야 할 것입니다.

> 변화의 2단계

내 마음에 눈뜨고
남의 마음 알아보기

"내 마음 나도 몰라!"

어쩐지 유행가 가사 같다.
누구나 쉽게 부르고,
누구나 이해하고 공감하는 노래라 유행가라 할 것이다.
그런데 실은 상담받으러 온 이들이 하는 말이다.

마음을 모르면서도 어찌해보려 하지 않으면
"그런대로 한 세상 지내시구려" 하는 것으로 보여 속상하다.
우리 자신의 마음을 모르고도
살아갈 수 있다고 여기는 것 같아 그냥 넘길 수 없다.

누구에게나 분명 마음이 있다.
이렇게 모르고도 무심하게 지나면

마음에 상처 입고도

꼭 짚어 뭐라 시원히 알아 표현할 길이 없다.

정리해 입력할 것 없으니

말할 것도, 기억할 것도 없다.

내 마음 모르면

다른 사람 마음도 모르고

"세월만 가라시구려" 하며 세월을 흘려보낸다.

그렇게 하루를 보내고, 한 계절을 지내고, 한 해를 접는다.

그렇게 강산이 몇 차례 바뀌고,

연륜이 쌓여간다.

내가 살아보니

일흔일곱 해도 훌쩍 넘어간다.

그 기인 시간에 숨 쉬고 심장이 뛰며 살았는데

마음의 흔적을 찾아내지 못한다.

매 순간의 마음을 기억해내지 못하면

마지막 숨을 거둘 때 무엇을 기억하고 정리할 수 있을까.

남겨놓은 유산이 재물만이라면

있다가 없어질 것, 먼지 같은 것일 뿐이다.

가지고 갈 것은 빈손이다.
'여기' 있는 '이제'의 자기 마음을 정신 차리고 보며,
그 마음으로 이웃의 '여기' '이제'의 삶을
그냥 넘기지 말아야겠다.
가족도 이웃이다.

그런데 여러 가지 이유로 해서
니들이 자기 마음을 모르고 살아왔다.
누구에게나 과거가 있다.
지난날 살아온 자취가
'이제'의 니의 마음을 주름잡는다.

그래서 상담실에서는
지난날 삶에 얽힌 기억을 되짚어본다.
그리고 니의 이제와 연관된 지난날 사연을 찾아
'이제'의 마음을 찾는다.
그러면서 자기 마음을 볼 시력을 회복한다.

마음이 살아야

온통 자신을 충분히 만끽할 수 있게 된다.

사랑하는 사람들, 마음 켕기는 이웃들의 마음도

알아보는 눈을 뜨게 된다.

소경을 눈뜨게 하신 분이

"네 믿음이 너를 눈뜨게 했다"고 하셨다.

우리 멀쩡한 몸의 눈은 뜨고도

마음의 눈은 장님이었던 것 아닐까?

문제를 알면 풀이의 반을 이룬 것.

"아하!" 하는 깨달음과 바뀐 내 모습을 보는

기분 좋은 경험이 차츰차츰 온다.

끈질김과 사랑으로 튼튼해진 삶을 기다리자.

함께 사는 마음으로 혼자 서보자.

3장

삶을 바꾸는
훈련

가장 먼저,
나는 나를 믿는다

    마음의 발달과 성장에 가장 밑바탕을 이루고 있는 것은 자신과 이웃에 대한 믿음, 기초 신뢰감입니다. 아기가 태어나 만나는 첫 이웃은 자기를 보살피는 어머니 역할을 해준 사람입니다. 그 사람이 아이를 어떻게 대했는가에 따라 아이가 자라며 자기 스스로를 어떻게 여기는가를 결정하는 자기 개념이 생기고, 다른 사람을 대할 때 필요한 마음 틀을 만들게 됩니다.

    아이를 잘 대하는 '좋은 엄마'가 아이의 마음 밭에 자신을 '좋은 나'라고 보는 생각의 씨를 심어주게 됩니다. '나쁜 엄마'가 '나쁜 나'를, 그리고 '무관심 엄마'가 '무관심 나'를 아이 마음에 싹트게 합니다.

'좋은 나'라는 마음의 틀로 살면 다른 사람에게 자기를 떳떳하게 보여줄 수 있고 다른 사람도 비비 꼬지 않고 볼 수 있어서 순조롭게 살아갑니다. '나쁜 나'의 틀로 살 때는 자기를 솔직하게 보여줄 수 없습니다. 다른 사람을 쉽게 칭찬할 수 없고 깎아내려야 속이 풀리기도 하고, 다른 사람이 자기를 좋게 봐줘도 "괜히 그런 것 아닐까?" 하며 믿지 않게 됩니다. 그러니 얼마나 불행해지겠습니까.

자신을 무시하고 스스로 자기를 낮추어 보는 니들이 많습니다. 우리 가정에서 니들을 제한하며 키우고 다른 사람의 눈에 비치는 것에 연연하여 살게 했기 때문입니다. 그건 겸손이 아닙니다.

있는 그대로의 아이를 인정하지 않는 어머니 밑에서 자라면 항상 어머니에게 인정받기 위해 자기를 바꾸고 어머니를 위해 뭔가를 해야 한다고 여기는 강박감에 시달리게 됩니다. 자신이 하고 싶은 것은 억제하여 무의식에 숨겨두어 그 정체를 자기도 모르는 겁니다. "내 마음 나도 몰라"가 유행가 노랫말 같지만 풀기 어려운 우리의 현실입니다.

보이지 않는 마음의 세계를 알아주지 않는 어머니의 품과 틈새에서 아이가 자라고, 어른이 되고, 시집가서 엄마가 된다고 생각해봅시다. 자신과 이웃에 대한 기초 신뢰감이나 보이지 않는 믿음 이야기를 하면 감을 잡지 못합니다. 그러니 눈에 보이는 '나무의 단단한 둥치와 뿌리'를 떠올립시다. 땅 밑에 자리하여 보이지 않는 것, 그러나 믿음직한 실체인 뿌리를 떠올립시다. 그렇다고 보이는 것만으로 사는 것이 아님도 알기는 합니다.

이 내담자는 손에 잡히는 것으로 모든 보이는 것의 답을 찾아온 어머니의 맏딸로 태어났습니다. 어머니와 다른 특징을 지니고 태어난 딸은 있는 그대로 인정받고 사랑받지 못했다고 느낍니다. 분명 어머니야 딸을 극진히 사랑하셨을 것입니다. 그리고 모든 다른 어머니들이 그렇듯 어머니가 아이의 생존을 쥐고 있는 (거의) 절대자이므로 아이는 언제나 어머니의 요구에 꼭 맞는 딸이 되려 합니다. 그렇게 어머니를 향한 사랑을 보이려고 아이는 안간힘을 다 쓰며 삽니다. 어머니의 어조에 가슴이 조마조마하기도 하고 어머니의 웃음소리에 안도의 숨을 내쉬기도 합니다.

내담자의 어머니는 다른 사람에게는 딸 자랑을 하고, 돌아서서는 다른 얼굴로 엄하게 주의를 주는 분이셨습니다. 남들 앞에 보이는 자기와 가정 안의 자기 얼굴이 다릅니다. 그러니 아이가 다른 사람 앞에서 당당하게 자기 모습을 보일 수 있겠습니까? 자기 스스로를 인정할 수 있었겠습니까? 그래서 "자신을 믿는 것"에 도통 "느낌도 없고"라고 한숨 쉽니다.

어디 그 니뿐이겠습니까? 오빠 없이 셋째, 혹은 넷째, 여섯째 딸로 태어난 우리 니들은 처음부터 인정받고 사랑받는 것이 아주 불가능했습니다. 요즘 외동딸로 태어났어도 별로 다를 바 없습니다. 그러면 옆집 아이와 비교되었을 테니까요. 그러니 스스로 소중함을 느끼지 못하는 겁니다. 무엇을 잘해서만 가치 있는 존재가 아닙니다. 얼굴이 예뻐야만 인정받는 것이 아닙니다. 날씬해서 그런 것도 아닙니다. 있는 그대로 인정받고, 스스로를 인정하는 것, 그래서 샘내지 않고 다른 사람도 바라보고 사랑할 수 있는 마음이 필요합니다.

그 니는 "쉽게 살고 싶었으니…"라 했지만 방도가 보이지 않았을 뿐입니다. 결코 쉽게 살아온 사람이 아니고 눈물겨운 노력을 해왔습니다. 그러다가 "마취 한 번 하고 한잠 자고 나면 믿음이 생길까요?" 합니다. 그러나 믿음은 뜬눈으로, 열린 귀로, 따뜻한 품으로 진짜로 체험해야 생깁니다. 우리 니들이 서로 알아주고 사랑을 나누는 체험의 역사가 있어야 합니다.

상담은 그중 한 시도일 뿐입니다. 어떤 일이 있었더라도 상담이 필요한 사람의 과거를, 그의 경험을 인정합니다. 잘잘못을 가리려 하고 판결하려 하기보다는 "너는 그럴 수밖에 없었어" 하고 인정합니다. 이 세상에 태어나 처음으로 인정받아보는 감동을 아십니까? 비염에 걸린 사람이 어느 순간에 막힌 코가 확 뚫리는 것 같은 느낌을 아십니까? 얼굴에 활짝 혈색이 도는 것을 본 적이 있습니까?

기초 신뢰감이 없는 사람은 잘못된 일은 모두 자기 탓이고 자기 책임이라고 여기는 틀린 틀을 가지고 있습니다. 자기 이야기를 누가 한다면 흉보는 것일까 걱정합니다. 남들에게 그런 자기를 보여주면 안 된다고 생각합니다. 다른 사람들에게 늘 저울질당한다고 느꼈을 것이기에 진정한 사랑을 전달받지 못해 재판하는 사람들 앞에서 결백함을 보여야 했을 것입니다. 그러니 사랑하는 어머니와 동생들, 그리고 자기와 만나는 모든 사람을 기쁘게 해줄 책임을 느낍니다. 엉뚱하게도 자기 자신은 언제나 괄호 바깥에 두고 말입니다.

또한 기초 신뢰감이 없는 사람은 모든 이에게 사랑받고 칭찬받기를 원합니다. 얼마나 비현실적이고 터무니없는 것인지 본인도 머리로는 모를 리 없습니다. 모든 사람에게 사랑받을 필요가 없는 자유를 아직 못 느끼는 것일 뿐입니다. 그리고 자기 속으로 숨어듭니다. 우울의 시작입니다.

문제의 인식은 풀이의 시작입니다. 그리고 시작은 반을 이룬 것입니다. 차츰 앞으로 마음에 "아하!" 하는 깨달음의 빛과 소리 그리고 바뀜의 경험과 느낌이 담길 것입니다. 천천히 올 것입니다. 오래된 문제를 풀어가는 데는 시간이 그만치 걸리기 때문입니다. 그래도 우리 니들은 포기를 모르는 끈질김과 사랑을 지니고 있으니까 튼튼해진 삶을 기다려주십시오. 아픈 마음을 안고 벙어리 냉가슴 앓듯 하는 현상 유지를 거부하면서….

경쟁보다
소중한 나로 사는 길

    심리학 교실에서 그 니를 처음 만났을 때는 차갑고 단단한 대리석 조각이었습니다. 웃는 표정을 찾아보기 힘들었습니다. "하나님이 당신도 사랑하신다"며 등을 쓰다듬었는데 완전히 딱딱해서 살아 있는 몸 같지 않았습니다.

    그 니는 앞에 놓인 책상을 끊임없이 치우고 정리하고 있었습니다. 책 읽고 자기 이야기를 써 오기로 되어 있는 그 니의 과제물을 보니, 정확한 요약이었습니다. 아무런 느낌이 없는 글이었습니다.

    "자기 느낌으로 자기 삶을 써보라" 했습니다. 이러기를 몇 차례 했는지 모릅니다. 그렇게 몇 해 지난 후 외국에 사는 모람이 오랜만에 방문

했을 때 그 니의 얼굴을 알아보지 못했습니다. 아주 달라져 있었기 때문입니다. 밝고 따스한 미소가 얼굴을 떠나지 않고, 다른 사람들의 마음을 정확하게 읽어내고 소통하게 되었습니다. 대리석 조각에서 벗어나 따뜻한 피가 흐르는, 혈색이 도는 사람이 되었으니 알아보기 힘든 것은 당연한 일이었습니다.

무엇이 그 니를 대리석 조각으로 보이도록 했을까요? 그 니는 아이를 극진히 사랑하는 젊은 부모님의 맏이로 태어났습니다. 1, 2년 간격으로 두 여동생을 보았습니다.

부모님은 세 딸을 아주 사랑하셨습니다. 그런데 그 사랑의 강조점이 공부 잘해서 일류 대학에 가고 좋은 집에 시집가는 길밖에 없었고, 다른 길은 전혀 허용되지 않았습니다. 왜냐하면 어머니가 대학을 가지 못했고, 동서들과 비교하여 처진다고 스스로 느끼고 있었기 때문입니다. 그래서 공부 잘하는 사촌 언니와 비교하는 어머니 말을 그 니는 늘 들어야 했습니다. "당당하지 못한 부모님 아래서 당당하게 자랄 수 없어 마음을 펴지 못하고 웅크리고 살 수 밖에 없었던 것"이라고 그 니는 지난날을 되돌아봅니다.

자기가 아닌 다른 사람과 늘 비교당하는 것은 결코 기분 좋은 일이 아닙니다. 그렇게 비교하는 사람이 자기가 좋아하는 어머니일 때는 그 결과가 더 무겁습니다. 아이에게 어머니는 자신의 생존을 좌지우지하는 전능자에 가깝기 때문입니다.

그 니는 맏이라 쳐다보고 안심할 수 있는 언니나 오빠도 없었습니다. 사촌들도 온전히 믿고 따를 수 없었습니다. 왜냐하면 어머니의 경쟁 대상이 큰어머니셨고 그 아이들인 사촌들은 자기와 대결 구도에 놓여 있었기 때문입니다. 어머니의 말을 그대로 따르는 도리밖에 없었습니다. 그래서 어머니의 지시에 따라 자기 방에 들어가 공부하고, 이미 파악하고 있었던 어머니 취향과 목표에 맞게 행동해야 했습니다.

동생들이 부모님과 옆방에서 재미있게 떠들며 노는 소리를 들으면서도 자기 방문을 열고 나가 함께 어울릴 수 없었습니다. 어머니의 가치관을 그대로 채택해서 공부 못하는 아이들은 "찌질이"라고 자기도 무시했습니다. 자기는 그런 찌질이가 되어서는 안 된다는 압박을 이겨내기가 너무나 힘들었다고 합니다.

어머니는 부지런히 아이들을 잘 해 먹이고, 잘 해 입히고, 잘 데리고 다니면서 사진도 찍어주었습니다. 그러나 사진 속 그 니는 웃는 얼굴이 아닙니다. 동생들이 말썽부려 어머니를 애쓰시게 해서는 안 된다는 책임감까지 가져 그 작은 어깨에 늘 무거운 짐이 올려져 있었습니다.

어머니를 먼저 생각하다 보니 졸라서 뭘 해달라는 아이다운 소리도 해보지 못했습니다. 동생들은 원하는 것을 사달라고도 하고 먹고 싶은 것을 해달라고도 하는데 자기는 그럴 수 없었습니다. 해달라 조르는 것이 전혀 없으니 어머니가 미리 알아서 해주셨는데 그런 것에 동생은 샘을 내기까지 했습니다.

맏이인 니는 어머니의 시선을 놓지 못하고 긴장 속에서 자랐습니다. 어머니가 탐정 같았다고 생각했으니까요. 그 니는 "엄마 앞에서 나는 가장 바보 같고, 가장 부끄럽고, 가장 거짓말쟁이고, 가장 형편없는 사람이 되었다"고 합니다. 가장 사랑하는 어머니를 가장 푸근하고 가깝게 느낄 수 없는 니는 너무 힘들어 "죽고 싶었다"고 합니다.

'소아 우울증'이 따로 있는 것이 아닙니다. 그 니는 "엄마가 일평생 나를 맘에 들어 하지 않을 것이라는 비관은 어려서부터 지금까지 나를 몹시 슬프게 한다"고 합니다. "있는 그대로의 사랑' 같은 것은 도덕책에나 나오는 말이었다"고, "나에게는 꿈 같은 이야기였다"고 합니다.

어머니가 만족할 만한 성적표를 딸이 가져오지 못하게 되면서 어머니는 막말을 하기 시작했습니다. 그 니는 "엄마가 입만 열면 심장이 뛰고 몸이 뻣뻣해졌다"고 합니다. 이 세상 누구에게도 그런 모욕을 당해 본 적이 없었다고 할 정도로 어머니에게 모욕당했다고 느꼈습니다.

왜 그 니가 그렇게 등이 굳어 있었는지, 표정이 없었는지 이해가 갑니다. 어머니가 퍼부은 말들 그대로 자신을 보아왔으니 얼마나 괴로웠을까요. "욕을 먹어도 싸고, 쓰레기 같고, 머리가 어떻게 된" 여자라고 스스로를 생각하고 서른 살이 되도록 살아온 것입니다.

"자신이 소중한 줄 모르고 살았다"고 이제야 말합니다. "함부로 취급당하며 살았으니 나 스스로 나 귀한 것 모르고 자랐다"고 이제는 말하지만, 그동안 자신의 소중함을 정말로 까맣게 모르고 살아온 것입니다. 그 결과 다른 사람들의 느낌도 도통 느낄 수 없었습니다. 그러니 제대로 사람을 사랑할 수도 없었습니다.

꿈마다 어머니가 나타나면 구질구질한 분위기에서 내가 부끄러운 짓을 하다가 들킨 것처럼 곤란한 경우였는데, 이제 자기 이야기를 풀어내면서 다른 꿈을 꾸게 되었다고 합니다. 예전 꿈에서는 어머니에게 혼나면서 아무 소리도 아무 행동도 하지 못했는데 이제는 꿈에서 불편한 자리를 뜨기도 하고, 남편이 된 남자 친구와 집 바깥에 나가서 춤을 추는 꿈을 꾸기도 했다고 합니다. 그리고 중요한 것은 꿈속에서 엄마의 대사가 한 마디도 없었다는 것입니다. 그 니는 엄마를 벗어나려 발버둥치는 자기에게 값진 꿈이라고 했습니다.

경쟁만을 삶의 방식이라고 여기는 어머니 밑에서 자란 니가 얼마나 건강하고 풍성하게 삶을 살기 힘들었는지 잘 보여줍니다. 그 니는 상담소에서 그 문제를 해결해가면서 자신을 찾고 다른 사람과 사랑을 주고받으며 제대로 살아가게 된 다행스러운 경우입니다. 그러나 그렇지 못한 많은 아이들, 젊은이들, 그리고 어른들이 한 번밖에 살지 못하는 소중한 삶을 끊임없이 망가뜨리고 있다는 것을 잊지 말아야 합니다. 부모의 생각만으로 아이를 억지로 만들어가려 해서는 안 됩니다.

우리 사회에서는 모두들 학교 공부가 아주 중요하다고 여깁니다. 아니, 그것밖에 중요한 것이 없다고 여기는 듯합니다. 그래서 모두 공부로만 경쟁을 합니다. 그런데 모든 아이들이 주입식 우리 교육에서 요구하는 기능을 다 잘할 수 없습니다. 아이마다 특징과 소질이 다르고, 그 다른 것이 모두 존중받아야 마땅합니다.

어른들은 아이들이 한 길에서 경쟁하게 하지 말고, 각기 다른 길을 잘 가도록 도와야 합니다. 서로 다른 아이들이 서로 다른 것을 인정하고, 존중하고, 사랑하며, 함께 자라도록 도와야 합니다. 이것이야말로 가장 자연스러운 삶의 방식이라서 그렇게 자라면 아이들이 '소아 우울증'에 걸릴 리 없습니다. 기쁘고 활기차게 자랄 것이기 때문입니다.

상담소에서 만난 그 니는 이제 가족과 이웃을 사랑하며, 반짝이는 자기 재능을 살려서 일하고 봉사하면서 재미있게 잘 살고 있습니다.

남편은 도와주는 사람이 아니라 함께 사는 사람

　나는 5남매 막내로 세상에 왔습니다. 콧수염을 기르셨던 중년의 아버지가 깔끄러운 턱수염을 내 얼굴에 비비대며 귀여워 못 견디겠다는 눈빛으로 보셨던 기억이 생생합니다. 스물한 살 위 오빠부터, 오빠 셋과 언니 한 분 있어, 우리 집에는 남자가 많았습니다. 내가 유치원 다닐 때 결혼한 오빠는 여자 조카 하나에 남자 조카 셋을 두어 남자 인구를 늘려주었습니다. 나도 한 남자와 결혼하여 아들만 둘을 두었으니 내 삶 가까이에는 늘 남자들이 더 많았습니다.

　아버지와 오빠들의 사랑을 받으며 남자를 별나게 이상한 존재로 여기지 않으면서 자란 나는 대학 시절 가정관리 과목에서 "남자는 믿을 수 없으니 조심해야 한다"는 말을 처음 듣게 되었습니다. "남자는 도둑"이라는 경고를 들으면서 "정말 그럴까?" 실감 나지 않았습니다. 내 이야기에 귀 기울여 들어주는 남편의 말이 흥미로워 서로 생각을 나누는 데, 처음부터 통역이 따로 필요 없었습니다. 만난 것이 벌써 반세기를 넘겼는데 우리 부부는 아직 서로 할 말이 끊이지 않습니다.

이렇게 말하면 내가 특별히 운이 좋았다고들 합니다. 남편을 운 좋게 잘 만났고, 착하게 자기 삶을 사는 아들을 두었다는 것만으로 운 좋다고 하는 것이 아닙니다. 공평한 마음을 지니셨던 아버지와 어머니를 넘어서, 그분들의 선대에서부터 남녀가 서로 존중하는 자세를 지닌 가정에 태어난 것이 행운이라 할 수 있습니다.

그건 남편의 가족도 마찬가지여서 할아버지께서 할머니를 극진히 사랑하셨고, 딸과 손녀를 무릎에서 내려놓지 않는 분이셨습니다. 시아버님은 연탄을 도맡아 가셨고, 딸 넷의 이야기를 허술하게 들어 넘기는 분이 아니셨습니다. 의견이 다른 우리 부부의 이야기를 곁에서 들으시다가 아버님께서 "은희 말이 맞는 것 같다"고 하신 것을 기억합니다.

양쪽 가정 다 매일 가족들이 모여 이야기 나누는 것이 큰 즐거움이었으니, 이제까지 나는 늘 가까이 있는 남자들과 서로 존중하고 존중받으며 살아왔던 것입니다. 정말 나는 행운아입니다.

남자와 존중하고 존중받으며 사는 운 좋은 니들이 많아지기 위해서는 어찌해야 할까요? 이것이 나의 과제입니다.

이제까지 아버지와 삼촌, 오빠들에게 무시당하고 아픔을 겪으면서 살아온 니들에게서 "당해본 적도 없는 당신이 어떻게 알아!" 하는 이를 악문 외침과 신음을 나는 자주 듣습니다. 그 니들이 아픔의 굴레에서 벗어나야 한다는 간절한 나의 소망이 그들에게 전달되게 하려고 애쓸 뿐입니다.

아픔의 역사 때문에 굳게 닫힌 마음을 열어 아무에게도 인정받지 못해 억눌린 느낌을 알게 되고, 마음껏 드러내어 마음의 꽃을 활짝 피울 수 있기를 바랍니다. 마음의 숨통을 터서 본인뿐 아니라 다음 세대, 그리고 그다음 세대의 니들이 존중받으며 사는 역사의 수레바퀴를 굴리기 시작하는 '시조'가 되기 바랍니다. 할아버지 세대로 거슬러 올라가 과거의 역사를 바꾸지는 못해도 오늘의 니부터 건강한 새 역사를 만들어가려 하는 의지를 가지기 바랍니다.

그렇게 니 자신의 마음을 알고 제대로 표현하기 시작하면 마음의 이야기를 들어줄 남자들의 마음 열린 귀가 그제야 눈에 들어옵니다. 이제까지는 아예 표현할 생각을 하지 않고 알아주지 않는다고만 여겼으니 볼 수 없었던, '들어줄 귀'가 있다는 것을 알게 됩니다. 새삼스레 남자는 도둑이라 여겨서 말하지 못했던 속내를 표현할 수 있고, 서로 이해하고 이해받는 새로운 관계를 즐길 수 있게 됩니다.

그런데 문제는 '왜 처음부터 자기 마음을 표현하지 못하게 되었을까' 하는 것입니다. 니의 권리를 찾고 싶어 하는 여권론자들이 흔히 이유로 내세우는 '가부장제'가 문제의 바탕이라고 간단하게 말하기도 합니다. 그렇게 간단하게 사회제도의 문제로 진단해서는 니 각자 뼛속 깊이 있는 마음의 문제가 풀리지 않습니다. 많은 경우 니들의 어머니들이 더 힘을 발휘하며 딸을 제재하면서 길러온 것이 속속들이 심각한 증상을 만듭니다. 어머니와 아버지 가림 없이, 니를 보는 눈이 바뀌어야 할 뿐입니다.

사람은 각기 다른 몸을 지니고 살 뿐 아니라 갖추어진 속 사람도 서로 다르다는 것을 큰 전제로 삼아야 합니다. 서로 다른 남녀가 만나 부부가 되었다는 것을 철저하게 깨닫는 데서 출발해야 합니다. "너는 왜 나같이 생각하지 않고 나와 다르게 행동하는가?" 하고 불만을 갖기 시작하는 데서 문제가 생깁니다. 서로 다른 사람이라는 것을 모르기 때문에 생기는 문제입니다.

그러면 힘 있는 사람이 약한 사람에게 자기의 기준으로 무리하게 요구하게 됩니다. 갈등이 무서워 약한 사람이 참고 강한 사람에게 맞추어 살려 합니다. 약한 사람은 자신의 다른 마음을 강한 사람에게 표현하지 못하고 숨기게 됩니다. 약자의 다른 마음을 알 기회를 잃게 된 강자는 영영 다른 사람의 마음을 모르는, 눈멀고 귀먹은 무지한 사람의 처지에 빠지게 됩니다. 사랑한다고 하면서도 서로 자기 식으로 생각해 오해하여 서로에게 불공평한 처사를 저지르고 있는 셈입니다.

부부의 관계에서 매사 한 편이 더 강하고 다른 편이 약하기만 한 것이 아닙니다. 바깥에서 돈 벌어 오는 면에서는 보통 남자가 더 힘이 있습니다. (아직도 여성의 벌이가 남성보다 큰 차이로 처져 있는 우리나라 사정도 있고, 아이를 많이 낳으라고 하면서도 양육과 교육의 문제를 여성들이 도맡아야 하는 처지이니 '울며 겨자 먹기 식'으로 받아들일 수밖에 없습니다.) 그러나 집안의 일처리에서는 여성이 단연 힘을 많이 갖고 있습니다. 어깨가 축 처진 기러기 아버지는 우리네 삶의 한 보기일 뿐입니다. 보통 가정에서 남편들이 아내에게 모두 맡기고 집안일에 아예 신경을 끄고 삽니다. 그러다가 아이들 교육 문제 같은 집안 문제가 불거지면 "당신 마음대로 해왔지 않았나?" 하며 무기력하게 손을 털고 맙니다.

서로 다른 것을 존중하는 마음으로 인정하고, 그 다른 특성을 살려 다른 방식으로 기여하고 협력하며 함께 살아가는 니와 남자가 되려면, 먼저 꽤나 마음이 성숙해야 할 터입니다. '영원히 철들지 않는 남자늘이 결혼을 후회한다'는 투의 책 제목은 요즘 우리네 가정 습속을 암담하게 보여줍니다.

그렇다고 니들의 성숙에 문제가 없다는 말이 아닙니다. 남자(아들)를 그렇게 길러낸 어머'니'가 아들에게 어떤 니였을까요? 영영 철들지 않고 살아도 된다는 듯이 온갖 것을 대신해주지 않았던가요? 어머'니'도 살림만 하는 도구로 존재하는 것이 아니라 한 사람의 니로 느낌, 생각, 판단을 가지고 산다는 것을 아들과 나누며 지냈던가요? 어려서부터 아들의 느낌, 생각, 판단을 눈여겨보고 귀 기울이며 사랑으로 소통하고 있었던가요?

　서로 다른 것을 인정하고 용납하고 사랑하며 그 다름을 즐기고 감사하면서 살아가면 서로 숨죽이지 않아도 되는, 함께 살고 또 서로 살리는 살림이 됩니다. 그렇게 할 때 오늘의 니들이 운 좋은 니들이 될 것이고 다음 세대의 니들도 그리 될 것입니다. 니들과 사는 오늘의 남자들과 다음 세대의 남자들도 덩달아 허무하지 않은, 좋은 운을 차지할 것입니다. 한 번 사는 삶, '니'도 '니와 함께 사는 남자'도 서로에게 도구나 소비물이 되는 게 아니라 참사람으로 건강하게 자라고 제대로 성숙해서 참으로 성실하게 함께 살아야 할 뿐입니다.

혼자 잘 사는 여자,
혼자 잘 서는 여자

'당당하게 사는 남성'이라는 말은 오랜 역사를 통해 수없이 많이 들어서 귀에 익은 말입니다.

오래전 대학에서 가르칠 때 "남성과 여성이 서로 아끼고 존경하며 사는 것이 좋다" 했더니 한 남학생이 손을 번쩍 들고 불쑥 했던 말, 30년이 넘었는데도 강의실 오른쪽 저 뒷자리에 앉았던 그 학생이 한 말이 뚜렷이 기억납니다. "여자가 남자를 존경한다는 말은 괜찮은데 남자가 여자를 존경한다는 말은 어색합니다." 그 학생은 이제는 50대 중년이 되었을 테고 어떻게 살고 있는지 알 길 없지만 아내 된 여성은 어떤 대접을 받으며 살고 있는지, 딸이나 며느리를 어떻게 대하는지 궁금합니다.

　이렇게 생각하는 남성이 많은 사회에서 살아야 하는 여성들은 스스로 어떻게 생각하며 살고 있을까요? 여성들도 이런 남성들과 별 차이 없이 남성들에게 존경받지 못할 존재로 스스로를 보고 있지 않은지 궁금합니다. 남아 선호 사상이 아직도 말끔히 사라진 것은 아니지만 그래도 남녀가 평등해야 한다는 이념은 대체로 받아들여지고 있습니다. 적어도 겉으로 보이는 제도로는 성차별을 하지 못하게 되어 있습니다. 교육받을 기회가 열려 있고, 어떤 직업도 여자라고 금지되어 있는 것은 없습니다. 그럼에도 여성들이 당당하게 독자적으로 살고 있는지 의심할 수밖에 없는 경우를 심심찮게 보게 됩니다.

　가정과 사회에서 여성을 어떻게 대하며 여성에게 기대하는 역할이 어떤 것인가에 따라 여성이 살아가는 태도에 많은 영향을 미칩니다. 남성들도 여성들에게 그렇게 기대합니다. 집 바깥에서도 집안에서 해 온 역할을 옮겨놓았을 뿐이지, 다를 바 없는 태도를 가지고 있음을 보게 됩니다. 직장에서 여성이 차심부름하기를 기대한다거나, 전화받거나 잔심부름하기를 은근히 눈치 주는 경우들이 있습니다.

　여성들을 거북하게 하는 농담을 하는 것이 성희롱으로 제재받기 시작한 것도 얼마 되지 않은 일입니다. 아직도 사회 지도층 인사들 가운데 적절하지 못한 말과 행동으로 물의를 일으키는 경우가 꽤 자주 일어나고 있다는 것은 우리 사회가 여전히 여성에 대해 고정 개념을 가지고 있음을 보여줍니다.

　이런 문제점에 대한 여성들의 대응은 여성들 스스로 어떤 가치가 있는 존재로 자신을 보고 있는가에 따라 달라집니다. 남자같이 되어 남자와 똑같이 성취해 활동하는 것을 남녀평등이라고 여기는 경우가 그 하나입니다.

　학교 다닐 때 옆자리에 앉았던 남자아이보다 더 똑똑했고, 공부도 더 잘했고, 선생님의 칭찬도 더 많이 받으며 컸습니다. 사회에 나와서 어떤 직업에서나 남성들과 어깨를 겨루어 경쟁하며 성취할 수 있습니다. 그러나 결혼하고 아이 낳아 기르는 일에 이르면 남성과 똑같이 할 수 없게 됩니다. 남성같이 사는 것을 기준으로 삼는 한 혼자 사는 것이 편리하다고 여기게 됩니다.

　옛날과 달리 요즘은 아들들보다 딸들이 결혼을 더 미루고 있어 어머니들이 걱정합니다. 자기 일이 있어 혼자 살기 좋지만, 결혼하고 아이 가졌을 때 이야기가 달라지는 것을 알기 때문입니다. 사회가 적절한 대책을 세우지 않는 한 출산율 낮은 것으로 우리가 세계에서 유명해질 수밖에 없습니다.

　돈벌이와 사회에서 얻은 지위가 사람들의 행복을 재는 중요한 척도라고 여기는 요즘, 그 목표를 향해 곁눈질하지도 않고 달리는 여성들이 많아지는 것을 막을 수 없습니다. 성취하는 데 남녀의 구분이 있을 수 없음에 이의를 달 생각이 없습니다. 새로 된 여자 판검사 수가 반을 넘긴 것은 아주 자연스러운 일입니다.

그러나 바깥으로 보이는 성취가 삶의 전부일까요? 남녀평등을 달리 해석하고 사는 여성들은 자기의 여성됨을 어떤 눈으로 보는 것일까요? 그들은 평등하되 남성과 여성이 다르다는 것을 인정하고 존중하는 자세를 가집니다. 그들도 공부를 남자 짝보다 더 잘했을 수 있습니다. 여성이 남성보다 더 좋은 의사가 되고 법관도 될 수 있습니다.

하지만 성취만이 삶의 전부가 아니라는 것을 여성들은 압니다. 아이 낳고 젖 먹여 기르는 여성의 특별한 역할, 그리고 여성의 다른 특성을 스스로 귀하게 여기고 존중받으려 합니다. 바깥 활동만이 가치 있다고 여긴다면 손해라고 여길 출산과 양육을 귀하게 여깁니다. 엄마가 될 수 있다는 것, 여성으로 태어났다는 것을 감사하고 자랑스럽게 여깁니다. 이런 여성들은 돈과 지위와 결부된 바깥 활동만 하는 여성들 앞에서 주눅 들지 않습니다. 아니, 다른 활동을 합니다. 다른 사람을 보살피는 가치가 다른 활동을 합니다.

이런 생각을 가진 전업주부도 있고, 바깥일을 하는 여성도 있습니다. 이렇게 여성으로 자신의 정체성이 분명하면 자기 삶의 방식을 스스로 선택합니다. 다른 사람이 사는 대로 아무 생각 없이 따라 하지 않습니다. 세상 풍조를 아무 생각 없이 따르지 않습니다.

여성으로 사는 자기 삶의 방식을 스스로 선택하는 사람은 동반자를 존중하고 그와 협력하며 살 줄 압니다. 우선 서로 존중할 만큼 성숙하고 마음이 건강한 동반자를 선택할 것입니다. 적합한 동반자를 만나기까지 급하게 아무나와 얽히려 하지 않습니다. 성숙한 사람을 볼 줄 아는 안목도 길러야 하고 그런 사람을 만나 사랑하기까지 혼자 사는 것을 마다하지 않고 참을성 있게 기다릴 것입니다. 브리짓 존스가 영화에서 이야기했듯이 단호하게 "그걸로는 내게 충분치 않아" 할 수 있게 됩니다. 혼자 잘 사는 여성은 혼자 잘 서는 여성이라는 말이 됩니다.

남들과 협력하며 평화롭게 사는 것은 호락호락 손쉬운 일이 아닙니다. 저절로 되는 것이 아닙니다. 다른 사람과 어울려 사는 데는 언제나 문제가 있기 마련입니다. 서로 다른 배경에서 자라고 성격도 서로 다르니 느낌과 생각이 당연히 다를 수밖에 없습니다. (무인도에서 혼자 사는 사람은 여기서 빼놓기로 합시다.) 혼자 살거나 같이 살거나, 누구나 다른 사람과 어울려 살기 마련입니다. 남들과 어울려 평생을 잘 살기 위해서 우선으로 필요한 것이 바로 스스로 혼자 설 줄 아는 독자성입니다.

누구나 혼자 서고 자기 두 발로 달린다고 생각합니다. 그러나 겉보기와 달리 마음으로 혼자 설 수 있는 사람이 많지 않습니다. 혼자 설 줄 모르는 사람은 지팡이가 있어야 하듯 마음으로 다른 사람을 지팡이 삼아 기대려 합니다. 이런 사람은 다른 사람의 눈치를 보고, 평판에 예민해집니다. (이 마음의) 지팡이에 의존해야 하니 말입니다. 그러니 자기답게 스스로 판단하고 문제를 해결할 능력이 없을 수밖에 없습니다.

(마음의) 지팡이 없이는 설 수도 걸을 수도 없으니 말입니다.

특별한 몸 상태 때문에 지팡이가 필요한 사람에게 지팡이는 필수 도구입니다. 그러나 마음의 지팡이는 다른 사람을 도구로 삼는 것이고, 자기를 혼자 세우지 않으려는 의지의 문제라서 꼭 고쳐야 할 일입니다.

가끔 연예인들끼리 요란스레 결혼했다가 며칠도 되지 않아 싸움 나고 소송하는 모양새가 뉴스를 떠들썩하게 합니다. 예쁜 드레스를 입고 멋진 턱시도를 입은 새댁과 신랑이 "앞으로 예쁘게 살겠습니다" 한 것이 엊그젠데, 코가 부러지고 아기를 잃었다고 누워 있는 새댁이나 모자를 푹 눌러쓰고 얼굴도 들지 못하는 신랑이 딱합니다.

혼자 설 줄 아는 사람들이었다면 그렇게 자신들의 사랑에 먹칠하지는 않았을 것입니다. "자기들끼리" 두었다면 문제를 이렇게 부풀리지 않았을 거라 중얼대는 신랑이 텔레비전 화면에서 울먹입니다. 친구들이 더 비싼 집에 산다는 것이 문제가 안 되고, 부모들의 개입이 문제 해결을 돕는 것이 아니라는 것을 먼저 알았다면 좋았을 것을!

이들이 남들에게서 떨어져 혼자 설 줄 모르는 미숙한 사람들이었다는 것을 보여줍니다. 자기가 선택한 사람을 존중했다면, 그리고 그 사람도 남들의 판단에 의존하지 않고 자기를 동반자로 선택했다는 것을 믿었다면 문제를 서로 그렇게 풀지 않았을 것입니다. 연예인만 그런 건 아니지요. 그들이 눈에 더 띄는 것일 뿐입니다.

독자성을 흔히 고집이나 이기성이라고 생각하고 걱정하는 사람들을 만납니다. 특히 여성의 독자성을 마음건강의 한 지표라고 이야기하면 남성들이 아주 불편해합니다. "자기주장이 세지 않을까? 그래서 불편해지지 않을까? 자기 생각만 하지 않을까?" 우려를 표시합니다. 자기 의견일랑 전혀 없는 여성과 살면 자기 마음대로 할 수 있어서 편할 거라고 생각하기 때문입니다. 동반자는 노예가 아니라 자기와 대등한 존재여야 합니다. 필요할 때 조언도 듣고, 자기의 잘못을 고침받기도 하고, 지혜로운 동반자로 위로를 주고받기도 할 것입니다.

스스로 서는 여성, 독자성을 가진 사람은 다른 사람의 독자성을 인정하고 살려주려 합니다. 자기다움을 살리고 사는 것이 소중한 줄 알면 다른 사람이 가진 자기와 다른 특성을 소중하게 볼 줄 알고 키워나갈 것을 격려합니다. 자기와 다른 동반자를 사랑하고, 그가 자기 길 가는 것을 기다리고 지지해줄 수 있습니다. 아이들도 규격화된 틀에 잡아두려 하지 않고 각자 자기에게 맞는 안경을 찾을 수 있도록 돕고 자기 삶을 창조해나가게 지원할 것입니다. 사랑하는 남편으로 해서 생긴 시댁 가족들을 사랑하지 않을 수 있을까요!

그러나 불행히도 많은 여성들이 혼자 설 줄 몰라, 독자성이 없어서 다른 사람들의 말에 마음이 휘둘립니다. 남에게 들은 말을 가지고 남편에게 바가지 긁어대니 남편이 괴롭고, 남에게 들은 말대로 제 아이를 기르려 하니 아이가 괴롭습니다. 자기 남편은 다른 사람의 남편과 다르기 때문에 결혼한 것 아닌가요? 스스로 서지 못하는 독자성 없는 사람들은 결혼할 때도 '남들 다 하니까, 결혼 적령기가 되었으니까, 다른 사람들이 알아주는 조건이 되니까' 결혼합니다.

내 아이도 옆집 아이와 달라서 더 귀한 것이 아닌가요? 자신의 귀함을 모르니 자기 아이의 귀한 특징도 알아보지 못합니다. 마음이 따뜻하고 눈물 많은 아이를 자랑스럽게 여겨야 할 것인데, 오히려 자기밖에 몰라 사회성이 부족한 옆집 아이가 학교 성적이 더 좋다는 이유로 부러워하고 있지 않은가요?

'스스로 서기'가 잘 되어야 본인도 고개 들고 튼튼하게 살 수 있고, 주변 사람들이 모두 복되게 살 수 있도록 도움을 줄 수 있습니다. 우리 사회를 살 만한 곳으로 만들기 위해 우리가 꼭 갖추어야 할 품성입니다. 그러기 위해 우리 마음을 바꾸고 성숙해야 합니다. 그렇게 되기 위해 노력해야 합니다.

아버지-남편-아들을 따르는 삼종지도(三從之道)를 벗어나야 한다는 말을 깊이 받아들여야 합니다. 이 세상에 태어난 모든 사람, 남녀가 더도 말고 덜도 말게 똑같이 귀하다는 뜻으로 자신을 보고 또 서로를 대해야 합니다. 어느 누구도 다른 사람을 얽매거나 다른 사람에게 얽매여 사는 것이 아니어야 합니다.

그렇다고 뿔뿔이 흩어져 사는 것을 이상으로 그리는 건 아닙니다. 무인도에 홀로 사는 것을 부러워하지 않기로 했습니다. "(애인이나, 벗이나, 남편이나, 아이나, 시댁 식구들 같은) 남을 사랑하기를 내 몸같이 하라"는 것은 독자성 가진 사람 사이의 사랑을 말합니다. 평생 동반자와 밀접한 사랑이 있어 귀합니다. 자기 몸 안에서 잉태되고, 길러진 자녀에 대한 어머니의 마음을 경험하는 것은 관계의 극치입니다. 사랑하는 사람으로 해서 생긴 가족들과의 덤 같은 관계는 참으로 소중합니다.

어떤 관계도 귀하지 않은 것이 없습니다. 그 귀한 관계는 혼자 서는 자들만이 이루고, 누리고, 키워갈 수 있습니다. 이혼이 다반사가 되고, 부모가 되어서 아이들을 서로 기르지 않으려 하는 무감각의 세대가 되고 있습니다. 이럴 때 우리가 바라는 그 이상의 사랑, 가정의 한계를 넘어서는 공동체 사랑이 얼마나 공허한 말일까요!

역설이라고, 억지라고 할지 몰라도 눈에 보이는 성취에 눈 어두워진 세상을 향해 건강한 독자성 회복을 간절한 마음으로 호소합니다. 서로를 살리는 독자성을 키우자고 간절히 외칩니다. 젊은이로 혼자 사는 여자건, 같이 사는 여자건, 함께 살다가 혼자 된 여성이건 모두 "함께 사는 마음으로 혼자 서야" 하는 점에서는 전혀 구분이 있을 수 없습니다.

상처 주고 상처받는 굴레에서 벗어나는 법

　상담실에서 만나는 니들 거의 모두 과거 언젠가, 누구에게, 어떤 형태로든 상처를 받아 마음이 아프다고 호소합니다. 힘없는 어린 시기에 받은 상처, 기억에도 남지 않은 상처를 해결하기는 쉬운 일이 아닙니다. 전쟁이나 커다란 재난을 겪은 아이에게 그 아이를 보호해줄 부모나 가까운 어른이 없다면 상처의 위력은 아이를 압도합니다.
　세월호 생존자, 유족, 그리고 벗을 잃은 아이들, 교사들이 겪을 상처를 아직도 우리는 생생하게 느끼고 있습니다. 자기에게 일어난 일을 쉽게 가름할 수 없기 때문에 자기를 몽땅 던져 내맡기고 무기력해집니다. 세월호에서 형을 잃은 중학생이 술에 취해 인사불성이 된 모습을 발견하고 부모의 마음이 어떠했을까요. 어른들이 술로 속상한 것을 푸는 것을 보고 자라 그렇게라도 해보았겠지만, 어찌할 바를 모른 아이였다는 것을 알 수 있습니다.

이런 큰 사건이 아니더라도 어린 시절에 혼자 신체폭력이나 언어폭력의 대상이 되었던 니들은 폭력을 불러온 원인 행동과의 관계를 이해하지 못하고, 자라서도 아픔의 근원을 분별하지 못하고 혼란스러워 합니다.

아이가 믿고 의지할 수밖에 없는 양육자들이 자기들 마음대로, 아이가 이해하지 못할 이유로 아픔을 준다면 어리둥절한 아이들은 어른들의 눈치를 살피며 어른들의 입맛을 맞추어 아픔을 피해보려 노력할 것입니다. 그러나 어른들의 동기를 이해할 수 없는 아이들로서는 아무리 노력해도 정확한 방도를 찾아낼 수 없습니다. 그래도 아이들은 어른들을 기쁘게 하려고 애쓰며 헛고생하게 됩니다.

아이 다리가 아플 때면 어머니가 화를 내셨다고 믿는 아이는 아픈 것을 애써 참고 말하지 못하다가 더 이상 가눌 수 없이 심해져 쩔뚝거릴 수밖에 없게 되어서야 아픈 것이 명백하게 드러나고, 어머니의 걱정을 더욱 심하게 듣게 됩니다. 돈 걱정 많이 하는 어머니를 위한다고 좀도둑이 되기도 하여 자신의 내면에서 정직성을 온전히 기르지 못하게도 됩니다. 학교 성적을 제일로 삼거나 외모와 치장에 무게를 두는 부모 밑에서 아이가 받는, 그리고 공부 잘하는 형제가 있거나 외모로 비교당하며 자라는 아이가 받는 상처는 여지없이 자존감을 긴장하게 만듭니다.

영향력이 약한 아이들이 그런 어른들에게 항의하거나 상처를 되돌려 보복할 수는 없습니다. 그리고 해결할 수 없었던 소망은 내면에 고착되어버려서, 치유되어 벗어나지 않는 한 평생을 마음 깊숙이에 똬리를 틀고 앉아 괴로움의 뿌리로 남게 됩니다.

물론 자신도 의식하지 못하게 자리 잡고 힘을 발휘하여 자신의 자람과 성숙을 방해하게 됩니다. 끔찍한 고착이 일어난 나이만큼만 자라 어른이 되어서도 그 나이의 '아이-자아(child-self)'에 머물러 살면서 표면상으로만 어른 구실을 해냅니다. 몸은 어른이 되어 결혼도 하고, 부모도 되고, 직업도 가지고, 사회생활을 곧잘 한다고 여기지만 아이에 갇힌 어른, '아이-어른'으로 억지로 용을 쓰고 있을 뿐입니다.

이렇게 '아이-자아'로 사는 어른들이 밀접한 관계를 맺으려 하면 성숙하지 못한 것이 그대로 드러나기 마련입니다. 표면의 친교나 사교 모임에서는 문제가 드러나지 않습니다. "자기는 남들에게 인기 있는 사람"이라고 자랑스레 이야기합니다. 그런데 내면의 만남이 요구되는 관계에 이르면 힘이 듭니다. 자기와 다른 사람을 봐주고, 알아주고, 공감하기 어렵기 때문입니다.

어머니가 사랑했는데도 그것을 제대로 인식하지 못한 아이는 어머니와의 관계에 문제를 가지고 살게 됩니다. 그러면 마음이 움츠려들어, 여러 면으로 다른 사람을 제대로 볼 수 없게 되지요. 그러니 친한 벗과의 사귐도 마음 열고 충분히 누리지 못합니다.

결혼하고도 남편이 자기와 다른 것이 당연한데 이를 받아들이지 못합니다. 그런 사람이 문제없이 잘 살아간다고 하면 자기 마음대로 남편을 휘두르고 있을 것입니다. 또 아버지의 폭력성이 싫어 폭력성이 전혀 없는 부드러운 남편을 선택했음에도 남편이 원하는 것을 들어줄 수 없는 자신을 봅니다. 이혼을 생각합니다. 자기가 원하는 대로 남편이 들어주지 않으면 불행하여 살 수 없다고 느낍니다. 자기와 다른 시어머니는 나쁜 사람이라고 결론 내립니다.

자기가 어떻게 그들을 대했는지는 염두에 둘 수 없습니다. 사랑하는 아이들의 요구도 들어줄 수 없는데, 그것만은 스스로도 용서되지 않으니 몸으로 아픈 증상을 보입니다. 꼼짝 못하는 무기력증이니 아무것도 건드릴 수 없게 됩니다. 이유 없이 몸이 아픈 것은 뭐라 할 수 없으므로 관계에 책임을 다하지 않아도 되는 좋은 핑계를 삼습니다.

이런 니들이 마음이 악해서 일부러 그러는 것이 아닙니다. 아이(아이-어른)가 할 수 없는 것을 해내야 하는 사회 습속에 따른 기대가 있는데, 제대로 성숙하지 못한 아이-어른이니 그 요구를 해내는 것은 불가능할 수밖에 없습니다. 그 불가능한 것을 '아이-어른'이 하려다 생기는 일일 뿐입니다.

남편을 욕하던 니가 상담실에서 두어 시간 이야기 나누다가 깨달습니다. "내가 오히려 내 마음대로 하려 했군요. 그래서 우리가 서로 마음을 아프게 했던 거군요. 남편이 나쁜 사람이어서가 아니네요."

그런데 이런 깨달음이 바뀜과 성숙의 첫걸음이기는 해도 요술 방망이같이 흔들기만 하면 당장 해낼 수 있는 것은 아닙니다. "남편에게 받은 상처가 자꾸 생각난다", "쉽게 용서할 수 없다", 그러니 "내가 먼저 남편의 마음을 알아주고 싶지 않다". 이런 마음을 고집하게 되기 쉽습니다. 그러면서 살면 회복할 기회는 까마득 멀어져갑니다. 그나마 이해와 사랑을 표현하고 받을 남편이 있고 아이들이 있는 니들은 상처 입을 기회도 많지만 상처가 아물 기회도 있어서 포기만 하지 않으면 훨씬 희망이 있습니다.

집에서 안 되면 이곳 알트루사로 오라고 합니다. 개별 상담만 할 수 있는 곳이 아니라 니들이 서로 관계의 거울이 되고 상처를 치유할 기회를 가지는 '같이 살기'를 하는 곳이기 때문입니다. 여기서도 서로 상처를 새로 만들기도 하지만 상처를 서로 알아주고 서로 풀어가는 곳이니 상처받고-풀기를 익히고 연습할 수 있습니다. 자신이 '아이-어른'이라는 것을 인정하고, 다른 니들도 '아이-어른'에서 벗어나려 한다는 것을 알고, 서로를 성의 있게 대하려는 자세만 있으면 됩니다.

이 땅 어디에도 이런 마음으로 모이는 곳이 없어 안타깝습니다. 서로 '아이-어른'이 아닌 척하고 뽐내려고 하고, 자기는 잘못한 것이 전혀 없다고 생각합니다. 그리고 싸움 걸면 끝내 자기가 이기려드는 사람들 틈에서는 상처를 후벼 파는 것을 멈출 수 없음을 모두 모르고 살고 있습니다.

아이들을 닦달해 기르고 나서, 비싼 등산복을 사 입고 등산을 열심히 다닌다고 상처가 아물지 않습니다. 요가를 하고, 새벽 기도를 가고, 귀농하고, 해외여행을 하고, 철따라 꽃구경한다고 될 일이 아닙니다. '즐거운 나의 집(Home Sweet Home)'이라고 영어로 자수 놓아 벽걸이를 해 놓는데도 신혼여행에서 무감각했던 남편의 말을 잊지 않고 두고두고 떠올리며 앙심 품고 사는 니의 마음이 얼마나 즐겁고 평화로울까요?

서로 상처 주고-받지 않는 성숙한 어른이 되려면 '아이-어른'에서 벗어나야 합니다. 과거가 없이 지금의 자신이 된 사람이 없음을 아는 것이 출발입니다. "지나간 일을 뭐하러 끄집어내는가?"라고들 하지만 과거를 무시하면 상처의 흔적이 없어지지 않습니다. 과거 어딘가에 고착된 자신을 아는 것, 그리고 그 문제를 적절하게 알고 풀어가는 것이 필요합니다. 과거의 자신이 살아온 방식을 깡그리 없애려 들지 말고 그 특징을 균형 있게 통합하여 자기만의 삶의 방식을 찾는 것이 필요합니다.

그리고 어른으로 자신이 속한 사회에서의 책임을 부담스레 질질 끌려가듯 억지로 다하는 것이 아니라 자유의지로 하는 능동의 자세를 가지는 것이 성숙의 길이고, 주고받을 상처 없이 사는 길입니다.

얼마 전 만난 환갑 지낸 니가 생각납니다. 시골에서 딸 일곱 있는 집

둘째로 태어나 초등학교도 다 마치지 못했다 합니다. 그러나 그 니는 제대로 성숙한 니였습니다. 비결은 간단했습니다. "딸들 그리 많아 어쩌나!" 하는 시골 동네분들의 말에 "걱정마라!" 대답하며 당당하셨던 그 니의 아버지 덕이었습니다.

그 니의 아버지는 무얼 하든지 자신 있게 해냈습니다. 보기로, 딸들에게 학교에서 하는 가정 조사에 부모의 학력과 직업을 속이지 않고 떳떳하게 밝히게 했습니다. 가방끈 길이로 사람을 재고, 직업으로 귀천을 가리는 이 땅에서 자유와 책임을 다하는 성숙한 어른이 된 니를 자랑스럽게 생각합니다. 국회 청문회에서 거짓말하는 사람들에 비해 얼마나 존경스러운 니입니까!

나를 자유롭게
고집에서 풀어주기

남편과 이혼할 것을 심각하게 고민하다가 상담실을 찾은 니들이 있습니다. 자꾸 싸움만 하게 되고, 그러면 화를 다스릴 수 없게 되고, 도저히 함께 살 수 없다고 합니다. 무엇 때문에 싸우는가를 물으면 예외 없이 사소한 일로 싸우게 된다고 합니다. 한때 사랑해서 결혼하고 아이들 낳고 살아온 소중한 남편과 그 하찮은 사소한 일로 이혼할 수는 없지 않을까요?

남편을 지금도 사랑하는가 묻습니다. 그러면 대부분 사랑하는지 모르겠다고 대답합니다. 싸움이 심해지다 보면 사랑은 흔적도 찾기 어렵게 뒷전으로 감추어지고 말기 때문입니다. 그런데 싸우게 된 그 사소한 일이 왜 그렇게 확대되고 마음속 사랑을 가릴 만큼 중요한 일이 될까, 함께 생각하는 시간을 상담실에서 갖습니다. 거의 예외 없이 발견하는 까닭은 '고집'입니다.

우리는 왜 고집을 부리려 할까 궁금해하며 그 이유를 함께 생각합니다. 모든 행동에는 원인이 있습니다. 그 원인을 찾아가는 '심리학으로 생각하기'를 합니다.

우리는 남편과 자기 마음이 다를 수 있음을 잊고 있었기 때문에 문제가 일어난다는 것을 발견합니다. 운전하는 남편의 '길 찾기 계획'이 아내와는 다를 수 있음을 인정하려 하지 않으면 무슨 일이 일어나겠습니까? 다른 길로 가라고 '잔소리'부터 하게 됩니다.

얼마나 빨리 달려야 하는지 속도감도 다를 수 있고 운전 습관도 다를 수 있습니다. 가는 곳이 친정인지(남편에게는 처가인지), 시댁인지(남편에게 본가인지)에 따라서도 깔려 있는 기분이 다를 수 있습니다.

서로 마음이 다르다는 것을 인정하면 자기의 생각 방식을 고집하지 않을 수 있습니다. 다른 길로 헤맨다 해도 '한반도 위에서 벗어나지 않는다'는 마음이면 대수롭지 않고 느긋할 수 있습니다. 싸움 걸기보다 다른 화제를 떠올리면서 즐겁게 갈 수 있습니다.

조금 더 심각한 문제를 만나도 서로 다르다는 것을 알면 상대방의 마음을 들어볼 수 있고, 또 자기 마음도 마냥 우기지만 않고 순조롭게 표현할 수 있게 됩니다. 입맛도 다르고, 취향도 다르고, 삶의 태도와

방향, 그리고 아이 교육 방침도 다를 수밖에 없다는 것을 알고 출발하면 대화를 통한 의견 교환을 할 수 있어서 싸우고 화내고, 급기야 '이혼'을 거론하는 처지에 이르지 않아도 됩니다. 모든 사람이 서로 다르다는 대전제를 우리는 왜 잊고, 아니 모르고 살고 있을까요?

모두 단군의 자손이라는 구분 없는 생각에서 자랐다는 것도 큰 영향을 줍니다. 우리 집 식구, 같은 고향 사람, 같은 학교 출신, 내 교회 교인, 내가 속한 종파로 뭉치고('포함하고') 그렇지 않은 사람들을 '제외하는' 버릇이 우리에게 고집을 키우게 하는 문화 공기입니다.

같은 우리말을 하면서도 '제외된' 사람의 말은 들으려 하지 않습니다. 서로 귀를 틀어막고 자기 말만 쏟아냅니다. 며느리는 시댁의 문화가 생소할 수밖에 없습니다. 그 차이를 감안하고 서로 듣고 이해해주기보다 '이제 내 식구 되었으니' 막무가내로 요구하는 쪽이나, 다른 것을 이해하려 하지 않는 쪽이나 다 고집을 부리고 있는 것입니다.

게다가 우리가 사는 세상이 아주 각박해서, 경쟁해야 한다고 배우고 스스로 채찍질하면서 이겨야 한다고 생각하게 되었습니다. 말을 꺼냈으면 자기 말이 받아들여져야 직성이 풀리지, 받아들여지지 않은 듯싶으면 마치 대결 구도에서 진 것 같아 속이 편하지 못하게 됩니다. 남편에게도 질 수 없고, 시어머니에게도 항복할 수 없는 마음입니다.

자기 말을 들어주지 않으면 참을 수 없습니다. 자기가 할 말은 다 해야 하고, 자기와 마음이 다른 남편이나 시댁 식구가 자기 마음을 몰라

줄 수 있다는 것은 아예 염두에도 두지 않습니다. 대화하고 소통하는 것은 이기고 지는 문제가 아님을 모르고 있어서 그럴 뿐입니다. 상대의 이야기를 듣는 것은 자기 말을 참고 못하는 것이고, 잘못을 인정하고 항복하는 것이라고 여기니 분을 참기 어려운 마음이 됩니다.

그렇다면 우리는 늘 고집만 부리고, 이혼을 들먹이며 싸우면서 불행해해야 할까요? 물론 아닙니다. 우리의 평생을 되돌아보면 그렇게 고집 부리게 된 이유가 언젠가 어디엔가 있었음을 찾아볼 수 있습니다. 엉키고 막힌 체험이 있었기 때문에 순순히 풀 수 없을 뿐입니다. 그 막힌 지점을 뚫고, 엉켜서 본인도 모르고 있었던 마음을 풀면 됩니다. 그러고 나면 남편, 시어머니, 정적들 같은 이웃들과 사랑으로 소통하며 함께 잘 살 수 있게 됩니다.

그래서 '심리학으로 생각하기' 과정에서는 언제나 자신만의 옛 이야기를 풀어냅니다. 삶의 과정 어느 지점에서 멈추어 선 계기가 있다면 거기서 생각이 굳어집니다. 우리는 그것을 '고착'이라 부릅니다. 그리고 그 고착에서 헤어나지 않으면 그 뒤로 모든 삶의 경험을 고착된 생각과 느낌으로 보고 해석하며 살게 됩니다.

보기를 들어, 어떤 이유에선가(어른으로는 분명히 이유가 있었을 텐데 아이로는 이해가 가지 않는 이유로) 어려서 부모의 곁을 떠나 지내야 했던 경험이 있을 수 있습니다. 언니나 동생들은 어머니와 살고 있었는데 자기만 할머니에게 보내진 것입니다. 그러면 어른이 되어서도 어머니 사랑에 목말라하고 집착하게 됩니다.

다른 형제들보다 어머니에게 더 잘해드려야 한다는 '효녀 심청'으로 살면서 벗어나지 못해 애씁니다. 모임에서도 지도자 입장에 있는 권위자를 마음속으로 혼자 자기 어머니로 바꾸어놓고 불편해합니다. 늘 그에게 확실하게 인정을 받지 못하면 아주 괴로워합니다.

이런 집착은 엄마가 되어 자기 아이에 대해서도 똑같이 이어지기도 합니다. 그런데 자기가 원하는 방식을 고집하고 있었던 원인을 알게 되면 엉킨 틀에서 해방되고, 차츰 자유를 누리게 됩니다. 고집의 틀에서 벗어나게 되는 것입니다.

물질이 아무리 풍족했어도 그것에만 매달리게 양육된 사람은 물질의 문제에 고착되어 자유를 누리지 못하고 삽니다. 공부 잘하는 것에 매달려 자라게 되면 그 가치에서 놓여나지 못합니다. 자기보다 학벌이 좋은 사람을 볼 때 늘 그 기준으로 부지런히 머릿속으로 덧셈과 뺄셈을 계산기 두드리듯 하게 됩니다. 외모가 중요하다는 것에 고착되면 만나는 사람을 외모로 판가름하고 맙니다.

다른 사람을 그렇게 분류하는 마음이 자기 자신에게도 작용하여, 스스로를 그 선 위에 세우고 비교하며 열등감과 우월감으로 쉴 새 없이 등락을 반복하면서 오르락내리락 바쁘게 살게 됩니다. 편안한 마음으로 마음을 나눌 기회를 놓치며 살게 되는 것입니다.

고집이 없을수록 우리는 공평한 사람이 될 수 있습니다. 고집을 자기다움이라고 착각하지 맙시다. 고집은 자신의 발달 단계 어느 때에 생긴 태도, 의견, 가치에 멈춘 것이기 때문에 자기답게 유연하게 발달하는 것을 방해할 뿐입니다. 그리고 이웃들의 자기다움을 인정하지 못하게 해서 이웃과의 소통을 방해합니다.

아이를 괴롭혀야 강하게 훈련하는 것이라고 믿는 가정과 학교에서 자랐다고 합시다. 그렇게 해서 이른바 성공이라고 불리는 자리에 올라섰다고 합시다. 그가 다시 다음 세대를 향해 아이는 그렇게 괴롭혀 강하게 길러야 한다고 고집을 부리게 된다면 자기 자신은 물론 사랑하는 아이들을 얼마나 학대하는 것인지 모르고 살아가게 됩니다. 고집도 대물림하게 됩니다.

고집 없이, 다른 사람과는 매우 다른 자신을 용납하고, 자기와 다른 이웃을 알아주고 사랑하는 것이 가장 공평하게 사는 길이고 현명하게 사는 길이라고 생각합니다. 죽는 순간까지 자기 고집을 부린 사람은 구원을 받지 못하고 고집을 버리고 진리를 따른 사람은 구원받은, 십자가 골고다의 장면에서 배우며 살아갈 수 있으면 합니다.

아버지 역할은
남편에게

    2011년, 내가 읽는 신문 첫 면에 "분노하는 대한민국"이라는 제목이 크게 실렸습니다. "왜, 눈빛이 변했나?" 묻고 있습니다. "홧김에 우발 범죄가 급증"했다고 부제가 붙었습니다. "41분에 한 명꼴 자살"이라는 다음 항목에서 눈길을 거둘 수 없었습니다. 그해 카이스트 학생들이 한 달에 한 명꼴로 자살했다고 떠들썩했는데 기막히게도 하루 평균 자살자가 서른다섯 명이라니, 어마어마하게 많은 사람들이 자살한 셈입니다.

    우리는 정말 가슴 치며 통곡해야 합니다. 이들 자살한 사람들에게도 모두 부모가 있거나 있었을 것입니다. 자살하려는 순간에 부모님이 얼마나 가슴 아파할지 생각했다면 그렇게 목숨을 끊으려 했을까 묻게 됩니다. 부모가 아니더라도 사랑하는 사람 하나라도 있어서 슬퍼할 그 얼굴을 떠올린다면 멈추고 돌아서지 않았을까 생각해봅니다.

 사람들은 세상에 태어나 처음 받은 부모의 사랑을 잊을 수 없고, 그 사랑에서 익힌 것으로 생애의 온 과정에서 차곡차곡 사랑을 빚어갑니다. 그래서 우리 사회에서 홧김에 저지르는 범죄나 자살하는 사람의 숫자가 급증하는 것은 부모의 사랑을 제대로 전달받지 못했기 때문이 아닐까 생각해봅니다.

 우리 부모 된 사람들은 자녀들에 대한 우리의 사랑이 제대로 전달되고 있는지 여부도 모르고 살아온 것이 아닌지 숙연히 되돌아보게 됩니다. 아이들의 마음을 알아보려는 성의가 없었다면 정말로 부모로 아이를 사랑한 것일까요? 부모 편에서 아무리 사랑했다 해도 아이가 자살할 정도로 아팠던 것을 모르고 있었다면 정말 사랑했다고 말할 자격이 있을까요?

 나무랄 데 없는 모범생이고, 부모님 속 썩인 적 단 한 번도 없이 착하고 공부 잘하는 아이가 느닷없이 분신 자살을 기도한 사실과, 이런 일을 청천벽력같이 당한 부모의 이야기를 전해주는 방송을 본 적이 있습니다. 잘하고 있는 아들이 자랑스럽기만 했지 아이가 느끼는 부담을 전혀 짐작도 못하고 있었던 아버지의 깊은 한탄과 절절한 아픔이 느껴졌습니다. 아들이 기숙사에 돌아가지 않았으면 했는데 그냥 가라고만 했지, 어떤 마음으로 그랬었는지 알아보려 하지 않았던 것이 후회스럽다며 처절하게 눈물을 흘리는 아버지가 안타까웠습니다.

어머니와 함께 아버지가 해내야 할 역할은 아이들을 사랑하고 보살피는 것입니다. 아버지의 사랑은 아이가 필요로 하는 것을 잘 알고 충족시켜주는 것입니다. 아이가 필요로 하는 것은 먹고, 입고, 쉴 곳을 마련해주는 것이 다가 아닙니다. 그것은 고아원에서도 해줄 수 있습니다(감옥에서도 그것은 해줍니다). 좋은 고아원에서는 의식주 외 필요 이상의 것을 고아들에게 줄 수 있습니다(감옥도 죄수들을 선도하려 합니다). 사람으로 충분히 성숙해가기 위해서는 필요한 물질만으로 충분하지 않다는 것을 사람을 기르는 양육자들은 알고 있기 때문입니다.

그런데 요즘 우리네 아버지들은 의식주를 위한 노력만 하고 할 일을 다 했다고 생각하는 듯 보입니다. 바깥에서 경제활동하는 것으로 해야 할 임무를 다 했다고 믿고, 그렇게 하는 것 같습니다. 가정을 지키기 위해서는 경제력만 있으면 된다고 여깁니다. 그런 아버지 밑에서 자라면 아이들은 부모에게서 돈으로 살 수 있는 것만 받으면 된다고 여기게 됩니다. 경제 능력이 뛰어난 아버지는 그 기능을 잘하는 도구(돈벌이 도구)로 전락합니다. 경제 능력이 부족한 아버지는 아버지로서의 기능을 제대로 다하지 못하는 부족한 도구로 무시당하게 됩니다.

돈벌이 도구 구실만을 하는 아버지 밑에서 자란 이 세대의 아이들이 지닌 가치관도 그 수준을 넘어서지 못합니다. 아이들이 아버지의 마음을 가늠하기보다는 아버지에게서 받아낼 수 있는 구매력에 눈이 멀게 됩니다. 어떻게 하면 더 많이 돈을 타낼 수 있어서, 날로 새롭게 바뀌는 전자 기계를 가질 수 있을까 하는 것에 온통 마음을 쏟습니다. 아버지의 건강을 걱정하기보다는 아버지가 더 많이 일해서 더 많이 벌어, 더 비싼 물품을 구매할 수 있기를 기대합니다. 그렇지 않으면 인색하다고 여기고, 심한 경우에는 "왜 낳아놓고 남들같이 사주지 못하는가!" 원망합니다.

더 많이 가진 사람들만을 쳐다보려 하지 자기만 못한 사람들이 애쓰면서도 기쁘게 사는 것은 눈에 들어오지 않습니다. 욕심은 끝이 없는 것이어서 욕구불만의 불을 끌 수 없게 됩니다. 우리나라 사람들이 경제 수준은 세계 11위라지만 행복지수는 OECD 나라들 가운데 꼴찌라는 통계는 아주 당연해 보입니다.

그뿐 아닙니다. 우리네 아버지들은 아버지로 권위를 굳게 하는 것을 너무나 중요하게 여깁니다. 가족을 이해하고 사랑해주면 저절로 사랑의 아버지로 권위를 얻게 됨을 잘 모르는 것 같습니다. 마치 이해하고 사랑하면 약한 사람으로 보일까 봐 목소리를 더 높이고, 근육을 쓰는 완력으로 다스리려 하는 것 같습니다.

가족들이 평화스러운 마음을 가지려면 아버지가 따스하고 친절한 태도를 보여야 합니다. 어린 시절에 받은 느긋하고 풍성한 사랑을 체험하는 것이 우리 정서가 안정되는 데 필수 조건입니다. 어린 시절에 사랑을 잃거나 사랑을 거둘 것이라고 위협당하는 것은 기본 생존을 위협받는 무서운 일이 됩니다.

그런데 주변을 둘러보면 어찌 그리 따스하게 친절하지 않은 아버지들이 많은지 모릅니다. 자기중심에서 한 치도 물러서지 않고 마냥 자기 뜻대로 휘두르려 합니다. 아이가 아버지 자신과는 다른 존재라는 것을 전혀 인정하지 않습니다. 그러니 자신과 다른 아이를 이해하려는 마음도 없고, 다른 점을 볼 눈도, 다른 음성을 들을 귀도 없는 무지막지한 폭군이 되고 맙니다.

아이는 태어나서부터, 또한 집안에서부터 이해받지 못하고 숨죽이고 살아야 하는 처지에 놓입니다. 이런 불친절한 대우를 받은 아이는 자기 스스로를 미워하고, 아버지의 구미에 맞지 않는 자신에 대해 죄책감을 가지게 됩니다. 자기를 마음껏 펼쳐나가지 못하게 됩니다. 이 세상에 어떤 아버지가 아이가 제대로 꽃 피우지 못하고 사는 것을 참으로 바랄까요!

아버지가 아이를 향해 마음을 열어 알아주고, 품어주며, 사랑으로 보살펴줄 때 아버지와 아이가 서로를 향해 열리는 (의식주가 아닌 다른 차원의) 산 체험을 할 수 있습니다. 아버지와 아들은 자신들이 함께 확대되는 심오하고 만족스러운 사회성을 맛볼 수 있게 됩니다. 친절한 우호의 경험은 아버지와 아이의 건강과 존재의 즐거움을 만들고 유지할 수 있게 합니다.

이렇게 좋은 것을 왜 놓치고 살고 있을까 안타깝습니다. 찌푸린 얼굴로 위엄을 찾으려 하는 어리석은 처사는 아이의 마음을 얼게 만드는 잔인한 일입니다. 사랑하는 아이에게 지울 수 없는 상처를 주려는 아버지가 어디 있을까요.

무감각하고 친절하지 않은 어머니도 아버지가 제대로 아버지 역할을 하려는 것을 방해합니다. 아버지가 아이들과 사랑을 나눌 기회를 빼앗고, 어머니가 독점하려 하기 때문입니다. 아이를 기르는 것이 무거운 책임만이 아니라 굉장한 기쁨인 것을 모르는 어머니가 아버지의 부담을 덜어준다는 듯, 마치 희생이라도 한다는 듯 아이를 자기 품에만 두려 합니다.

어머니 혼자 아버지 역할까지 다 할 수 없으니, 아버지가 사랑의 책임과 기쁨을 누릴 기회를 공평하게 나눠주어야 합니다. 아이와 함께 느끼고 마음을 나누는 아버지는 아이들에게 생기를 불러일으킵니다.

가족 모두를 위한 삼시 세끼 교육

먹이는 것으로 가장이 식구들을 책임지고, 먹이는 것으로 주부가 식구들을 살립니다. 식구(食口)란 음식을 먹는 입이라 표현하는 것을 보면, 먹이는 것이 얼마나 강조되어왔는지 짐작할 수 있습니다.

아침 먹고 돌아서면 점심때가 되고, 점심 먹고 치우고 나면 저녁 끼니 걱정하는 일과로 하루하루를 보낸다고 주부들은 한탄하듯 이야기합니다. 특히 층층시하에서 살아온 맏며느리 같으면 어린 나이에 시집와서 수십 년을 하루도 빼지 않고 더운밥으로 상을 차리는 일이 보통일이 아니었을 겁니다. 그런 며느리도 처음엔 당연한 일로 여기고 시작했을 것이고, 엄격한 시어머니 자신도 그렇게 살아왔기에 그렇지 않은 삶을 모르고 당연한 일을 해온 것뿐이라 여기며 함께 살아왔습니다.

그런데 시대가 바뀌면서 딸이 결혼해서 사는 것을 보고, 미국 유학에서 돌아온 작은동서가 사는 것을 보면서 그렇게 살아온 맏며느리도 자기의 삶을 되짚어보게 됩니다.

바깥 활동을 하는 딸이나 동서가 삼시 세끼로 더운밥을 지어 올리지 못하는 것이 당연한 일이라는 걸 알게 되면서, 아직 살아 계신 시어머니를 더 이상 모시지 않겠다는 결단을 내린 맏며느리가 있습니다. 더 이상 참을 수 없게 만든 계기를 시어머니의 치매가 제공해주었던 것입니다. 아무리 지혜롭고 점잖은 분도 치매기는 어쩌지 못하나 봅니다.

손녀가 시어머니 당신의 물건을 훔쳐 갔다고 터무니없는 누명을 씌우는 데 이르자 수십 년을 말없이 다소곳 섬기던 효부 맏며느리(손녀의 어머니)는 더 이상 참고 견디지 못하게 되었습니다. 어머니를 모시지 않겠다고 거부한 것입니다.

맏형수를 늘 아름답게 여기고 존경하던 시동생은 자기 형수가 수십 년 해온 역할을 이제 자기 아내가 해주기를 원했습니다. 신선한 샐러드와 파스타를 솜씨 부려 맛있게 척척 해내지만 하루 세끼를 더운밥 지을 재목이 아닌 아내에게 압력을 주기 시작했습니다. 도와주실 분을 구해서 아래위층에 살면서 하루 한 번은 시어머니를 들여다보는 것, 그 이상을 할 수 없다고 하는 아내에게 "형수님은 수십 년을 말없이 해

오셨다"고 윽박질러봐야 두 사람 사이만 힘들어졌습니다.

우리네 남자들이 품은 '어머니 표 밥상' 신화는 지우기가 매우 힘듭니다. '어머니 손맛', '어머니 정성', '어머니 사랑이 듬뿍 든 음식' 같은 향수를 잊지 못해합니다. 그러고는 자기 아내에게 그걸 기대합니다.

농촌에서 태어나 오래 살다가, 도시에 자리 잡고 사는 자녀들의 아이들을 길러주기 위해 올라온 노인의 이야기입니다. 어린 나이에 부모님이 보낸 집에 시집와 보니 신랑은 농사일 할 사람이 아니었다고 합니다. 그래도 다른 도리 없이 살아야 한다고 생각했습니다. 그러니 모든 일은 자기 손을 거쳐서 이루어졌고, 아이들을 낳고 길러내면서 남편은 손가락 하나 까딱하지도 않고 가장 대우만 받고 가장의 권위를 누렸습니다.

서울에 와서도 남편은 노인정에 가서 노닥거릴 동안 할머니는 손주들 봐주면서 수고비를 받아 경제 융통성을 갖기 시작했습니다. 이제는 남편이 뭘 하든지 상관없이 살고 싶어, 이혼했으면 좋겠다고 했습니다. 자녀들이 어머니 마음을 이해하기에 막무가내로 말릴 수만 없어 상담실로 어머니를 모시고 왔습니다.

맞벌이하는 젊은 부부들도 이와 비슷한 맥락의 이야기를 들고 옵니다. 바깥에서 똑같이 일하고 집에 와서 아내들은 두 번째 직장 생활인 듯이 집안일을 해내야 합니다. 우리나라 남자들이 집안일 하는 시간이 짧은 것으로는 아마도 세계에서 둘째가라면 서러울 것입니다. 집안일을 여자들의 일로 생각하는 습속을 대물림받았기 때문입니다. 어머니들이 정성으로 더운밥을 지어 바쳤던 것을 아름답게 신화화했기 때문입니다. 남자들뿐 아니라 여자들도 그것이 자기들 몫이라는 생각을 머리 깊숙이 품고 있습니다.

상담실에서는 이런 자세에 대한 고정된 생각을 질문해야 합니다. 정말 여자만 해야 할 일인가를 묻습니다. 그리고 꼭 더운밥으로 세끼를 채워야 하는가도 생각해봅니다. 여성상담소이니 여성들의 자세부터 바꿀 것이 없는가 생각해봅니다.

여자들이 굳어진 생각에서 벗어나지 못하면 남편에게 도움을 청할 수 없고, 협력을 구할 수 없고, 그러면 문제 해결은 힘들어집니다. 하루가 24시간인 것은 남자에게나 여자에게나 똑같습니다. 마치 여자는 48시간이라도 가진 듯이 혼자 힘들게 다 해내려 하면서 불만을 품는 것은 부부 사이에 전혀 도움이 되지 않습니다.

남편이 아내를 사랑한다면 적극적으로 같이 살림할 생각을 해야 합니다. 하지만 우리네 남자들은 어머니가 다 해오신 것에 너무나 익숙해서 아내의 어려움을 모릅니다. 그러면 여자들이 한결같이 하는 말이 "보면 몰라요?"입니다.

봐도 모른다는 데 문제가 있습니다. 왜냐하면 볼 마음이 없고, 볼 눈이 없으면 보이지 않으니까 말입니다. 우리는 언제나 시야에 들어오는 것도 선택해서 보고 싶은 것만 봅니다. 물리현상이거나 생리 시각으로 시야가 정해지는 것이 아니라 우리 마음이 주관으로 시야를 정하기 때문에 누구나 볼 수 있는 것이 일정하게 객관적일 수 없습니다. 사람에 따라 보고, 듣고, 느끼는 것이 각기 다를 수밖에 없습니다.

그래서 남편이 보고 싶도록 니들이 표현을 해야 하는데, 여자들이 불만을 품고 이야기하면 곱게 말이 나오지 않습니다. 곱게 말이 나오지 않으면 남편은 듣기 싫어하게 되고, 피하거나 방어하려 듭니다. 그런 말을 자주 들으면 바깥에서 될 수 있는 한 늦게 집에 들어가려 하게 됩니다.

집안일은 즐거운 일인데 혼자 하는 것보다 같이 하면 좋겠다는 긍정의 표현을 해야 사랑하는 아내와 함께 하고 싶은 마음이 생길 것인데 말입니다. 같이 하면서 재미있다는 것, 고맙다는 것, 잘했다고 칭찬하는 것도 아끼지 말아야 다음에도 하고 싶게 됩니다. 그리고 같이 하는 동안에 경험을 공유하면서 이야기 나누고 장난도 칠 수 있는 기회까지 가질 수 있어서 삶을 풍요롭게 만들 수 있습니다.

아이들이 자라면서 장 보고 음식 만드는 일과 설거지하는 것에 온 집안이 총동원되어 같이 하는 습관을 들이면, 내 집 식탁에서 먹으면서도 분위기를 더욱 즐길 수 있게 됩니다. 누가 빚은 만두가 제일 먹음직스러운가, 누가 빚은 만두가 제일 못난이인가, 누구 만두가 제일 예술인가, 만두의 크기 등등 만두 대회를 여는 밥상을 만들면 어떨까요!

주변에서 도움받을 사람을 구한다 해도 집안일을 다 맡길 수는 없습니다. 언제고 부부가 협력하는 삶이 되어야 합니다. 의식주는 삶의 목표가 아니라 필요한 도구일 뿐입니다. 가족을 있게 하는 근본은 사랑입니다.

상담실에서는 어떤 문제로든 이혼을 생각하는 경우에 늘 묻는 말이 있습니다. "남편을 사랑하는가?"입니다. 의식주를 위해 바쁘게 사는 것보다 사랑하는 데 바빠야 한다는 것을 상기시킵니다. 사랑을 먹고 사는 부부면 아이들도 사랑을 먹고 잘 자라게 됩니다. 사랑이 빠져버리면 더운밥에도 체하게 됩니다.

남의 마음도 알아줍시다

　내 책 《엄마가 아이를 아프게 한다》를 읽은 어머니의 권유로 한 젊은 이가 상담을 받으러 왔습니다. 그 이는 고등학교를 졸업하고 바다 건너 멀리 낯선 땅으로 공부하러 갔습니다. 부모님은 그곳에 사는 친척에게 전화하라고 권유를 했습니다. 처음으로 딸 혼자 멀리 떠나보내는 안쓰러움에 "지푸라기라도 잡으려는" 마음에서였을 것입니다. 그런데 그 친척은 따스한 격려를 해주기보다 "네가 잘 해낼지 모르겠다"는 말을 하며 알 수 없는 반응을 보였습니다.

　오히려 생판 처음 보는 사람들의 친절과 배려를 받으며 4년 동안 대학 생활을 잘 마치게 되었습니다. 기숙사에서 지냈지만 주말이나 휴일이면 그 지역 사람들이 돌봐주는 가정(host family)이 있어서 그들의 정성 어린 보살핌으로 행복하게 잘 지내기도 했습니다.

그래도 식구들이 보고 싶고, 고향이 그리워 졸업하자마자 돌아왔습니다. 직장에도 들어갔고, 부모님, 동생, 친척들과 같이 지낼 꿈에 부풀었습니다. 그런데 배려가 없는 사람들과 갈등하면서, 주변 사람들에게 실망하게 되면서 과민한 자신을 탓하게 되고 괴로워지기만 했습니다. 자기가 어떻게 느낄지 그 마음을 알려 하지 않는 듯 걱정한답시고 불쑥 거칠게 표현하고 간섭하는 것 때문에 무시당하는 것 같아 괴롭다고 했습니다.

다른 나라에서 그 사람들이 마음 써주는 것과 대비되어서 그렇게 느낀 것임을 상담 과정에서 알게 되고, 그 니는 자신의 상황을 이해하였습니다. 누구나 하지 못하는 남다른 경험을 한 사람이니 주변 다른 사람의 마음을 알아주고, 자기 마음을 표현하는 적극성을 권했습니다. 우리 서로 마음 알아주며 사는 정신건강 사회운동을 같이 하자고도 했습니다.

왜 우리는 이렇게 우리끼리 서로 마음을 잘 알아주지 못하고, 서로 섭섭해하며 살고 있을까요? 30년, 40년 한이불 덮고 잔 남편의 마음도 알아주고 싶지 않아 서로 등 돌리고 살게 된 이유가 무엇일까요? "눈에 넣어도 아프지 않다"는 표현을 곧잘 쓰는 엄마들이 왜 자기 아이들의 마음을 알 생각을 하지 않을까요?

효도해야 한다는 도리의 규범일랑 제쳐놓고라도 순수하게 노인이 된 부모의 마음을 궁금해하지 않는 이유는 무엇일까요? 왜 그게 참효도라는 걸 모를까요? 학교를 지긋지긋 싫어하는 학생의 마음을 교사들이 알려 하고, 학생들이 마음껏 자라며 행복해할 배움터로 왜 만들려 하지 않을까요?

남편의 마음을 알아주지 않으려는 아내, 아이의 마음을 알려 하지 않는 엄마, 부모의 마음을 궁금해하지 않는 자녀, 학생들의 마음을 이해하지 못하는 교사들. 그러면서 이들의 마음은 편할까요? 서로 불편하고 불행한데 왜 서로 마음을 외면하고 사는 것일까요?

마음을 알아주는 것이 얼마나 좋은지 우리 모두 체험하지 못하고 살아온 탓입니다. 태어나서부터 아이의 마음을 보려 하지 않고, 어른들 마음대로 아이들을 길들여왔습니다. 마음이 보이지 않으니 볼 수 없고 그러니 알 수 없는 것이라고만 알고 살아온 것입니다. "열 길 물속은 알아도 한 길 사람 속은 모른다"는 속담을 진리로 굳게 믿고 살아갑니다. 자기 아이, 자기 학생, 자기 남편을 제대로 모르면서, 자기 마음 가는 대로 짐작해서 안다고 여기고 판단하며 잘못 대해온 것입니다.

그런데 그 짐작은 맞을 수 없습니다. 실제로는 아이도 나와 다른 사람이고, 한 부모 품에서 태어난 형제자매도 서로 다 특성이 다르다는 데서 문제가 생깁니다. 학생도 나와 다를 뿐 아니라 모두 각기 서로 다른 사람인 것을 염두에 두지 않는 데서 심각한 문제가 생깁니다. 남편도 나와 다르고 다른 배경에서 자랐다는 것을 인정해야 하는데 서로 자기 생각만이 옳다고 고집을 부립니다.

자신과 다르다는 것을 엄마가 몰라주면 아이는 엄마와 다른 자기를 구분하여 인정받지 못합니다. 스스로도 알지 못하고, 엄마에 맞추어 살게 되지요. 그러면서 자기만의 남다른 마음을 스스로도 의식하지 못하고 자라게 됩니다.

자기 자신의 마음을 알지 못하니 적절하게 다른 사람에게 표현하고 알릴 수도 없게 됩니다. 엄마가 원하는 것을 해내려 애쓰지만 엄마와 다른 존재이니 잘 해내기도 힘들어집니다. 자기 마음을 자연스레 표현하고 받아들여진다면 표현하는 것 또한 쉬울 텐데 그러지 못하니 "힘들다", "쉽지 않다"는 말을 줄곧 대놓고 하게 됩니다.

아니, 다른 사람의 마음을 안다는 것이 아예 불가능하다는 말이 맞을 것입니다. 그러니 같이 살아야 하는 다른 사람 눈치 보느라 바빠서 자기 마음은 깊숙이 눌러놓고 덮어 모른 척 외면합니다. 그러면 어린 시절의 기억이 없는 사람이 됩니다.

사회생활하며 요행으로 눈치 본 결과가 맞을 수도 있으나 그렇지 않으면 낭패를 보게 됩니다. 그리고 마음의 기제를 몰라 정확하지 않은 해석까지 하게 되니 다른 사람과의 관계를 오해하며 스스로 피하거나 다른 사람을 밀쳐내고 혼자만의 세계에 파묻혀 사는 결과를 보일 가능성이 커집니다. 아무도 믿지 못하는 황야에 내던져진 삶의 처지가 됩니다.

다른 사람이 사는 대로 흉내 내며 살아갑니다. 학교에 가서 공부 잘하고, 선생의 칭찬을 듣는 아이를 흉내 내고 따라 합니다. 뒤를 졸졸 따라간다는 것이 아니라 자기 마음에 그 아이의 행동을 내면화해서 살아간다는 말입니다. 다른 사람들이 인기 학과라고 하는 데 덩달아 지원하고, 다른 사람들이 술 마시며 문제를 푼다니까 술로 몸을 망치며 삽니다. 돈을 벌어야 한다며 취직하고, 돈 쓰며 효도도 하고 형제도 돕는 배려를 했다고 여깁니다. 진정으로 관심 없으면서도 겉으로 배려의 흉내를 낸 것뿐입니다. 그러고는 자랑스레 뽐내고 할 도리를 다한 것이라 알아주기를 기대합니다.

결혼하고도 여성학에서 말하는 평등을 마음 없이 저울에 달아 거래하려 합니다. 서로 다른 사람이라는 걸 모르니 서로 자기만의 저울 눈금으로 "불공평하다"고 아우성을 칩니다. 서로 다른 힘을 가지고 근육을 부풀려 힘을 행사합니다. 목소리가 높아지고 혈압이 오릅니다.

애초부터 엄마가 아이의 다른 마음을 알아주어 엄마의 다른 마음을 아이가 알면서 자랐다면, '엄마-아이'의 '두 마음'이 갈등하는 것은 당연하다고 알고 자랍니다. 그랬다면 소리가 높아도, 혈압이 올라도 "큰일 난 것 아니고 괜찮다"는 것을 압니다. 나와 다른 마음을 가진 엄마가 자기를 사랑한다는 것을 알기에 목소리도 다시 회복하고 혈압도 정상으로 돌아오며 '안정감'을 잃지 않을 수 있습니다.

그러나 그런 상황을 짐작도 못하고 서로 마음을 모르고 사는 우리네 니들은 얼굴이 붉어지고 목소리가 높아지는 것이 무섭고 싫어 피하고 싶어 합니다. 더 이상 안 되겠다 싶으면 조용하고 평화스럽게(?) 무마하려 합니다. 얼버무려 무마하는 것은 참평화가 아닙니다. 또 입을 꾹 다무는 단계로 접어들거나 그 자리를 떠나 피하는 방식을 취합니다.

결혼해서 처음부터 치열하게 갈등하고 해결하지 않으면 20년, 30년 그렇게 반복하고 마음은 굳어지고 맙니다. "남편을 사랑하느냐?" 물으면 쓸쓸하게 헛웃음을 날립니다. 자기에게 마음이 없어서 아이나 남편의 마음을 알아주지 못했다는 생각을 하기보다는 상대편이 자기를 알아주지 않음을 섭섭해합니다.

이래서 황혼 이혼이 생기고, 부모가 아이를 아프게 하고, 살해하고 버리는 사건이 생기기에 이릅니다. 아이들이 부모를 미워하는 현상도 생깁니다. "미워하는 것이 살인한 것"이라는 말씀으로 보면 부모를 살해하는 것이 우리네 지붕 아래에서 얼마나 많이 자행되고 있는지 모르겠습니다.

자기 속에 마음이 싹트면 다른 사람 마음이 보이고, 그러면 마음을 서로 알아주는 따스한 배려가 넘치게 됩니다. 제대로 살맛나게 됩니다.

갈등 연습장

스코틀랜드에 있을 때 '하이랜드 게임'이라는 오래도록 전통으로 지켜오는 지역 운동회 같은 축제를 보러 간 적이 있었습니다. 어린아이들부터 노인까지 모두 함께 참여하고 즐기는 행사에서 여러 가지 게임을 재미있게 보았습니다. 우중충한 날씨에 축제장 마당이 질척거려 신발이 엉망이 되어도 아무도 개의치 않는 것 같았습니다. 남녀노소 다 함께 산을 오르고 내리는 게임도 있었고, 기둥만치 굵고 긴 나무통을 들어 올려 던지는 게임도 있었습니다.

유난히 감동스러운 게임은 달리기였습니다. 젊은이들과 노인들이 함께 겨루려 나섰습니다. 노인들이 젊은이들에게 경쟁 상대가 될까 걱정스러웠습니다. 그런데 그들은 곧 나의 걱정을 풀어주었습니다. 육상 트랙 위에서 나이가 제일 많아 보이는 노인이 제일 앞에 서고, 젊은 이들은 멀찌감치 뒤에 서서 출발하게 하는 것이었습니다. 몸으로 갖춘 조건에서 약한 사람은 앞에서 시작하고 젊고 힘 있는 사람은 충분히 거리를 두고 뒤에서 늦게 출발하게 하는 것입니다. 나이별로 따로따로 하는 것이 아니라 공평하게 함께 겨루게 하는 것이 색달라 감격스러웠습니다.

우리는 평생을 살면서 얼마나 공평하게 살아왔던가 뒤돌아보았습니다. 이 땅 위에 태어난 여성들이 어떻게 살아왔고, 또 오늘을 살고 있는지를 어느 정도는 알고 있기에 더욱 새삼스러웠나 봅니다.

아이 시절에 어른들에게 얼마나 제대로 인정받았던가요? 빨리 마음대로 하는 것 같아 보이는 어른이 되고 싶지 않았던가요! 어른들의 큰 보폭을 따라가느라 종종걸음 치지 않았던가요? 어른들의 목소리가 천둥소리 같은 고함으로 귀청을 울려 가슴이 콩닥거리지 않았던가요?

현대 교육에서 비교적 남녀의 차별이 없어졌습니다. 학생들은 교사들의 막강한 힘 아래에서 제대로 취급받아왔던가요? 기름을 짜내듯 하는 입시 제도에 잘 맞는 극소수 아이들을 빼놓고 대부분의 아이들은 얼마나 불공평하게 평가받으며 인생의 좋은 한때를 허비해왔나요?

남성들이 사회에서 활동하는 동안 집 안에서 아이들과 씨름하는 여성들의 삶이 공평했던가요? 여성만이 아닙니다. 이 빠진 호랑이가 된 노인들이나 병약한 사람들, 가난한 사람들, 장애우, 난민 같은 소외된 사람들이 공평하게 '인생 달리기'를 할 수 있나요?

우리는 어느 누구 가릴 것 없이, 자신과 다른 생각과 취향과 능력과 품성과 힘을 가진, 조건이 다른 사람들과 함께 평생을 살고 있습니다. 그러기에 우리는 어느 한 사람 갈등 없이 살 수 없습니다. 자기만 아는 옹고집이거나 아니면 아주 완벽한 바보가 아니라면 누구나 늘 갈등을 겪으며 살게 됩니다. 자기만 알고 힘을 휘두르며 고집부리는 사람은 공평하지 못하고 사회성이 부족한 사람입니다. 마음이 건강하지 못한 것입니다. 우리 모두 건강하게 갈등 상황에 직면해서 건강하게 갈등을 풀어가는 것이 상책입니다.

갈등을 제대로 풀지 못하는 사람들이 자기가 가지고 있는 힘을 막무가내로 휘누르려 합니다. 이렇게 폭력을 행사하는 것은 손쉬워 보이는 간단한 갈등 풀이입니다. 갈등을 풀 능력이 없는 부족하고 약한 사람들이 폭력을 씁니다. 폭력의 힘으로 다른 사람을 제압한다고 여기기 때문입니다. 그러나 이것은 공평하지 못한 방식입니다. 우리는 공평하게 갈등해야 합니다. '하이랜드 게임'에서 달리기를 공평하게 겨루듯이 힘 있는 사람과 힘없는 사람이 공평하게 겨루어야 합니다.

그런데 우리 문화에서는 무조건 조용히 지나가는 것을 선호하는 경향이 있습니다. 힘없는 사람에게 소리 낼 기회가 주어지지 않고, 힘 있는 사람의 뜻에 거스를 엄두를 낼 수 없게 됩니다. 아무리 정당한 말이라도 '제 목소리'를 내는 것이 거북스러워지고 큰 소리에 대해 심한 알레르기 반응을 보이는 것이 보통입니다. "뭐가 무서워 피하나, 더러워서 피하지" 하는 태도로 외면하는 방어기제를 씁니다. 그러니 될 수 있는 한 갈등 상황에 개입하지 않으려 듭니다. 우리 판 빌라도가 되어 손을 씻으면서 "나는 깨끗해" 하는 자세를 취합니다.

민주 사회를 바란다면서도, 우리 시민들이 차분히 장기전으로 개입해서 우리 사회의 문제를 책임지고 해결하려 하지 않습니다. 당장 '윗사람'이 해주기를 기다리거나, 아니면 시도 때도 없이 거리로 나서 (아이같이) 떼쓰는 것 같은 성숙하지 못한 양상만을 보입니다.

학교에 아이들을 보내면서 심각한 문제를 발견하고도 학부모가 정당한 주장을 하며 교사와 갈등하고 해결하려 하지 않습니다. 힘 있는 교사에게 "우리 아이가 피해 볼까" 걱정되어 교사에 동의하지 않으면서도 남 따라 눈치를 살피면서 엉망이 된 공교육을 유지하고 방치합니다. 그리고는 사교육비가 많이 든다고 불평하지 않습니까? 교회에 다니는 사람도 교회에서 힘 있는 사람들의 말에 순종하기만 합니다. 자신의 판단에 따라 제대로 개입하고 참여하여 적극으로 갈등을 불러 표면화하고 함께 개혁과 구원의 길을 찾아가야 하는데, "은혜롭지 않다"고 여겨 입 다물기로 일관하고 있습니다.

우리의 집안은 어떤가요? 사랑하며 평생을 함께 살기로 약속한 부부라도 두 사람은 전혀 다른 사람이기에 갈등할 수밖에 없습니다. 자기주장만 한다면 배우자를 무시하는 처사이고, 아무 생각 없이 무조건 따르기만 한다면 자기 자신을 무시하는 경우를 만들게 됩니다. 서로 다른 것을 인정하고 절충할 줄도 알고 친절하게 자세히 설명하여 설득하려고 해야 합니다. 그런데 남편과 아내가 각자가 가지고 있는 고정관념으로만 서로를 대하면 평행선을 그으며 제대로 갈등하지 못하게 됩니다.

'남편은 하늘'이라는 생각으로 폭행하는 남편에게 당하고 살아온 여인들이 있습니다. "어머니가 이혼했는데 나도 하면 '그 엄마의 그 딸'이라는 소리를 들을 수 있다"며 미숙하고 책임질 줄 모르는 남편을 참기만 해서 될 일이 아닙니다.

부모와 자녀 관계도 마찬가지입니다. 아무리 닮았다 해도 부모와 자녀는 다른 사람입니다. 또, 다른 시대와 환경을 사는 세대 차이를 인정해야 합니다. 자수성가한 부모들이 자녀들에게 여유롭게 살 수 있는 환경을 마련해주고는, 그래서 생긴 자녀들의 여유롭고 느긋한 생활 태도를 참지 못하는 경우가 많습니다. 휴지 한 장도 반으로 잘라서 쓰는 부모의 절약하는 자세는 존경받아 마땅합니다. 그러나 휴지 상자에서 몇 장씩 쏙쏙 꺼내 쓰는 아이들도 이해해주어야 합니다. 그들은 소비의 미덕을 찬양하는 세대인데 절약의 덕목으로 잔소리한다면 두 세대 사이의 만남이 없어집니다.

용납 못한다는 태도로 힘을 가진 부모가 일방으로 강압하기 시작하면 아이들이 '공평하게' 갈등할 수 없게 됩니다. 자녀들의 자세를 이해하고 나서 부모 쪽의 생각을 표현하면 자녀들 쪽에서도 부모의 삶의 배경을 이해하고 존중하여 자기 조절을 하려는 동기와 의도를 가지게 됩니다. 현명한 갈등의 결과로 존중하는 마음과 사랑이 자랄 수 있습니다.

한 개인으로 우리는 내면의 갈등을 어떻게 경험하고 있을까요? 이 세상에 태어나 온전하게 자기의 필요를 알아주고 충분하게 요구에 응해주는 양육자의 품에서 자랄 수 있었다면, 자기표현을 순조롭게 할 수 있었을 것입니다. 그러나 우리들 대부분은 이해에 기반한 존중을 어른들에게서 제대로 받지 못하고 자랍니다.

사랑으로 보살펴주었다 해도 아이들에게 그 사랑이 바르게 전달되려면 아이들 마음의 틀에 맞게 사랑이 표현되어야 하는데, 그 일이 보통 어려운 것이 아닙니다. 보이는 몸을 돌보는 것은 그나마 쉬운 편입니다. 아이답게 표현되는 느낌과 마음, 그리고 영혼을 알아채는 것은 아주 힘든 일입니다. 게다가 우리 문화에서는 보이지 않는 정서를 예민하고 중요하게 다루지 않는 경향이 있어 더욱 어렵습니다.

자기의 느낌과 생각을 표현하지 않는 것에 익숙해지면 자신의 느낌과 생각을 눌러 마치 느낌이 없다는 듯이 살게 됩니다. 느낌이 무엇인지조차 궁금해하지 않고 차츰 멀어져갑니다. 느낌과 생각이 개발되지 않으면서, 자기의 생각이 아닌 힘 있는 다른 사람의 생각에 의존해서 살게 됩니다.

그런 사람들 가운데 자기가 좋아하는 것이 무엇인지 모르는 경우가 많습니다. 한창 어린 나이에 이미 꿈이 없는, 맥 빠진 노인같이 됩니다. 다른 사람들이 좋다고 하는 것을 자기도 좋은 줄 알고 있을 뿐입니다. 인기 있다는 전공을 무감각하게 택하고, 남들이 하는 대로 조건 보아 결혼하고, 열심히 그 길이 자기 길인 줄 알고 땅만 보고 살아갑니다. 갈등할 자기의 다른 생각이 따로 없고 다른 사람이 하는 대로 따라 하기만 합니다. 다수가 하는 것을 따라서 수동적으로 적응하는 것은 결코 건강하다 할 수 없습니다.

우리가 사는 세계는 분명 천국이 아닌데도 이렇게 수동적으로 살면 우리네 문제점을 스스로 볼 수 없게 됩니다. 힘 있는 다수에게 내맡기는 꼴이 됩니다. 자기 삶에 대한 책임을 져버리는 처사입니다. 마음이 건강한 '나'들로 살아 착한 세상을 만들기로 결의한 우리는 갈등 없이 사는 안이함을 벗어나야 합니다. 자기 의견이 분명하면서 이를 실천하는 건강한 자세를 가져야 합니다. 그리고 자기만을 위하는 생각의 틀을 넘어, 우리의 관심과 힘을 필요로 하는 이웃을 위해 적극으로 갈등해야 합니다.

희망이 없는 사람은 불편한 채 그 불편한 자신의 처지를 유지하는 데 목을 매고 삽니다. 건강하게 희망을 가진 사람은 현상 유지를 거부하고 끊임없이 갈등하며 저항합니다. "평화를 위한 기도만 하는 것은 충분치 않고, 정의를 위해 힘써 일해야 한다"고 한 윌리엄 코핀 목사의 말은 건강한 마음으로 살려고 하는 니들이 새겨둘 말입니다. 평화도 제대로 갈등해야 얻을 수 있기 때문입니다. 마음이 건강한 사람이 제대로 갈등할 수 있고, 제대로 갈등하면서 우리는 건강해집니다.

알트루사는 그런 갈등의 연습장입니다. 실제로 바깥에 나가서 갈등하기 전에 갈등 연습을 해서 마음을 단련하고 심장을 부드럽게 키우고, 유연한 순발력도 꽃피우게 했습니다. 어쩌면 이전에는 갈등이 오기 전에 미리 겁먹고 막으려 허우적대기만 했는지 모릅니다. 한쪽만 바라보고, 곁눈질하지 않으려고 사팔 눈이 될 지경이었습니다.

한 어머니의 맏이로 줄줄이 동생들을 거느리는 골목대장 노릇을 잘 해내야 했던 경우입니다. 아무도 어머니와 딱 붙어 있는 맏이의 의사를 꺾을 수 없었습니다. 딴 소리가 들려도 안 되고, 딴 모습을 보아도 안 되었습니다. 잡소리가 섞이면 귀를 막고, 기대하지 않은 모양새는 불협화음을 불러 걱정이 부풀게 했습니다. 일사불란, 어지럼증을 일으킬 것들을 차단하며 살아왔던 것입니다.

자기 뜻대로 살아왔으니 이만저만 독재가 아니었습니다. 그러니 아무런 갈등 없이 친정에서 살아올 수 있었습니다. 그러다가 결혼하니 이제까지와는 다른 시댁에서 다른 소리와 모양새와 그리고 다른 마음 씀씀이를 만나 갈등이 비롯되었습니다.

그 니는 상담 첫날 "마음대로 살아왔군요" 하는 말을 알아듣지 못하는 듯 보였습니다. 오히려 "내가 얼마나 시댁 때문에 힘든데 마음대로 했다니?" 하며 억울해했습니다. 친정과 시댁의 다름을 공평하게 두는 안목이 없었기 때문에 공평하게 갈등하지 못해서였습니다. 그러다가 친정과 시댁의 '편 가르기'로 남편에 대한 사랑을 질식시킬 수 있음에 눈뜨면서 잘 갈등하려는 동기를 가질 수 있게 되었습니다.

시댁은 무조건 틀리고 친정은 막무가내로 옳은 것이 아님을 알게 된 것입니다. 서로 다를 뿐임을 알기까지 어느 정도 시간이 필요했습니다. 그리고 그 다른 것을 인정하고 아끼고 사랑하는 마음으로 볼 수 있게 되었을 때 참갈등을 공평하게 할 수 있게 된 것입니다.

이제는 초등학교 3학년 큰아이가 회장이 되고 회장 어머니 구실을 하면서 현상 유지의 편을 옹호하는 어머니들의 한 무리를 향해 다른 소리 내기를 잘 해내고 있습니다. 체벌로부터 아이들을 지키려는 뜻에 동조하지 않는 엄마들을 설득하기가 쉽지 않다는 현실에 놀랍니다. 아이들조차 "벌서기보다 한 번 맞고 말지" 하는 마음이라니요! 어찌 그냥 내버려둘 수 있을까요?

돌쟁이를 업고 왔던 새댁이었는데 그 아이가 초등학생이 되도록 여기 연습장을 떠나지 않고 계속 갈등하며 자라고 있습니다. 연습장에 머물러 자신만 바뀌고 자라는 것에 만족하지 않고 현실의 터전에 나가서 갈등을 피하지 않고 씩씩하게 갈등하는 맛을 체험하고 있습니다.

칠순이 되기까지도 나는 이 연습장을 떠나지 않고 다른 니들에게 연습의 기회를 주려 연습장 버팀과 키우기를 포기하지 않으려 합니다. 왜냐하면 갈등으로 삶이 달라지는 것을 몸소 체험했기 때문입니다. 갈등의 약효에 대한 확신이 있기 때문입니다. 그래서 "갈등합시다"를 거침없이 외칠 수 있게 된 것입니다.

그 니는 이전에 가지고 있었던 생각의 변화를 감지합니다. "자존심이 그토록 중요했던 때"를 고백합니다. 진정한 자존심은 옹고집이 아니라는 것을 알게 되었으니 주저함 없이 옛것을 버릴 수 있는 것입니다. 제대로 바르게 볼 수 없었던 어리석음도 대면할 용기가 생긴 것입니다. 스크루지에게 친구 유령이 필요했듯이 친구 니들이 있어야 했습니다. 우리 누구나 혼자의 힘으로 튼튼해질 수 없습니다. 사랑을 품고 갈등을 성의껏 풀려고 하는 니들이 함께 있어야 합니다.

갈등 상황을 맞을 때마다 물러서지 않고 "한 발 앞으로" 나서는 것이 필요합니다. 나서기까지는 두려움이 있습니다. "부서질 줄 알고 걱정했는데 지금은 다르다"고 그 니는 말합니다. 이젠 오히려 더 튼튼해진 자신을 발견합니다. 다시 생명을 느끼는 참삶을 위해 갈등을 외면하지 말자고도 합니다. 갈등할 거리들은 울타리 바깥에 두고 처소 안에서 무릎 꿇고 기도한다고 살맛이 절로 생겨나지 않습니다. 기도하기 전에 이웃과 갈등을 먼저 풀고 오라고 하시지 않았던가요!

혼자만 해결하고, 혼자만 앞설 수 있고, 혼자만 환하게 웃을 수 있는 것이 아닙니다. 갈등하고 나서 서로 마주 보며 함께 해결하고, 함께 나서고, 함께 웃을 수 있는 것입니다. 한 사람이 뿌린 씨앗이 많은 열매를 맺듯이 기쁨과 평화는 자꾸 번져갈 수 있습니다. 갈등이 끝이 아니라 시작이라는 것은 얼마나 가슴 두근거리며 터득한 진리인가요.

누구에게나
언니가 필요하다

　우리는 흔히, 태어나 자라다가 동생이 나면 드디어 언니가 되어 언니 구실을 하게 된다고 생각합니다. 그런데 어떤 부모 품에서 어떻게 자랐는가에 따라 언니 노릇 하는 것이 달라집니다. 특히 자매들의 관계는 어머니의 됨됨이가 중대한 영향을 미칩니다.

　어머니가 늘 중심에 서서 아이와 자기의 관계를 더 깊게 하려 들면 아이는 어머니에게 충성을 더 바치며 살려 합니다. 그 아이는 언니 노릇을 할 때 어머니가 원하는 것을 아우도 하게 만들려고 할 것입니다. 어머니 중심의 생각을 따라 언니가 어머니 편이 되어 아우에게 요구하는 경향이 생긴다는 말입니다. 그런데 실제로는 어머니의 마음 전체를 파악하지 못하는 어린 나이이므로 자기 나름의 좁은 생각에 따라 아우에게 잘못 강요할 수 있습니다.

그래도 아직 어른이 되지 못한 아이를 언니로 두었기에 아우는 어른의 세계에 편입하지 않아도 되는 처지라, 언니보다 아이답게 살 수 있습니다. 그래서 둘째는 더 자유롭고, 첫째는 융통성이 없게 됩니다. 그리고 어른들은 큰딸을 '살림 밑천'이라며 든든하게 여깁니다. 아우는 어른 세계에 비위맞출 필요도 생각도 없고, 아이들 세계를 즐길 수 있게 됩니다. 언니는 그런 동생을 이해할 수 없고, 언니의 힘을 써서 우격다짐하듯 억지를 부리거나, 아예 어른스럽게 돌보는 착한 사람 자리로 물러납니다. 어느 쪽도 아우와 대등한 관계에서 가볍게 즐거울 수 없는 자리에 언니가 있습니다.

다른 모양의 어머니도 있습니다. "내가 아이들보다 나이가 많아 먼저 세상을 떠날 것인데, 언니와 아우가 더 오래 서로 아끼며 사이좋게 사는 것이 좋겠다"고 생각하는 어머니입니다. 그런 경우에는 어머니 뜻 중심으로 아이들을 움직이게 하는 것이 아니라, 아이들끼리 같이 놀고 함께 잘 지내는 것을 더 중요하게 여기고, 그렇게 할 것을 강조합니다.

아이들이 사이좋게 놀 수도 있지만, 아무리 자매라도 서로 다른 아이들이니 다툼이 생길 수 있다는 것도 인정합니다. 일란성 쌍둥이도 서로 다르다고 하니 자매가 다른 것을 막을 수 없습니다. 누구나 싸움도 하고 놀기도 하면서 자라는 것이라고 인정할 수밖에 없습니다.

그러나 아이들이 싸울 때 어머니가 개입해서 대신 해결해주려 하기보다는 아이들끼리 평화롭게 해결하도록 지켜봐주는 것이 필요하다고 생각합니다. 더 크다고 해서 언니가 힘을 쓰는 것이 허용되지 않는다는 원칙을 분명히 하고, 어머니는 자매 사이에 끼어들지 않습니다. 물론 아우라고 편을 들어주는 것도 안 될 말입니다. 그러면 어려서는 아이답게 언니-아우가 함께 자라고, 자라서는 어른으로 언니-아우가 서로 통하는 마음 편한 사이로 지내며, 인생길을 동행할 수 있게 됩니다.

우리 문화는 아이 때를 따로 봐주지 않고, 어른이 되어 살 준비 기간 쯤으로 여기는 경향이 있습니다. 특히 맏딸에게 빨리 철들고 아우 돌보고 어른 짓 할 것을 기대합니다. 언니로 태어난 사람들은 아이 짓을 충분히 할 기회가 없어, 느긋하게 아우의 특징을 보아줄 여유가 없어집니다. 어린 탓에 어머니의 뜻을 좁게 해석하고, 어머니보다 더 엄격하게 아우들을 조여갈 수 있습니다.

그 니도 맏이로 여동생들의 신발을 신어볼 생각을 못하고 자랐습니다. 아우들의 생각을 헤아리기 전에 자기 생각을 앞세우고 일사불란으로 따라오기를 요구하기만 했습니다. 왜냐하면 자기가 어머니의 마음을 잘 짐작하고 있다고 생각했으니까요.

그런데 어머니와 처음으로 마음을 풀고 주변에서 다른 어머니들의 안색을 볼 줄 알게 되면서 다른 집 열한 살 딸아이가 눈에 들어왔습니다.

자기 어머니에게도 못하는 말을 그 니에게 하는 아이였습니다. 그 아이가 가슴 저리게 보이기 시작했습니다. 피를 나눈 아우가 아닌데도 서로 알아주는 아우가 되어, 사랑하는 언니가 된 자신을 열한 살짜리가 알아본 것입니다.

이제 비로소 따스한 언니가 되어 '나 이제 귀를 기울이고 살아야겠구나' 결의할 뿐 아니라, 사람 사이에 기를 받아 살게 해주는 것에 감사하는 마음을 깨우칩니다. 이미 피를 나눈 아우를 여럿 두었어도 이제 좁은 가족의 울을 넘어 넓은 세상으로 언니의 품은 뛰어넘습니다. 언니로 태어났기 때문에 어쩔 수 없이 된 언니만 언니가 아닙니다. 아주 엉뚱한 아우를 만나 언니가 되는 언니로의 거듭남의 감격은 그만 못하지 않습니다.

정말로 마음이 건강해진 언니는 가느다랗게 부르는 아우들의 소리를 떨어뜨리지 않고 어디서나 들을 수 있습니다. 시끄러운 장바닥에서도, 우리의 일터에서도, 피곤한 몸으로 집을 향한 전철 속에서도, 그 어디서나 아우의 할 말을 듣는 귀를 가지고 있습니다. 자기만의 세계에 갇혀 있어서는 듣지 못할 것입니다.

그러나 언니의 마음도 고요하게 늘 잔잔한 것이 아닙니다. 한바탕 소용돌이 칠 때 알아주는 눈이 있어야 합니다. "오, 너 정말 그러니? 그래도 괜찮아" 하는 말을 해줄 사람이 언니에게도 필요합니다. 그래서 언니에게도 또 언니가 있어야만 합니다. 들어주고 알아주려는 성의 있는 마음을 지닌 언니들 앞에서 눈물을 뿌리며, 꺼억꺼억 소리 내 울며, 하소연하고 나면 "어머, 나 혼자가 아니구만!" 하고 깨닫게 됩니다.

"피는 물보다 진하다"고 했는데, 그렇지 않을 수도 있구나 깨닫습니다. 피도 몰라주는 상처들 토해내면 덤덤히 제 품으로 안아주는 자매들…. 다시 힘을 얻어 고개를 들고 얼굴빛을 되찾습니다. 그리고 새가 되어 날아오릅니다.

이제는 더 이상 혼자만 새가 되어 이리저리 부딪히지 않습니다. "하나님…, 계시기는 한가 보다" 안심합니다. 언니들이 있어, 하나님 얼굴도 볼 수 있게 된 것입니다. 언니 됨은 그래서 힘이 있습니다. 자매 사이에 흐르는 따뜻한 기운을 체험했으니 이제는 "놓지 말고 꼭 잡고 있어라" 모두에게 다짐합니다.

자기 자신으로 사는 모험

유난히 무더운 날, 소서(小暑)가 제 몫을 톡톡히 한 날이었습니다. 아주 어려움이 짙은 니를 만나 아침 상담 시간을 보냈습니다. 선조들의 지혜 덕으로 동굴 효과가 있어 겨울엔 따스하고 여름엔 시원하기로 정평 난 우리 좁은 상담실이지만, 오전에도 부채가 필요한 날이었습니다.

우울증 심한 니가 오후 약속을 지키지 못한 빌미로 다른 니들과 공개 상담을 하면서, 동시에 소식지 접어 봉투에 넣고 풀칠하기를 부지런히 했습니다. 귀갓길, 안국역은 냉방이 되지 않았고, 전철에 무슨 사고가 있었는지 대화행 지하철을 오래도록 기다려야 했습니다. 그러니

차 칸은 붐비고 앉을 자리는 좀체 나지 않았습니다.

집에 들어서자 샤워하고 시원한 마루에 몸을 무겁게 가라앉혀 마냥 쉬고 싶었습니다. 이럴 경우, 때로 가까운 식당가에 가서 이것저것 그날 기분에 따라 사 먹기도 하고, 남편이 원하는 것을 말하는 날이면 제안이 반가워 집에서 해 먹기도 합니다. 그런데 그날따라 남편은 피곤했는지 앞뒤 베란다 문을 열어놓고 누워 잠이 들어 있었습니다.

한 손 샀다가 반만 먹고 남긴 자반 한 마리가 냉동고에 있다는 것을 기억해냈습니다. 끓여두었던 미역국과 잡곡밥을 내고 하나 남은 오이를 고추장으로 버무려 자반과 함께 상을 차렸습니다. 바깥 모임에서 동파육 섞인 중국 음식을 잘 들어서 저녁을 안 먹고 내 옆에서 동무해 주겠다던 남편도 "맛있게 잘 먹었다"고 합니다.

이런 자그만 일이 우리 삶의 모험 가운데 하나입니다. 아주 열심히 장 보아 정성스레 장만한 밥상이 오히려 이만큼 환영받지 못할 때를 여러 차례 겪어서 알고 있습니다. 굉장한 인물들만 모험하는 것이 아닙니다. 굉장한 일을 해내는 것만이 모험이 아닙니다. 보통 사람인 우리 삶의 과정 모두 온통 모험으로 점철되어 있다고 할 수 있습니다.

모험한 것이 아니라고 여기는 것은, 그저 "또 한 차례 무사히 지나갔구나!" 넘겨버리기 일쑤일 뿐 우리 경험을 소중하게 여기지 않았기 때문입니다. 이 세상 어디에도 자기 같은 사람이 하나도 없다는 사실을 귀하게 여기고 자신의 독특함을 스스로 인정하는 사람들은 아주 작은 느낌, 생각, 체험을 그냥 넘겨버리지 않습니다. 자기가 한 행동은 다른 사람과 다르고 당연히 달라야 한다고 여긴다면 다른 사람들이 가는 길을 아무 생각 없이 따라 할 수 없습니다.

다른 사람들이 많이 무리지어 다녀 반들거리도록 닳은 길을 따라 등산하는 것이 아니라 새로운 길을 찾아나서는 것도 한 모험입니다. 남 하는 대로 하는 것이 안전하다고 여길 수 있습니다. 남 하는 짓이 남들에게는 맞는지 몰라도 자신에게 적합한지 확인하지 않은 채 운에 맡기고 사는 사람이 우리 주변에는 아주 많습니다.

얼마 전 아주 재미있는 이야기를 들었습니다. "당신 아이를 누가 길러주는가?" 답이 뭐였을까요? 그 질문에 대한 대답은 "옆집 아주머니!"였습니다. 옆집 아주머니가 자기 아이를 기르는 대로 내가 내 아이를 따라 기른다는 말입니다. 기막힌 말 아닙니까? 그런데 그 옆집 아주머니는 또 자기 아이를 제대로 보면서 자기 생각과 판단에 뿌리를 두고 기르고 있는가 하면 그렇지 않습니다. 또 다른 사람들을 맹목으로 흉내 내고 있음을 볼 수 있습니다.

본 적도 없고 알지도 못하는 사람들의 지시를 받아 내 아이를 길러야 한다면 아이에게 얼마나 공평치 못한 일이 될 것입니까? 아이의 문제를 오진할 것이 분명합니다. 보약을 지으려 해도 본인의 진맥을 받아야 하는 것인데 말입니다. 마찬가지로 자신의 삶도 자신의 뜻에 따라 살아가지 않는다면 얼마나 억울한 일입니까?

나는 어려서부터 고기를 먹지 않습니다. 그런데 남들이 다 먹으니 나도 억지로 먹어야 한다면 얼마나 힘들고 억울할까요! 언니들이 줄줄이 다 선봐서 시집갔으니 다른 방법은 생각도 하지 못한 채 시집갔다는 말을 듣습니다. 세 살 때부터 서구 사회에서 자란 젊은이도 "연애하지 말고 한 사람 만나 결혼하라"는 한국 어머니의 말씀을 잘 따르고 있다는 경우도 봅니다. 운 좋게 정말 좋은 사람 만나면 다행이지만 어떻게 평생 함께 살 배우자를 스스로 선택하려 하지 않을까, 궁금하지 않습니까?

자신에 대한 믿음이 없어서입니다. 스스로 선택할 자신이 없어서입니다. 이는 또 자기가 원하는 것을 선택해본 적이 없기 때문이기도 합니다. 옆집 아주머니에게 유별나다는 말을 듣지 않아야 하는 어머니 밑에서 자라 그렇습니다.

유난히 예쁜 딸을 둔 어머니가 아이에게 눈에 띄지 않는 옷을 입히고 안경을 골라도 튀지 않을 것을 고릅니다. 키가 크면 어깨를 구부정하게 합니다. 아이의 개성을 죽여 유행하는 품에 맞추어 살게 합니다. 눈치를 보느라 자기 입맛과 맵시를 잃게 합니다. 차츰 자기가 원하는 것이 무엇인지도 모르고 살게 합니다. 이러다 보니 남 하는 대로 하지 않으면 불안해집니다. 자기도 모르는 사이에 자유를 스스로 포기하게 됩니다. 자유롭게 사는 사람을 보면 불편하고 미워하게 됩니다. 무의식에서 질투가 일기 때문입니다.

이리되면 나만 남 따라 하는 것에 만족하지 않고 다른 사람들도 남 따라 하기를 요구하게 됩니다. 나의 생각과 다른 생각을 용납하기 힘들어하고 고집을 부리게 됩니다. 이런 사람이 가정이나 사회에서 힘을 가진 자리에 앉게 되면 다른 사람이 하려는 모험을 못하게 방해합니다.

우리네 니들은 자기 가족의 삶에 막강한 힘을 행사하고 있습니다. 먹는 것부터 가정 경제 전반에 총운영자로, 아이들 교육의 총책임자로 힘을 발휘하고 있습니다. 그러기에 니들이 모험하기로 마음만 먹으면 우리 사회를 유연하고 활발한 곳으로 바꿀 힘이 넉넉히 있다고 생각합니다.

문제는 니들이 흉내 내기에 급급하다는 것입니다. 그러니 한 줄 서서 달리기 경쟁하는 꼴밖에 안 되는 삶을 살고 있습니다. "우리 한 줄 서지 말자" 하며 한 사람 한 사람 다른 줄을 만들어 "서로 존중하고 협력하며 함께 잘 살아보자" 하는 마음이 되지 않는 것이 문제입니다.

몸, 마음, 영혼을 다해 자신의 삶을 자기답게 실험해보려는 사람들이 극히 드뭅니다. 작은 실험을 하려 해도 위험하다고 경고를 늘 받아 와서 선뜻 나서지 못합니다. 살아남아야 함을 삶의 최소 목표가 아니라 삶의 최대 목적으로 삼아 삽니다. 이름 없이 가난하더라도 자신의 폭을 한껏 넓히며 지루하지 않게 사는 것을 버리고, '정승 집 개'로 편안하게 살 것을 선택하고 있지 않은가요? 입을 벙긋하여 자기 소리를 한 소리도 내지 못할지라도 재벌가 며느리가 되는 것을 부러워하지 않나요?

생존에 급급하거나 편안하게 살기를 목적으로 하는 사람들이 왜 모험을 피할까 생각해볼 일입니다. 손에 잡히고 보이는 것의 한계에 멈추어 있는 가치관이 마음 깊숙이 밑바닥에 깔려 있기 때문입니다. 그러니 '안전 제일주의' 뒤에 숨어 용기를 내지 않습니다.

자기만의 꿈이 없으니 열정이 시들고, 만물을 아름답게 보는 놀라움도 시들어 죽어갑니다. 모르는 것에 대한 궁금증도 없습니다. 알아낼 의지도 없으니 흥미도 잃습니다. 삶의 기쁨은 저만치 사라집니다.

요즘 이 땅에 사는 우리 이웃들 가운데 어려운 이들이 많습니다. 일하며 사는 사람들 가운데 반이 비정규직이라서 불안해하고 있습니다. 그러나 같은 어려운 처지라 해도 모험 정신을 가진 사람의 삶이 다를 것이라는 점에서 이들도 예외가 아닙니다.

모험하려는 태세를 갖추는 데는 먼저 어려움을 이길 자신감이 든든히 있어야 합니다. 살아가면서 언제나 햇빛 찬란하기만을 기대할 수 없습니다. 침침하고 어려운 처지를 마다하지 말아야 합니다. 그래서 든든한 믿음 체계를 가진 사람이 모험을 하는 것입니다.

모험 중에 기대하지 않았던 '신세계'를 찾았던 인물은 크리스토포로 콜롬보(콜럼버스)만이 아닙니다. 온실의 화초로 평생을 살기를 거부한 사람들은 모험의 과정에서 한 번씩 어려움을 겪을 때마다 끈질김과 믿음이 더욱 깊어지게 됩니다.

 삶에는 종착점이 없습니다. 결혼하고 나면 끝이라거나, 아이가 대학을 가면 다 이루었다거나, 아이들을 혼인시키고 나면 모든 일을 다 이룬 것이 아닙니다. 많은 니들이 그렇게 기대하고 살아오다가 막내를 떠나보내고 우울증에 빠지게 되는 이유가 바로 여기에 있습니다.

 우리 니들은 늘 희망을 품은 눈을 가지고, 든든한 믿음 위에서, 사랑의 모험을 하며 살아갈 뿐입니다. 또 오늘의 아이 엄마들과 내일의 엄마 될 니들은 그들의 아이들이 모험하는 것을 방해하지 말아야 합니다. 그리고 칠순 노인도 아직 종착역에 이르지 않았기에 앞으로 나에게 주어진 길을 아이들과 함께 더 걸어가기로 할 뿐입니다.

가족의 울타리 넘어
자유를…

　사랑이 자라기가 얼마나 어려운지 이제까지 보아왔습니다. 태어나 자란 어머니 품에서부터 자매들, 동생들을 골목대장같이 진두지휘하던 모습을 앞에서 읽었습니다. 연애하고 결혼하고 아이 낳고 살면서 롤러코스터를 탄 것마냥 굴곡이 심한 사랑을 했습니다. 개인의 사랑을 완성하는 것으로 상담이 따로 구획 지어 완결되지 않습니다. "여성은 사랑을 위해 살고 남성은 야망을 위해 산다"는 말은 연속방송극의 이데올로기일 뿐입니다. 많은 니들이 그 말에 혹해서 사랑 타령만 하고 있지나 않은지요!
　마음이 건강하기를 바라는 건강한 니들은 개인의 사사로운 삶으로

만 만족할 수 없습니다. '나-친정-시댁-남편-아이들'이라는 영역에만 머물러 만족할 수 없어집니다. 우리는 아래만 보고 꿀꿀거리는 돼지가 아니기 때문입니다.

우리도 처음에는 아이와 친정에만 마음을 쏟고 있었습니다. 그러다가 건강해지면서, 남편과 제대로 참사랑을 나누면서 시댁으로 마음이 넓어졌습니다. 부드러운 마음의 큰언니가 되고, 또 감사하며 이웃 사랑을 키워갔습니다.

나이 서른을 넘기고 나서 갑작스레 "내 가족만이 제일 중요하다"는 뜻을 버리고 훌쩍 가족의 울타리를 넘나드는 너그럽고 자유로운 마음을 갖기는 힘듭니다. 얼마나 오랫동안 지구가 우주의 중심이라고 우리는 믿어왔던가요!

아이들 때부터 내가 세상의 중심이 아니고, 모두가 나를 중심으로 도는 것이 아니라고 제대로 익혀왔어야 합니다. 다른 사람을 알고 싶어 하고 이해하면서 더 중요한 것을 위해 협력하는 법을 익혔어야 합니다. 나에게 이득이 될 것을 계산하는 일에 머리 회전 해왔다면, 다른 사람들이 늘 나를 해칠지도 모른다는 불안에 떨게 됩니다. 조금이라도 나와 생각이 다른 사람이 있으면 그와는 함께할 수 없다고 여깁니다. 편안하게 "아, 달라도 괜찮아" 할 수 없어서, 언젠가 그가 나를 떠나든지 내가 그를 떠날 준비를 합니다.

우리가 세상에 막 태어난 때에는 갓난이로 미처 주변을 돌아볼 만큼 눈의 초점을 맞추지 못합니다. 그러다가 천천히 엄마도 있고 아빠도 있다는 것, 그리고 첫째 아이가 아니면 언니, 누나, 형이 있다는 것도 알아갑니다. 입속에 들어온 젖꼭지를 "내 입속이니까" 하고 깨물면 엄마가 "아야!" 합니다. "아하! 내 입속에 있어도 내 것이 아닐 수 있구나" 하고 알아갑니다. 아무리 배고파 울어대도 아빠 출근 시간, 언니 유치원 갈 시간이거나 엄마가 아파 누워 있으면, 울 때마다 재빨리 공급되던 젖을 빨리 먹을 수 없다는 것도 알게 됩니다. 다른 사람들을 기다려주고 참아주어야 함을 익히는 첫걸음이 되는 것입니다.

그나마 가족 안에서는 떼를 부려도 될 때가 있었을지 모릅니다. 이웃을 만나고, 유치원과 학교를 거치면서 바깥에서 요구하는 규칙을 지켜야 어울릴 수 있다는 것을 배웁니다. 그뿐 아니라 더 높은 뜻이 있어서 최소한 '질서 지키기'만으로 충분하지 않다는 것을 깨닫고, 더 높은 가치를 추구하고 품고 살아가게도 됩니다.

그런데 이 모든 과정은 밀림 속 야생동물같이 가만히 두어도 되는 것, 저절로 생기는 것이 아닙니다. 가정 안에서의 가르침과 학교와 사회교육, 그리고 문화와 신앙으로 익혀가게 됩니다. 왜냐하면 자기 본위(本位)로 사는 것은 아주 쉬운데 다른 사람을 눈여겨보며 자신만큼 다른 사람을 아끼는 것은 그만치 어려워서 자연스럽지 않게 힘들여 익혀야 하기 때문입니다. 그래서 많은 이들이 이 어려움을 피하고 싶어 합니다.

최근에도 한 젊은 여성을 상담하는데, 다른 사람에게 전혀 관심을 두려 하지 않고 사는 사람이었습니다. 그러니 스스로도 문제가 있음을 알고 찾아온 것입니다. 초등학교와 중학교 때 기억이 하나도 없다고 했습니다. 동무가 하나도 없었고, 기억에 남는 선생도 없다고 했습니다.

이만큼 심한 경우가 아니더라도 함께 사는 가족의 생각을 전혀 모르고 지내는 경우들을 심심찮게 보게 됩니다. 나와 다른 사람으로 이해하고 용납하려 하지 않고, 자기 마음대로 생각하고 판단하니까 오해와 충돌이 있을 수밖에 없습니다. 불만이 턱까지 쌓이고 억울하여 우울증을 호소합니다. 우리 문화에서 이런 현상이 더욱 심한 것은 눈에 보이지 않는 마음에 무감각하기 때문입니다.

자기중심의 삶, 자기 가족 중심의 삶에서 살다가 마음의 건강에 눈을 뜨면 그 틀을 벗어나 넓은 공간으로 걸음을 옮기고 싶어 합니다. 그러나 좁은 세상에서 오래 살았을수록 그 틀에서 벗어나는 데 시간이 걸립니다. 이제 깨달았으니 단숨에 공공의 마음을 시원스레 터득할 수 있다면 오죽 좋을까요! 마음속의 갈피가 많아, 참견하며 들고나야 할 마음의 구간, 방이 많아 숨바꼭질하는 것같이 느낄 수 있습니다.

지구도 수많은 별들 가운데 하나이듯이 자신도 많은 사람들 가운데 하나임을 머리로 알고 있습니다. 그리고 별들도 각기 크기와 거리와 빛이 다르듯이 사람들도 각기 결이 다르다는 것을 머리로는 알고 사랑하고 싶어 합니다. 그래서 숨바꼭질이 시작됩니다. 광대한 우주 안에 지구도 다른 별들과 함께 있다고 여기면 좋을 것을! 교황은 갈릴레오를 지구에 묶어두려 했었습니다. 교황은 스스로 묶여 있었지만 갈릴레오를 묶어둘 수 없었습니다. 지구 따로 별들 따로 방을 마련해 묶어놓으려 했듯이, 중세 교황을 따라 "마음에 (아직) 방이 많아" 마음이 편치 않아서 이것저것 따로 가리고 생각하려니 얼마나 우리 마음이 바쁘겠습니까!

더 바르다고 여겨, 바라고 행하고 싶은 넓은 생각을 분명 터득하기는 했었습니다. 그런데 그 생각을 막는 마음이 방마다 막힌 벽과 닫힌 문 뒤로 숨고 있으니 당장 실천할 수 없는 자신을 처절하게 봅니다. 사실은 어쩌지 못하는 마음이 머리의 한계 안에 갇혀 있다는 것, 진정으로 아는 것이 아님을 고백합니다. 머리의 깨달음은 마음의 진전과 일치해야 한다는 것을 아프게 느낍니다.

비 온 뒤 쨍쨍한 햇살 아래 여기저기에서 꿈틀대는 지렁이를 볼 때마다 너무나 안타까워, 보는 족족 습기 찬 흙으로 옮겨놓고 싶었는데! 징그러워 건드릴 수 없어서, 마음뿐 실행하지 못해서 그 괴로움이 늘 마음을 떠나지 않았는데! 우리 니들 마음의 뒤척임이랑은 내 언제나 제 자리 제 흙을 찾도록 사랑으로 도울 수 있다면 얼마나 다행일까요! 소녀에서 성숙한 여성으로 성장하는 삶과 활동의 너른 터를 찾아 놓치지 않기를 기원합니다.

그렇게 혼자의 활동 무대만 넓힌 것이 아니라 다른 니에게 함께할 것을 권하고 전도하기도 합니다. 함께 어울려 커야 옳지 않겠습니까?

자기 혼자의 사사로운 문제를 안고 찾아왔다가 껍질을 벗고 공공의 자리로 다른 사람을 불러내는 니가 되기도 합니다.

> 변화의 3단계

더 넓게
더 깊게 생각하기

"나는 생각한다. 그러므로 나는 존재한다."
위대한 철인(哲人)의 말이다.
그런데 "나는 느끼고, 생각하며, 행동한다" 하고 싶다.

느낌이 있어 생각하게 하고 행동하게 한다.
그렇지 않으면 우리는 로봇같이 살 것이다.
느낌의 인과관계를 생각하는 것이 익숙해야
삶의 순발력이 생긴다.

인공지능과 경기하는 사람을 우리는 함께 지켜봤다.
경기는 인공지능이 산 사람을 이기는 것으로 끝났지만,
인공지능이 사람같이 느낌을 가지고 즐기는 것은 아니었다.
지고 이기는 문제가 아니라
사람으로 제대로 사람답게 살아가는 것에 관심을 두게 된다.

그런데 요즘 우리 삶을 살펴보면서
우리는 인공지능을 오히려 부러워하고 있지 않나 걱정된다.

효율성, 경제성, 편리함 이런 것에 쏠려 있어서
힘들여 생각하는 것을 귀찮아한다.
단답형으로 해답을 찾고,
우리 앞에 쌓여 있는 정보에서 손쉽게 골라잡으려 한다.
스스로 고민하여 호기심을 풀고,
새로운 길을 모험할 생각을 하지 않는다.
수많은 사람들이 걸어 다녀서 다져진
확실한 길만을 걸으려 한다.
지도를 읽고 스스로 찾아 나서기보다
내비게이터의 여자 목소리만 좇아간다.
그러다가 낭떠러지까지 이르렀다는 말도 듣는다.

안전을 찾다가 자신만의 삶의 맛과 결을 놓친다.
총천연색으로 생기 있게 살 것을
무채색으로 정지된 그림과 맞바꾸고 만다.
자기 삶만을 위한 맞춤 내비게이터는
다른 누가 만들어줄 수 없다.

혼자 스스로 생각해야 한다.

그런데 "집에서 엄마 말 잘 듣고,
학교 가서는 선생님 말씀 잘 듣고,
시집가서는 남편 말 잘 듣고" 살다보니
스스로 생각하는 습관이 생길 겨를이 없다.
"아이 기르면서 남편 말은 안 들었다고?"
그렇다면 옆집 엄마를 흉내 내지는 않았나?
아이 유치원 다닐 때 엄마들이 동창이 되어
환갑 진갑 되도록 뭉쳐 다니지 않았나?
애 코흘리개 때부터 손주 볼 때까지
나만의 아이들을 나만의 방식으로 기르기보다
단체 행동을 하듯이 해온 것은 아닌가?
자기 머리는 그냥 모양으로 가지고 다닐 뿐,
제대로 뇌가 기능해야 하는 것을 멈추고 살아온 것이다.

골치 아파야 한다.
자신의 삶과 자기 아이의 삶을 책임지기 위해서
골치 아프게 생각해야 한다.
우리 사회가 좋은 사회가 되기 위해

골치 아프게 생각해야 한다.
좋은 이웃이 되기 위해 골치 아파야 한다.

생각해야 할 것은 무진장으로 우리 앞에 놓여 있다.
우리가 생각하고 행동할 것을 기다리고 있다.
저절로 되는 것이 아니라 생각의 훈련과 연습이 필요하다.

혼자 할 수 없다.
서로 도우며, 서로 부추기며 함께 해야 한다.
우리는 그것을 하려 하고, 또 하고 있다.
상담소라고 해서 개별 상담, 집단 상담만 하는 것이 아니다.
우리는 함께 살면서, 서로 아끼고,
갈등도 하면서, 문제를 풀고, 소통하며,
열심히 생각하고, 표현하고, 듣고, 행동하려 한다.

북촌 우리 상담소 작은 한옥 대문은 늘 열려 있다.
뜻이 같은 니들과 아이들, 주변 이웃들 누구나
모두 함께 할 수 있다.
여러분을 기다리며, 함께 하자고
두 팔 활짝 벌려 환영한다.

마음 상담으로 바뀐 것들

　상담실 들어갈 때와 나올 때의 안색이 분명 다르니 스냅 사진으로 찍어보면 어떨까 하고 몇몇 모람들이 이야기 나눈 적이 있습니다. 물론 실행하려 한 것은 아니었고 그렇게 하지도 않았습니다. 상담 효과를 눈으로 확인할 수도 있다는 이야기였을 뿐입니다. 때로는 밝은 표정이 보이기도 하고, 흠뻑 울어 눈이 빨개져 나오기도 합니다. 그러나 겉으로 보이는 모양새의 바뀜보다는 보이지 않는 마음의 바뀜과 자람이 중요합니다. 마음의 진전에 따라 안색도 더불어 바뀐다는 사실을 말했을 뿐이지 상담의 목표는 단연 마음의 바뀜과 자람입니다.

　이 세상에 태어나 자라고 삶을 꾸려가면 누구나 크고 작은 문제와 마주치고, 그 문제를 풀어가야 합니다. 부모의 능력이 뛰어나 최적의 환경을 아이에게 마련해주어도 역시 문제가 생길 수밖에 없습니다. 부모가 다 예측할 수 없고 다 해결해줄 수 없기 때문입니다. 부모라고 해도 자기 아이의 특성을 완벽하게 인식하지 못하니 아이가 문제에 어떻게 반응하고 대처할지 모르기 때문입니다.

　사회가 좋은 환경을 만들려고 하나 각기 다른 구성원 모두에게 적합한 방침을 찾기란 거의 불가능합니다. 그러기에 이 세상에 태어난 모든 이들은 스스로 풀어야 할 문제를 시시때때로 만날 수밖에 없습니다.

완벽하게 갖추어진 듯 보이는 조건 아래서 별 문제 없이 자란 듯해도, 아무런 노력도 하지 않고 저절로 평생을 사는 사람은 없습니다. 그러기에 태어난 순간부터 아이는 양육자와 서로 파악하고 협력하면서 세상을 알아가고 문제를 풀어가는 방식을 익혀야 합니다. 살면서 자기가 원하는 것을 어떻게 요구해야 하는지, 어떤 때 참고 기다려야 하는지 등등 다른 사람들과 함께 살아가는 방식을 하나씩 터득해갑니다. 서로 존중하고, 공감대가 넓고, 마음이 오고가는 소통이 원활한 가족 사이에서 자란 아이는 사회성 문제가 비교적 적을 수 있습니다. 바깥 세상에 나가서도 자신을 표현하고 다른 사람의 마음을 읽을 줄 알기 때문입니다.

물론 그렇게 잘 자란 사람이라 할지라도 언제나 다른 사람의 도움이 전혀 없이 살 수 있는 사람은 하나도 없습니다. 그런데 "혼자 문제를 해결해야 한다"는 이상한 좌우명을 가지고 사는 이들을 주변에서 많이 봅니다. 그것이 능력이고 독립성이라고 여깁니다. 그래서 그것이 자존심을 살리는 길이라고 생각하는 듯합니다. 어려운 이웃을 도와주라 하면서도 남에게 도움은 받지 말아야 한다는 모순에 잡혀 삽니다.

우리 누구나 자신이 살아온 길을 제대로 잘 돌아보면 얼마나 많은 이들의 도움으로 여기까지 왔는지 알고 감사하게 됩니다. 살아온 과정에서 상처를 입힌 사람들도 많이 있지만 서로 도움을 주고받은 사람도 많음을 알 수 있습니다. 그런데 자신이 당한 아픔에 압도되면 모든 사람에 대한 불신으로 두껍게 방어벽을 치고 그 속에 숨어버리려 합니다. 더 이상 또 상처받고 싶지 않아서이겠지만, 다른 사람들의 관심과 호의를 곧이곧대로 보려 하지 않고 소통하려 들지 않으려 합니다.

그렇게 '홀로 버티기' 작전으로 일관하다 보면 삶이 삭막해집니다. 왜냐하면 사람은 혼자 살도록 만들어지지 않았기 때문입니다. 다른 사람과의 관계가 '사람과의 관계'가 아니라 '도구 사이'가 되니 자신과 주변 사람들 모두 만족할 수 없게 됩니다. 살맛이 나지 않아 "죽고 싶다"

라고 하거나 "죽지 못해 산다"는 식으로 간신히 연명하니 괴롭습니다. 아니면 자신에게 결핍된 것이라 여기는 부분에 죽기 아니면 살기로 몰입하기도 합니다. 돈벌이, 출세, 공부, 자녀 욕심, 살림살이, 물건 사재기 같은 온갖 중독에 빠집니다. 그러다가 그것도 뜻대로 되지 않거나, 욕심껏 해보아도 만족스럽지 않은 상태에 빠지기 십상입니다.

  우울증에 빠진 사람을 곁에 있는 사람들이 부추겨 데려오기도 하는데, 스스로 도움이 필요하다고 여기기 전에는 상담 효과를 보기 어렵습니다. 처방받은 약을 먹거나 여러 가지 치료를 받아보다가 오는 이들도 있습니다. 자신이 바뀌지 않고서는 근본적인 해결을 기대할 수 없음을 절실하게 느끼고 단단히 마음의 결단을 내린 사람이 상담에 임하면 놀라운 결과를 볼 수 있게 됩니다.
  상담받으러 오는 이들이 다 처음부터 자기 변화를 각오하는 건 아닙니다. 대체로 자신에게 문제가 있다고 생각하기보다는 남편, 아이, 부모, 시댁 식구들에게 문제가 있다고 여기기 때문입니다. 우리 사회

문화의 문제를 거창하게 들고 나서기도 합니다. 그 말들이 아주 틀린 말은 아닙니다. 우리 사는 세상이 완벽하지 않으니 맞는 말입니다.

그런데 우리는 이 완벽하지 않은 세상에서 완벽하지 않은 사람들과 함께 살아야 합니다. 그러기에 우리 스스로 어떤 자질을 갖추고 어떤 태세로 건강하게 살아야 할지 탐색하는 과정을 혼자 하지 않고 상담자와 머리를 마주 대고 나누려 합니다.

이제까지 가지고 있었던 자기 틀로는 풀지 못했기에 안목이 다른 사람의 거울에 비추어 자신을 보는 경험을 상담실에서 하게 됩니다. 자기가 자라온 역사를 되짚어보면서 어떤 이유에서든 성숙을 멈춘 지점을 발견하게 됩니다. 그것이 기억도 까마득한 아이 때였을 수 있습니다. 이혼한 부모에게서 받은 가르침으로 고착되었을 수도 있습니다.

무능한 아버지를 보면서 아버지와 다른 사람을 결혼 상대로 택해야 한다고 결심한 것이 언제였던가요? 자신의 삶에 대한 불만으로 딸에게 불만을 쏟아붓는 어머니를 기쁘게 해드리려 안간힘 쓰면서 자라온 자기 삶의 동기는 어디서 찾아낼 수 있을까요? 그 어머니가 딸에게서 그걸 기대한 것이 아닌데, 어머니를 향해 딸은 해바라기 꽃말처럼 짝사랑을 했을 수 있습니다. 남아 선호 분위기의 가정과 사회에서 일찌감치 고정 개념의 '계집애' 짓을 하기로 마음먹은 것은 아닌가요?

그렇게 우리는 엉뚱한 이유로 엉뚱한 선택을 하면서 삶의 방향이 엇나가기 시작했다는 것을 알게 되고, 상담 과정을 통해 원인을 알고 삶의 길을 바로잡을 기회를 얻게 됩니다. 여기까지만 해도 대단합니다. 더 이상 헛수고 하지 않아도 되니까요.

"시작이 반"이라 했던가요! 어린 시절, 때 이른 고착으로 방해받고 표현할 기회를 잃었던 삶의 영역을 '되살리는' 과정이 따르게 됩니다. 어머니나 아버지의 삶이나 우리 사회의 문제 때문에 제대로 경험하지 못했던 영역을 새삼 되짚어 경험해야 합니다. 다시 아이 시절을 살려내야 합니다. 자기도 모르고 묻어두었던 느낌을 생생하게 회복하고 나면 지금의 자신을 달리 느끼고 표현할 수 있게 됩니다.

신기하게도 자신의 느낌을 회복하면 다른 사람의 느낌도 알아볼 수 있게 되어 처음으로 다른 사람들과 공감을 기반으로 한 소통을 경험하게 됩니다. 다른 사람들 탓으로 불행했다고 여겼던 과거의 눈이 바뀌어 다른 사람의 행동을 이해하고 용납할 수 있게 됩니다. 과거의 좁은 자기 안목으로 짐작하여 무수히 오해했었음을 알게 됩니다.

상담실 안에서만 변화를 감지하는 것이 아닙니다. 이웃들과 사는 곳 어디서나 '혼자이기'를 거부하고 '함께하기'를 솔선하게 됩니다. 혈연을 넘어서는 관계의 넓힘이 건강한 마음으로 번져갑니다. 그리하여 마음이 건강한 여성들이 착한 사회를 만드는 일을 가능하게 합니다.

결국 혈색도 바뀌고 몸도 건강해집니다. 왜냐하면 마음이 몸 안에 있고, 몸이 마음을 담고 있기 때문입니다. 마음과 몸이 서로 떨어져서 뿔뿔이 따로 있을 수 없으니까요.

꼬리말

알트루사 5인의 마음건강 회복기

알트루사 5인의 마음건강 회복기

나는 소아 우울증을 앓고 있었다

유선희

끊임없이 잊히지 않고 자주 재생되는 기억들이 있다. 한 친구가 나에게 "넌 엄마 얘기를 그렇게 하고도 또 할 게 있냐?" 물을 정도로 응어리가 져서 풀리지 않은 것들, 일테면 억울한 일을 당하고 아무에게도 말 못하고 오랜 시간 꾹꾹 눌러놓았던 것이라면, 똑같은 영화를 반복해서 틀어 보는 것처럼 혼자 돌이켜보며 끊임없이 슬퍼하게 된다. 매 맞은 기억들이 나에게 그러하다.

기억이 있는 아주 어린 시절부터 구구단 외지 못했다고, 동생들과 싸운다고 아버지가 때리곤 하셨다. 아버지는 덩치도 크고 힘도 아주 셌다. 그 조그만 여자아이가 커다란 성인 남자가 때리는 것을 고스란히 다 맞고 자랐다니! 요즘에서야 이야기해보니 동생들은 그 매를 피해 이리저리 도망 다녔다는데 맏이였던 나는 그럴 생각은 꿈에도 못했다. 응당 받아야 하는 벌이고 몫인 줄만 알고 그 매를 다 맞았다. 맞기 시작했을 때부터 나는 웃음도 말수도 아이다운 행동도 줄고 있었다. 어른들 눈엔 말 잘 듣고 예의바르며 차분한 아이였지만 마음속으로는 빨리 죽지 못해 안달하던 아이답지 못한 아이가 바로 나였다.

초등학교 2학년이 되어 생애 처음 시험이라는 것을 보았다. 수학경시대회였고 입학 전부터 부모로부터 강도 높은 학습을 꾸준히 받았던 터라 웬만해서는 문제를 틀리는 일이 없었는데, 시험 결과에 부모님이 얼마나 기대를 많이 하는지 충분히 느껴 긴장했던 탓인지 4개나 틀리고 말았다. 100점 받은 친구가 두엇 있었으니 어머니가 염원하던 일등은 고사하고 정말이지 큰일이 난 것이었다.

그 조그만 머리를 하루 종일 굴리고 짜내어 작대기에 반원 4개를 얌전히 붙여 놓고 선생님이 써준 점수를 두 줄로 쩍쩍 긋고는 '100'이라고 써놓았다. 그것으로 안심되지 않아 당시 유행하던 5단 필통 가장 깊숙한 곳에 꼬깃꼬깃 시험지를 접어 넣었다. 온종일 땀이 뻘뻘 나고 가슴이 콩닥거렸다. 형벌의 시작이었다. 결국에는 들키리라 생각하면서도, 그러면 더 큰 형벌이 기다릴 것이라는 것을 알면서도 그렇게라도 피하고 싶었던 것이다.

'뒷조사의 여왕'인 엄마는 같은 반 수다쟁이 친구를 통해서 벌써부터 시험 결과 나온 것과 내 점수까지 알고 있었다. 알지 못했더라도 내 형편없는 점수 조작은 들키고도 남았다.

빗자루로 여기저기 정신없이 맞았던 것 같다. 흰색 팬티만 남기고 발가벗겨 내쫓겨졌다. 흰색 메리야스도 하나 입었는지 모르겠다.

눈물이 너무 많이 나와서 눈앞이 뿌옇고 잘 보이지 않았다. 그런데 그때의 느낌과 기억은 아직도 가슴 찌릿하게 아프고 생생하다. 창피해서 죽고 싶었다. 제발 이번 한 번만 엄마가 나를 용서해주고 어서 대문 안에 나를 들여주면 무슨 짓이든지 할 수 있을 것 같았다.

지나가던 동네 어른들이 "왜 그러고 있냐?" 묻기도 하고 그 수다쟁이 친구가 지나가다가 "너 거짓말해서 혼났지. 메롱~" 놀리기도 했다.

앞으로도 이렇게 맞을 수 있고 발가벗겨 쫓겨날 수 있다면 더 살고 싶지 않았다. '죽는 약은 어디서 사지? 칼로 손목을 베면 죽던데 많이 아프겠지? 아파트 옥상에서 떨어지면 정말 무섭겠지? 죽거나 빨리 돈 벌어서 집을 나가야지.'

후에 나는 심부름을 가건 동네 근처 어디를 가건 속옷 차림으로 잘 다녔다. 이상하게도 창피하게 느끼면서도 굳이 그러고 다녔다. 가슴이 봉긋 나오기 직전까지도 그러했으니 꽤 나이 들어서까지 그랬던 것이다. 동네 사람들이 속옷 바람으로 쫓겨난 날 보고 발가벗겨 쫓겨났다고 생각하지 않았으면 하는 무의식중의 생각이 그렇게 하게 하지 않았을까 싶다. 지금도 나는 흰색 속옷을 잘 사지 않는다.

그 이후로도 시험 결과 성적이 부모님 기대에 미치지 못하면 수시로 맞았다. 맞은 날이면 일기장에 부모님을 저주하는 글을 잔뜩 쓰곤 했다. 일기장에 붙은 조악한 열쇠를 확인하고 또 확인하여 채우고 숨겨두고는 책상 앞에 앉아 공부하는 척하며 알고 있는 욕이란 욕을 다 써 내려갔다.

칼로 손에 여기저기 피를 내보며 '아프다. 죽으려면 얼마나 더 아프게 그어야 하나?'라는 생각을 하고 맞지 않아도 살 수 있는 다른 세상을 상상하며 망상에 빠졌다. 맘 통하는 친구들과는 재미나게 놀다가 집에만 들어오면 입 다물고 우울해지기 시작하는 내가 스스로 이상하다 여겨졌다. 충분히 그럴만한 이유가 있었음을 아이였을 때는 몰랐다.

그저 내가 이중인격을 가진 혐오스러운 인간으로만 여겨졌다. 그런 내 모습을 들킬까 봐 사람들 눈을 똑바로 보지 못했다. 처음 맞은 그 순간부터도 당혹감에 엄마 아빠를 똑바로 볼 수 없었으니 허공만을 보고 산 세월이 참으로 길었다.

"소아 우울증이었죠."

상담 소장님의 한마디에 그때 담벼락 아래서 했던 생각들도, 후에 내내 세상이 지옥 같다 느끼며 살았던 것도 왜 그러했는지 명료해졌다. 30년 가까이 한집에서 산 식구들도 모르던 것을 소장님이 단번에 안 것은 그분이 똑똑해서도 눈치가 빨라서도 아니다. 내 이야기에 귀를 기울여주셨기 때문이다. 내가 왜 고사리 손으로 시험 점수를 고쳤는지, 왜 거짓말을 했는지, 어떻게 맞았는지, 맞을 때 얼마나 아프고 억울했는지 가만히 들어주셨다.

나는 열 살짜리 아이로 돌아가 나에게 흉한 짓을 한 부모님을 이르고, "얼마나 아프고 힘들었니?" 위로받고 아이처럼 꺽꺽 울어도 보며 아무에게도 청하지 못했던 도움을 그제야 청했다. 내 이야기를 좀 들어달라고, 나는 그럴만한 이유가 있었다고, 그래서 억울했다고.

주변의 엄마들은 아이를 때릴 때 아이 때리는 것을 격하게 반대하는 내 생각을 한다. 나한테 혼낼 짓 했다고 바로 와서 고하며 "그때 내가 왜 그랬는지 모르겠다"면서 아이에게 미안해하고 노력하는 엄마도 있고, "당신 아이 없어서 그렇다. 낳아보면 또 다르다"며 때리는 것이 필요악이라면서 푸념하는 엄마도 있다. 나는 그럴 때마다 30센티미터 자로 맞는 가게 손님의 딸이 되어 울고, 엄마 피곤할 때마다 그 커다란 손바닥으로 맞는 친구의 아들도 되어 울고, 제 엄마가 그랬듯 자기도 딸을 벗겨 아파트 베란다로 쫓아내는 내 동생의 딸, 조카아이도 되어 운다.

아이 가진 엄마라도 만날라 치면 열심히 이야기한다. 침을 튀겨가며 목에 핏대를 세우면서 이야기한다.

"절대 때리지 마세요! 한 대도 때리지 마세요! 너무너무 아파요! 평생을 저처럼 아파하면서 살 수도 있어요!"

내 억울한 이야기를 들어주는 사람들이 있었기에 다른 사람이 맞는 것도 마음 아파졌다. 파출소를 오갈 정도로 쌈질을 하던 때도 있었지만 지금은 욕 한마디 듣는 것도 힘들 만큼 말랑말랑한 사람이 되었다. 사람은 맞아서 변하지 않는다.

생긴 그대로 사랑받을 때, 행복한 사람이 된다. 나는 지금 행복하다. 어릴 적 소원을 이뤘다. 부모님을 떠나 맞지 않고 살고 있는 것이다. 5

년째 그분들 얼굴을 보지 못했는데도 한 번도 보고 싶지 않다. 이런 날 더러 독하다고들 한다. 정말 지독하게 마음의 병이 든 까닭이다. 나를 때린 그분들이 아직 용서가 되지 않는다.

어린아이들은 자신을 지켜주고 보호해줄 사람이 자신들의 양육자밖에 없다. 나 역시 그러했고 아직도 주위에는 더럽고 치사스러워 돈만 벌면 방 얻어 집 나온다는 친구들, 아이들이 수두룩하다. 제발, 부모님들께 간곡히 부탁하고 싶다. 아이들을 때려서 억울하게 하지 말자.

* 후기

이제 선희 님은 딸 둘 낳고, 셋째를 기다리는 중이다. 물론 어머니와도 가깝게 왕래하면서 재미있게 살고 있다.

알트루사 5인의 마음건강 회복기

힘센 어른이 득실대는 날들

김지은

어린아이인 내가 왜 우울해할 수밖에 없었는지, 그리고 나의 기억에서 벗어나기 위해 그렇게 발버둥을 쳤음에도 못에 걸린 옷처럼 제자리였는지…. 이런 내 모습을 보는 것은 가슴이 먹먹한 일이다. 이렇게 이야기를 하는 것이 남의 동정심을 받기 위해 하는 거짓말로 비칠까 봐 아직도 걸린 옷 보듯 한다.

엄마에게 듣게 된 옛날 이야기이다. 할머니(엄마의 시어머니)가 엄마의 긴 머리채를 손가락에 감아쥐고 마당에 패대기를 치면 머리가 한 움큼씩 빠져서 굴러다녔다고 한다. 엄마가 시장에 가서 조미료를 사 오면 할머니는 "저년이 다 해쳐먹었다"고 소리를 지르시면서 마당에 조미료를 던졌고, 엄마는 봉지가 터져서 쏟아진 조미료를 손으로 주워 담았다.

마을 사람들이 "집 한 번만 나가면 다 해결될 일인데, 저 젊은 새댁이 언제까지 버틸지 두고 볼 일"이라고 말했단다. 엄마는 그렇게 살아야 하는 것인 줄 알고 살았단다.

아마도 우리 집에서 자주 있었던 일일 게다. 다만 내 머리가 그것까지 기억하고 싶어 하지는 않았다. 기억은 못하지만 이후 쏟아지는 엄마에 대한 욕들을 들으며 엄마의 몫을 내가 해야 하는 것으로 당연히 받아들였다.

엄마 아빠가 들로 일하러 간 어느 저녁에 할머니가 밥을 하라고 했는데, 어떻게 해야 하는지 몰라서 쌀을 씻지 않고 밥을 지었다. 냄새 나는 밥을 먹었다. 일곱 살 나이를 감안해서 아무도 나에게 말하지 않았다. 밥을 짓게 된 나는 외갓집에 가서도 아침에 일어나 밥을 했다. 사람이 몇 명이건 모두 먹고 반 공기 정도 밥을 남기게 밥을 하는 나를 외할머니는 유난히 따뜻하게 바라봐주셨다.

아버지는 내가 할머니에게 지겟작대기로 맞고 있을 때 기절할 듯이 놀라기는 했겠지만, 내가 맞는 것을 어느 정도 기다렸다가 할머니를 말렸을 것이다. 아버지의 "에헤이, 거 참, 하 참…" 소리가 들린다.

할머니를 위해서라면 엄마를 때리는 흉내까지 내는 아버지는 그게 효도고, 하나님의 뜻인 부모를 공경하는 것이라고 말씀하실 것이다. 그러나 나의 눈에 아버지는 나를 보호해주는 사람, 힘센 할머니와 며느리인 엄마 사이에서 중재 역할을 하는 사람이 아닌, 자신은 맞지 않는 것을 다행으로 여기는, 할머니와 엄마 사이가 좋지 않은 것이 마냥 머리가 아픈 아이로 보였다.

집에 예배가 있고, 음악이 있길 바라셨던 아버지는 전자오르간을 사다 두셨다. 하지만 우리 집엔 그 오르간을 연주할 수 있는 사람이 없었다. 우리 집은 음악과 행복이 흐르는 환상 속의 집이 아니었고, 아버지의 바람은 이루어지지 않았다.

초등학교 저학년 비 오는 어느 날, 할머니와 싸운 엄마는 집을 뛰쳐나가 결혼 전 다니던 공장으로 돈을 벌러 가셨다. 3교대로 일을 하던 엄마는 내가 학교에서 돌아오는 시간에 잠을 자고 계셨다. 그리고 옆에 누워 있는 내게 대학까지 공부시켜주겠노라고 말씀하셨다.

그런 일이 몇 번이었는지 기억할 수 없지만 엄마의 귓속말은 오래 따라다녔다. 학교에서 선생님께 체벌이라도 당하면 난 '이런 내 모습을 엄마가 알면 얼마나 실망할까' 하고 몸서리를 쳤다.

그러다가 엄마가 갑자기 활기를 띠기 시작하셨다. 나무를 할 때 사용한다는 두꺼운 장갑과 앞치마를 준비하셨다. 우리가 분가를 한다는 것이었다. 아버지를 따라 산골로 들어간단다. 나와 오빠는 안 가고 동생들과 부모님만 간다는 얘기를 나를 앞에 두고 하시지 않았고, 나는 부모님이 하시는 이야기를 몰래 들었다.

엄마에게 나도 데리고 가라고 매달렸지만 "엄마가 가는 길은 너무 험한 길이니 너는 갈 수 없다"는 알아들을 수 없는 말씀을 하셨다. 그래서 나는 할머니 집에 맡겨져서 일하면서 밥 얻어먹고 학교 다니는 것을 감지덕지하는 집 없는 아이 처지로 3년을 보냈다.

그때 난 집 없고 부모가 없는 아이였다. 이후로 부모님과 살게 되면서 나는 같은 학교에 다니던 친구의 집에서 식모살이를 하는 아이를 보면 불쌍해지면서 애처로운 마음이 들었다. 다리 저는 정희와 엄마 뱃속에 있을 때 연탄가스로 얼굴이 원숭이처럼 된 정미와 내가 편한 친구가 되었던 것은 우리에게 있던 어떤 상처 때문일 수도 있다.

 부모님과 같이 살게 되었지만 다시 예전처럼 되지 않았다. 소년 소녀 가장들의 글을 심금을 울리며 읽었다. 부모님이 돌아가셨을 때 끝이 보이지 않는 캄캄한 터널을 지나는 것 같았다고, 그때 어디선가 작은 빛이라도 나타났다면 그것은 나에게 구원 같은 일일 것이라는…. '그래, 어쩌면 날마다 같은 이런 날이 지나 나에게도 그런 일이 일어나겠지.'

 엄마 아빠와 살았지만 난 합법적인 가출을 자주 했다. 중학교 때부터 중간고사, 기말고사, 월말고사 등을 핑계로 자주 나영이네 집에서 자고 먹으며 생활했다. 한 달에 두 번 정도는 일주일씩 그 집에 머물렀다. 공부를 하겠다고 하니 부모님으로서는 말릴 이유가 없었.

 나영이네 집에서 자고 간 다음 날 아래 동생이 다쳤다. 그다음 날 또 나영이네 집에서 자고 가보니 막냇동생이 철봉에서 놀다가 떨어져 팔에 깁스를 하고 있었다. '내가 집에서 나가면 동생들이 다치는구나' 겁도 들었다. 하지만 그런 잘못했다는 맘만으로 집에 있기는 너무 힘들었다.

 학교와 집에서의 너무 다른 나의 모습을, 특히 내가 그리는 나의 모습, 완전히 무기력하고 세상의 모든 흐름이 나를 비껴가고 늘어진 테이프 같은 나를 주체할 수 없었다. 나영이와 함께 공부한답시고 앉아 있거나 산책하거나 떠들거나 간식을 먹는 것이 행복했다. 엄마가 집에서 자는 날은 살아 있는 울타리가 쳐져서 우리 집이 따뜻했다가 엄마가 없으면 거리 한가운데 나앉아 있는 것 같았다.

이렇게 살았던 모습은 내가 원하는 일에 엄청나게 고집을 부리게 했다. 살아놓고 보니 내 것이랄 것이 하나도 없다는 생각에 고집이 세어졌다. 이렇게 사는 것은 죽은 것이나 마찬가지니 내가 원하는 것을 해야 한다는 생각이었다.

무용을 배우러 간 연습실 바닥에 누우니 아버지의 목소리가 그대로 들렸다. "지은아, 남자 앞에서 반듯이 눕지 마라." 기가 막혔다. 기억 속, 몸속 어디에 저장되어 있다가 튀어나온 것인지. 그 기억에서 벗어나고 싶어서, 춤을 못 추게 할머니가 쫓아올까 봐, 한번 몸을 움직이면 계속해야 하니 그만두라는 엄마의 말을 지워버리고 싶어서 광기 어린 춤을 추었다.

극단적인 생활을 했다. 작품을 준비하고 새벽 2시에 광화문에서 버스를 타고, 또 갈아타고, 택시를 타고 집에 들어오는 힘든 생활을 했다. 지하철 막차는 나의 전용 차였다.

어느 날은 새벽 1시가 넘어 집으로 올라가는 길이 너무나 싸했다. 이상하게 개미새끼 한 마리 보이지 않았다. 이 아무도 없을 것 같은 길에 사람이 나타나면 너무 무서울 것 같았다. 영화〈공공의 적 2〉에 나오는 퍽치기 살인 사건이 우리 동네에서 있었단 말을 다음 날 들었다. 하지만 그다음 날도 나의 시간표는 마찬가지였다.

　난 눈에 파란 불을 켜고 다니고 있었다. 누군가 나타나서 나를 죽이면 그렇게 죽어버리고 싶었다. 그러던 내가 사실은 너무나 힘센 어른들에 눌려 우울했던 것임을 지금에야 생각해본다. 지금은 내가 우울했었다고 말할 수 있다.

알트루사 5인의 마음건강 회복기

갑자기

편영수

초등학교 운동장은 사막처럼 드넓고 황량했다. 나는 바람처럼 달렸다. 도망쳤다. 학교 뒷산을 향해. 그 숲에 몸을 숨기기 위해서. 있는 힘껏.

초등학교 2학년이었다. 나는 수원 고모 집에 살고 있었다. 아니 고모 집에 버려져 있었다. 네 살부터 여덟 살까지 4년 동안.

'내가 왜 여기에 살고 있을까? 왜 부모는 나를 버렸을까? 날 사랑하지 않았기 때문일까?'라는 의문도 들지 않았다. 그냥 살았다. 네 명의 고종사촌 형제들과 때로는 악다구니를 부리면서, 때로는 데면데면.

그곳에는 배고프니까 먹을 것을 달라고, 아프니까 병원에 데려가달라고 말할 사람이 없었다. 그 당시 내 코에서는 누런 콧물이 폭포처럼 쉼 없이 흘러내렸고, 나는 연신 손으로 그 콧물을 훔쳐냈다. 내 얼굴은 때가 덕지덕지 끼어 연탄처럼 시커멓게 되었다(생모가 목격하고 전해준 말).

2시간 동안 계모의 포위망에서 벗어나려고 앞만 보고 달렸다. 본능

적으로. 붙잡히면 끝이라고 생각했기 때문이다. 그러나 기진맥진했다. 뒤에서 내 목덜미를 붙잡는 손이 느껴졌다. 섬뜩했다. 드디어 고모가 더는 나를 먹일 수 없다는 최후통첩을 하고, 아버지가 결정을 내려 실행에 옮겨지는 순간이었다. 이때부터 내 삶은 서서히 그러나 철저하게 파괴되어가기 시작했다. 그나마 고모 집이 내게는 평화와 안전의 장소였음을 깨달은 것은 아버지 집으로 끌려간 지 얼마 지나지 않아서였다.

아버지는 다른 여자와 살림을 차렸다. 아버지는 우리 가족을 고모 집에 맡겼다. 우리 가족은 고모 눈치를 보느라 모두 정신이 없었다. 생모는 고모 집에서 식모처럼 일했다. 아버지는 고모 집에 돌아오지 않았다. 생활비도 대주지 않았다. 생모는 고모 집에서 도망쳤다. 얼마 뒤에 와서는 동생을 데리고 갔다. 아버지와 사는 동안 생모는 내가 너무 울어 나를 미워했다고 한다. 나는 온몸이 가려워 잠을 잘 수 없어서 칭얼댔다(생모가 목격하고 전해준 말). 그 당시 생모는 나를 병원에 데려갈 생각을 하지 못했단다.

지금 생모는 어른이 된 나를 여전히 존중하지 않으면서, 자신에게 관심을 쏟으라고 요구한다. 예전에 나를 어떻게 취급했는지 개의치 않고, 자신이 당연히 내 관심과 존중, 사랑을 받을 권리를 갖고 있다는 듯이 말이다. 동생은 생모와 이구동성으로 말한다. 형은 장손이니까 아버지와 함께 살아야만 했다고. 그것은 운명이고 숙명이라고. 동생의 말에 나는 말을 더듬는다, 중얼거린다, 돌처럼 침묵한다.

지워졌던 악몽이 선명하게 떠오른다. 나는 그 기억을 오랫동안 억누르고 있었다. 나는 이불을 머리까지 뒤집어쓰고 이른 저녁부터 누워 자야 했다.

나는 맞았다. 내가 이해할 수 없는 이유로. 그때 나는 초등학교 2학년이었다. 실컷 맞았다. 나는 무릎을 끌어당겨 배에 붙이고 손으로 귀를 막고 눈을 감은 채 몸을 동글게 오그리고 있었다. 매를 맞지 않기 위해서. 매를 맞아도 덜 아프기 위해서.

나는 비명을 지르지 않으려고 안간힘을 다해 이를 악물었다. 나는 계모가 내 눈빛에서 절망을 읽어주기를 바랐다. 그러나 속수무책이었다. 내게 남은 것은 온통 피멍으로 얼룩진 얼굴이었다.

저녁에 집으로 돌아온 아버지는 아무것도 모른 채 계모와 다정하게 이야기를 나눴다. 그 소리가 내 귀에 또렷하게 들렸다. 그때 나는 매를 맞으면서도 아프다는 몸의 자연스러운 반응을 애써 무시했다. 그러나 몸은 알고 있었다. 몸은 지금 그 아픔을 토해내고 있다. 나는 증오한다. 그 폭력과 학대를.

학대의 후유증은 예상보다 훨씬 컸다. 내 방광은 50분 수업을 참아내지 못했다. 오줌이 마려우면 수업 시간이라도 화장실에 가야겠다고 말할 줄도 몰랐다. 설령 알았다 하더라도 오줌을 참아낼 수 있는 시간이 너무 짧았기 때문에 무리한 요구라고 생각했다. 나 때문에 수업이 방해되어서는 안 되었기 때문이고, 친구들한테 놀림당하기가 싫었기 때문이다. 나는 걸상에서 그냥 오줌을 지렸다. 초등학교 4학년 담임선생님을 만나기 전까지 그 일은 계속됐다. 그 선생님은 안타까워하며 내게 관심을 보였다.

생모가 급히 달려온 이유는 아버지의 연락 때문이었다. 내가 거의 죽을 것 같아 보여서 생모를 불렀다고 한다. 전화에서 들려오는 아버지의 목소리가 너무 다급해서 생모는 한걸음에 달려왔다고 한다(생모가 목격하고 전해준 말).

유통기한을 넘긴 재료로 계모가 만든 음식을 먹고 나는 식중독에 걸렸다. 내 몸은 처절하게 아파했다. 아버지와 계모는 두려웠다고 한다. 자신들이 져야 할 책임을 눈앞에 두고. 그들은 책임을 회피하기 위해서 생모를 불렀다고 한다(생모가 목격하고 전해준 말). 다행히 내 병세는 차도를 보이기 시작했다. 이를 확인한 생모는 뒤도 돌아보지 않고 한걸음에 내게서 떠나갔다. 나는 덫에 갇힌 느낌이었다.

학대의 후유증은 여기서 멈추지 않았다. 나는 감동하지 않는다. 나는 울거나 웃지 않는다. 나는 호기심이 없다. 나는 놀지 못한다. 나는 복잡하고 성가신 활동을 싫어한다. 나는 또래와의 관계를 기피한다. 나는 칭찬에 부정적으로 반응한다. 나는 사회적 기술이 매우 부족하다. 나는 자신에 대해 아무 느낌이 없다. 나는 친구가 없다. 나는 방관자이다. 나는 다른 사람의 도움을 거절한다. 학대는 나를 이렇게 만들어놓았다. 50년에 걸쳐 집요하게.

 나는 내가 겪은 일을 누구에게도 이야기하려 하지 않았다. 나 자신에게도. 수치심 때문이었다. 심지어 그 고통을 의식적으로 기억에서 지우려 했다. 하지만 내 몸은 모든 것을 빠짐없이 기억하고 있다.

 이제 나는 내 체험을 다른 사람들과 함께 나누고, 부득이 나 자신에게조차 감추었던 이야기를 조금씩 드러낼 수 있게 됐다. 나는 어린 시절의 정신적 상처를 부정하지 않는다. 상처를 부인하면 다음 세대에 그 상처를 안겨주게 되기 때문이다. 나는 학대의 파괴적 결과를 깨닫기 시작한다. 내 어린 시절의 상처 덕분에 나는 무감각하게 습관적으로 살지 않고 치열하게 고뇌하고 투쟁하며 살게 되었다. 불의와 무지와 몽매에 맞서 항의할 수 있게 될 것이다. 나는 세파 한가운데서 내 몸짓으로 당당하게 뒤흔들릴 것이다. 용서할 수 없는 자들을 용서하지 않기 위해.

알트루사 5인의 마음건강 회복기 ❤ 4

아이의 실수에 인색하지 않기

윤재오

초등학교 5, 6학년 때쯤이었던 것으로 기억한다. 그 당시 엄마는 고모가 운영하는 식당에서 음식을 만들거나 설거지를 하셨다.

어느 날 우리 집 부엌 싱크대에 잔뜩 쌓여 있는 설거지거리들을 본 나는 일하고 늦게 들어오는 엄마를 위해 설거지를 하기로 마음먹었다. 엄마가 좋아할 모습을 상상하며 기분 좋게 설거지를 시작했다. 그런데 설거지를 하다가 그만 그릇을 깨뜨리고 말았다. 깨진 그릇을 치우는 중에 엄마가 들어왔다.

엄마는 보자마자 괜히 나서서 도리어 일거리를 만든다며 화를 냈고, 내가 하다만 설거지를 짜증스럽게 마무리하셨다. 나는 '엄마 도와주려고 그랬어'라고 개미만 한 목소리로 얘기했지만 엄마는 듣지 않으셨고, 그때 나는 앞으로 실수하면 본전도 못 찾을 거 아예 안 하고 혼도 나지 말아야겠다고 생각했다. 그래도 마음 한편에 남아 있는 억울함과 속상한 마음은 쉽게 가시지 않았다. 실수 하나에 엄마를 생각했던 내 진심이 외면당했다고 느꼈다.

이 설거지와 관련된 일화가 꽤나 강하게 기억에 남았었나 보다. 내가 실수로 혼난 게 억울했던 만큼 다른 사람은 억울하게 만들고 싶지 않았다. 교사로 발령받고 나서도 '학생들이 실수로 하는 잘못은 크게 혼내지 말아야지'라고 생각했고, 아이들에게도 "누구나 실수할 수 있다, 실수로 하는 잘못에는 크게 화를 내지 않겠다"라고 공공연하게 이야기했다. 그런데 이런 나의 공식 선언에서 내 아이는 제외되었다.

은유가 걷고, 손과 발을 자유자재로 움직이고, 엄마가 하는 것은 다 따라 하고 싶어 하면서 그야말로 실수투성이(?)가 됐다.

하루는 내가 베란다에서 쌀독에 현미와 흰쌀을 붓고 섞고 있었다. 은유가 그 모습을 유심히 살피더니 재미있어 보였던지 자기도 해보겠다고 했다. 나는 '이런 건 은유가 안 볼 때 후딱 해치웠어야 하는데 괜히 했군' 후회하면서 "은유야, 이건 은유가 아직 어려서 잘 못해. 이번엔 엄마가 할게" 하고 말렸다.

하지만 은유의 호기심을 꺾을 수 없었다. 또 무조건 못하게 하면 내가 너무 나쁜 엄마가 되는 것 같아서 어쩔 수 없이, 못마땅한 표정으로 은유에게 해보라고 했다. 그러면서 마지막으로 "은유야, 쌀은 바닥에 흘리면 지저분해져서 주워 담을 수가 없어. 버려야 해. 그러니까 흘리지 않도록 조심해야 해" 하고 신신당부를 했다.

그리고 나서 난 주방으로 돌아와 저녁 준비를 마저 했다. 한창 음식을 하고 있는데 은유가 들어오더니 나에게 자꾸 "엄마, 쌀은 흘려도 괜찮은 거야" 하고 반복해서 얘기를 했다. 나는 "그래, 흘려도 괜찮은 거지. 그럴 수도 있지"라고 건성건성 대답했다.

은유가 똑같은 말을 계속해서 되풀이했다. 그제야 나는 은유에게 "은유야, 혹시 바닥에 쌀 흘렸니?" 하고 물었고, 은유는 그렇다고 했다. 나는 바닥에 흘린 쌀을 버리며 "은유야, 그럼 이제 우리 이건 그만하자" 하고 말하니 은유가 순순히 그러겠다고 했다. 그러고 나서도 몇 번을 "쌀은 쏟을 수도 있는 거야" 하고 얘기했다. 엄마가 신신당부했던 걸로 보아 자기가 쌀을 쏟았을 때 엄마가 화를 많이 낼 거라고 생각했던 모양이다.

6개월 전 둘째 고유를 낳고 나서 은유의 실수를 대하는 내 마음에 여유가 더 없어졌다. 은유가 실수를 하면 내가 힘들고 일거리가 많아진다는 생각에 앞뒤 사정 안 보고 짜증부터 내는 일이 많아졌다. 그리고 화가 나는 상황을 미리 피하기 위해서 아이가 할 수 있는 실수를 최대한 상상해서 잔소리를 길게 한다. (글을 쓰면서 내가 했던 잔소리들을 떠올리니 참 지겹기 짝이 없다.)

요즘엔 은유가 뭔가 쏟고 엎지르는 실수를 할 때 화를 많이 낸다. 은유가 물을 달라고 하면 나는 "컵은 두 손으로 들어라. 움직이지 말고 앉아서 먹어라. 먹고 나면 컵은 식탁 위에 올려두어라" 일장 연설을 한다. (달라고 하는 게 물이 아니라 요구르트인 날은 "이건 쏟으면 엄청 끈적끈적거리는 거다"란 잔소리도 더한다.) 그러고 났는데도 은유가 물을 쏟으면 무서운 표정으로 쏘아보며 "엄마가 조심하라고 미리 얘기하지 않았냐, 왜 흘리는 거냐, 네가 쏟았으니 네가 치워라" 하면서 겨우 32개월 된 은유를 매섭게 몰아친다.

그러던 어느 날, 내가 밥솥에 밥을 안치다 뽀로로 컵에 담긴 은유 물을 보기 좋게 쏟았다. 그것도 바로 은유 코앞에서! 은유는 내가 물을 쏟자마자 자신이 혼났던 말들로 나를 혼냈다. "내가 쏟으면 안 된다고 했지. 조심하라고 했잖아. 물 얼른 닦아" 하고 나에게 화를 냈다.

나는 은유에게 연신 미안하다고 얘기했지만 은유는 그간의 일이 억울했던지 쉽게 화를 풀지 않았다. 어른들도 할 수 있는 실수를 어린아이가 똑같이 했을 때 넉넉하게 받아주지 못하고 가혹하게 대했던 나 자신을 대면하는 시간이었다. 내가 만약 은유가 물을 쏟았을 때 충분히 있을 수 있는 일이라 생각하고 여유 있게 대했더라면 은유도 아마 나를 그렇게 대했을 것이다.

이와 반대로 은유가 실수할 것 같았지만 내 예상과 달리 아주 잘 해내는 경우도 있다. 내가 싱크대 앞에서 뭔가를 하고 있을 때 은유는 까치발을 하고 내가 뭐하나 유심히 살펴본다. 그러다 자신도 할 수 있다고 생각하거나 하고 싶은 일이 생기면 나에게 해보고 싶다고 말한다. 버섯 가늘게 찢기, 계란 풀기 등이다.

나는 은유가 버섯을 잘못 만져서 된장찌개에 넣지 못하면 어쩌나, 은유가 실수로 계란을 바닥에 다 흘리면 어쩌나 걱정하며 마지못해 은유에게 건네준다. 그런데 은유가 버섯을 아주 야무지게 찢어놓고, 계란을 노른자와 흰자가 잘 섞이게 풀어놓고는 의기양양하게 나를 바라본다. (나에게는 요리하는 것이 빨리 해치워야 하는 일인데, 은유는 그것을 즐기면서 재미있게 한다. 어른이 아이가 실수해도 괜찮다고 생각하고 충분히 할 수 있게 해주면, 모든 것을 일로 느끼고 지겹게 하는 것이 아니라 과정을 누리면서 재미있게 할 수 있다는 생각이 든다.) 나는 순간 '내가 내 판단만을 앞세워 은유에게 하지 말라고 안 했길 얼마나 다행인가!' 하고 생각한다.

나는 아이가 충분히 할 수 있는 실수를 받아주지 못해서, 실수할 것 같아 아예 그 기회를 처음부터 빼앗아서 아이가 자신의 가능성과 한계를 알아가는 과정을 방해할 때가 많다. 내가 엄마에게서 그릇 깬 실수를 인정받지 못해 설거지를 아예 그만둔 것처럼, 은유가 재미있게 자신의 가능성을 시험하는 일을 포기하지 않도록 나의 조급함과 선입견을 내려놓아야겠다.

얼마 전 내가 알트루사의 한 모둠에게 은유에 대한 걱정을 늘어놓으니, 그 니가 나에게 "애는 잘 하고 있으니 엄마나 제대로 하세요" 하고 웃으며 말한 적이 있다. 아무리 여러 번 결심해도 혼자서는 금방 무너지고 제자리로 쉽게 돌아오는데, 옆에서 이렇게 정신 차릴 수 있도록 말해주는 친구가 있어 얼마나 좋은지 모른다. 또 이렇게 글로도 내 결심을 고백할 수 있으니 한결 더 든든하다.

알트루사 5인의 마음건강 회복기

내가 정한 휴식

홍혜경

    고등학교에 입학한 은지가 등교한 날, 첫날부터 필수 야자(야간 자율학습)를 해야 한다고 해서 밤늦게 들어왔다. (신입생 안내 책자에는 야자 체험 기간이라고 했는데 실제로 학생들에게는 필수 야자로 전달되었다.) 밤 10시가 넘어 들어온 은지는 내가 현관문을 열어주자 "엄마~" 하며 와락 안겨 죽을 것같이 힘들다고 볼멘소리를 했다. 나도 짠한 마음에 수고했다며 등을 두드려주었다. 거실로 들어와 나는 식탁에 앉고 은지는 소파에 앉았다. 좀 전의 벅찬 상봉에 가슴이 따뜻해진 나는 은지와 계속 얘기하고 싶었는데, 은지는 언제 그런 일이 있었냐는 듯이 소파에 앉아 카톡으로 메시지를 주고받느라 휴대전화에서 눈을 떼지 못하고 있었다.

    몇 마디 물어보다가 휴대전화에 집중하느라 건성으로 대답하는 은지를 보니 서운한 마음이 들어 "너, 들어오자마자 카톡 안 하기로 했잖아!"라고 소리를 빽 질렀다. 은지는 "알았어. 좀만 하면 되잖아!"라면서 방으로 들어가 문을 닫아버렸다.

입학 첫날이니 엄마가 이것저것 궁금할 거라는 생각은 하지 않는 걸 보니 '자기 필요할 때만 엄마를 찾지' 하는 서운한 마음이 들었다. 이러다가 분명 휴대전화 만지작거리는 시간이 끝나면 심심하다며 놀자고 할 것이다. 밤 11시가 넘으면 엄마가 졸려 하는 걸 알기나 할까. 딸아이와의 대화에 굶주려 있는 나는 잠이 쏟아져 눈을 비비면서도 아이의 이야기를 듣고 좋아하며 마음을 풀 것이다.

이렇게 자는 시간도, 얘기하고 싶은 시간도, 쉬고 싶은 시간도 다른 은지와 나는 서로 배려받지 못한다고 생각한 순간이 수없이 많다. 그럴 때마다 은지는 방문을 닫고 들어가버리고 나는 입을 닫아버린다. 방문을 닫아버렸기 때문에 내가 입을 닫은 건지, 내가 입을 닫았기 때문에 은지가 방문을 닫기 시작한 건지 알 수는 없지만.

그런데 내가 꼼짝 못할 증거 사진을 우연히 발견했다. 그 사진은 나와 은지의 '어긋남'의 역사가 꽤 오래되었음을 알려주었다. 알트루사 수요집단상담모임에서 공부할 때 아이는 태어나는 순간부터 부모에게 열심히 자기 요구를 표현한다고 들었다. 그 표현을 원활히 쭉 하게 하느냐 멈추게 하느냐는 부모의 반응에 달려 있는데, 사진 속의 딸아이는 그때까지만 해도 나를 향해 팔을 활짝 벌리고 있었다. 안아달라고 하는 건지 내려달라고 하는 건지 정확한 의미를 알 수는 없지만, 맥주 캔을 들고 딴 생각을 하고 있는 엄마에게 날 봐달라는 몸짓을 하고 있었다. 은지에게도 이런 시절이 있었구나! 새삼 놀랍고 이런 모습이 이제야 내게 보인다는 것도 놀라웠다. 마음이 없으면 보이지 않는다더니 진짜 그렇구나!

그런데 나는 무슨 생각에 넋을 놓고 있었을까? 사진만으로는 그곳이 어딘지, 어떤 상황이었는지 기억이 나지 않지만 왠지 이런 나의 모습이 꽤 익숙하다. 아이들 초등학교 때는 아예 내가 '멍하니 앉아 있을 수 있는' 의자를 집 안에 갖다 놓았다. 부엌에서 뒷베란다 창을 통해 밖을 볼 수 있는 곳이었다. 그리고 아이들에게 엄마가 거기에 앉아 있을 동안은 건드리지 말라고 했다. 그게 너희들이 엄마를 배려하는 거라고 하면서.

내가 너희를 위해 많은 시간 애썼으니 엄마도 쉬어야 한다는 건 분명한 사실이었다. 그러니 이 짧은 엄마의 휴식 시간을 아이들이 배려하는 게 당연했다. 그 사진 속의 나는 그렇게 쉬고 있는 듯했다.

그러나 이런 엄마의 요구는 일방적인 것이었다. 차단막을 치듯 내 안으로 침전할 때 나는 아무런 설명도 하지 않았다. 사진 속의 은지는 이미 그 나이에 그런 사실을 알고 있는 듯했다. 팔은 쭉 뻗었으나 눈은 엄마를 보고 있지 않았다. 지금 엄마와 소통이 불가능하다는 걸 이미 알고 있는 듯했다. 그리고 엄마가 내 요구를 들어줄 거라는 기대감도 없어 보였다. 이런 시간이 지나 은지가 뻗던 팔도 더는 뻗지 않게 되고 방문을 쾅 닫고 들어가기까지 또 얼마나 많은 일들이 있었을까.

미안하고 또 미안하다.

[책으로 만나는 심리상담 **계간 니**]

"나는 왜 이렇게 힘들까?"
힘들 때는 심리적인 이유가 있다

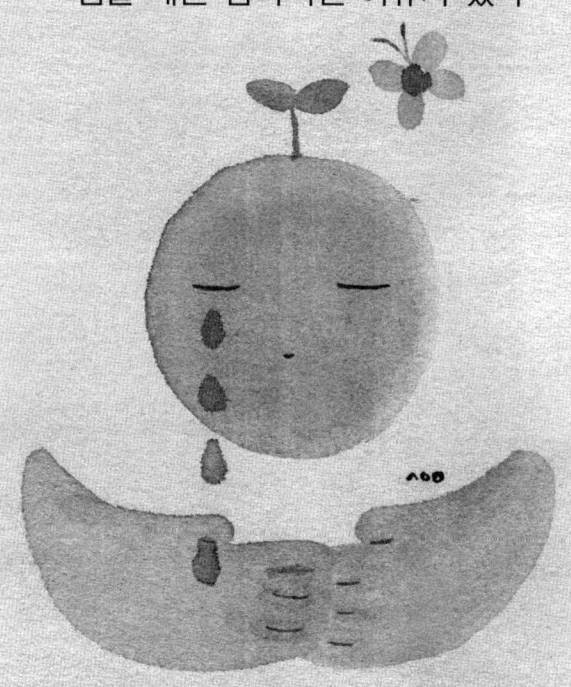

이제까지의 니

창간호 우리는 정말로 건강할까?
　　　　 – 건강의 뜻 바로 알기
2호 어머니, 있는 그대로의 당신
3호 우리의 언니들, 우리는 언니들
4호 사랑, 제대로 건강하게
5호 울타리 너머 세상을 품다
6호 혼자 사는 여자, 혼자 서는 여자
7호 갈등 합시다.
8호 짐작이 오해를 낳다
9호 질투
10호 맞으면 아프다
11호 믿음이 믿음을 키우다
12호 모험, 좋아!
13호 가난하게 살기
14호 우울증 생산국

15호 자폐, 너도 나도 심각해
16호 몇째로 태어나셨어요?
17호 불륜을 경고함!
18호 자살인가? 타살인가?
19호 니와 사는 남자들
20호 발 뺄 수 없는 수렁, 중독
21호 어른들의 배신 – 어린이 학대
22호 너를 딛고? 아니, 너와 함께 경쟁-협력
23호 아버지, 당신이 궁금합니다
24호 무감각한 사람들, 험악한 세상
25호 버티기 작전, 고집
26호 마음으로 '살리기' (살림) 하는 주부
27호 따돌리지 않았다고요?
28호 상담, 함께 변화하고 성장하다
29호 첫 단추 잘 끼워야 – 임신, 출산, 양육
30호 우리는 왜 재미있게 살지 못할까?

31호 왜 화가 날까?
32호 스마트폰에 점령당하다
33호 어떤 노인으로 살까
34호 자격지심! 아, 불편해!
35호 규칙과 합의
36호 나만 아프다? (상처)
37호 나만 잘 살 수 있을까 (이기심)
38호 우리 이런 학교 다녔다
39호 너 나 구분없이 포함하다
40호 실수하며 자라다
41호 삼시세끼
42호 마음 알아, 배려
43호 우리 모두 아름다워
44호 소통이 숨통 트다
45호 부모 노릇(가제, 출간 예정)

어머니, 언니, 할머니, 아주머니, 비구니 등 여성을 부를 때 대체로 '…니'라고 합니다.
계간 니에는 우리 이웃 니들의 이야기가 들어있습니다.
교보문고와 (사)한국알트루사(**전화** 02 762 3977~8)에서 구입하실 수 있습니다.

마음이 건강한 엄마, 행복한 가족을 위한
문은희 박사의
여자 마음 상담소

초판 인쇄 2016년 9월 26일 **초판 발행** 2016년 10월 1일

지은이 문은희
편집 이원숙 **디자인** 신증호
펴낸이 천정한 **펴낸곳** 도서출판 정한책방 **출판등록** 2014년 11월 6일 제2015-000105호
주소 서울 마포구 모래내로7길 38 서원빌딩 301-5호
전화 070-7724-4005 **팩스** 02-6971-8784
블로그 http://blog.naver.com/junghanbooks **이메일** junghanbooks@naver.com

ISBN 979-11-954650-7-1 (13590)

책값은 뒷면 표지에 적혀 있습니다.
잘못 만든 책은 구입하신 서점에서 바꾸어 드립니다.

이 도서의 국립중앙도서관 출판예정도서목록(CIP)은
서지정보유통지원시스템 홈페이지(http://seoji.nl.go.kr)와
국가자료공동목록시스템(http://www.nl.go.kr/kolisnet)에서 이용할 수 있습니다.
(CIP제어번호: CIP2016022763)